———————— 님의 소중한 미래를 위해
이 책을 드립니다.

박원갑 박사의

부동산
심리
수업

부동산은 심리전이다

박원갑 박사의
부동산
심리
수업

박원갑 지음

메이트북스

메이트북스 우리는 책이 독자를 위한 것임을 잊지 않는다.
우리는 독자의 꿈을 사랑하고,
그 꿈이 실현될 수 있는 도구를 세상에 내놓는다.

박원갑 박사의 부동산 심리 수업

초판 1쇄 발행 2023년 7월 25일 ┃ **지은이** 박원갑
펴낸곳 (주)원앤원콘텐츠그룹 ┃ **펴낸이** 강현규·정영훈
책임편집 남수정 ┃ **편집** 안정연·박은지 ┃ **디자인** 최선희
마케팅 김형진·이선미·정채훈 ┃ **경영지원** 최향숙
등록번호 제301-2006-001호 ┃ **등록일자** 2013년 5월 24일
주소 04607 서울시 중구 다산로 139 랜더스빌딩 5층 ┃ **전화** (02)2234-7117
팩스 (02)2234-1086 ┃ **홈페이지** matebooks.co.kr ┃ **이메일** khg0109@hanmail.net
값 19,800원 ┃ **ISBN** 979-11-6002-406-7 03320

부동산 투자는 10% 지식과 90% 심리다.

• 로버트 기요사키(부동산 투자자이자 글로벌 베스트셀러 작가) •

집에서 행복을 찾는
부동산 생각법

"'집테크' 수난이 대를 이어 되풀이되다니···."

몇 개월 전에 만난 김구혁(가명·65) 씨는 자신에 이어 30대 아들도 집으로 고통받고 있다면서 한숨을 내쉬었다. 김 씨는 2008년 고점 때 대출을 잔뜩 내서 아파트를 샀지만, 가격이 급락하는 바람에 '하우스 푸어'로 힘든 세월을 보냈다. 30대 아들 역시 2년 전 비싸게 산 아파트 대출이자를 내느라 허덕이고 있다.

아들은 부모 세대보다 더 많은 빚으로 집을 매수해 고통을 겪고 있는 '영끌 푸어'다. 김 씨는 "주식도 아니고 어떻게 아파트 가격이 모래성처럼 무너지는지 이해가 안 된다"라며 "언젠가는 가격이 회복되겠지만 한동안 마음고생을 할 수밖에 없지 않겠느냐"라고 말했다.

아파트 재테크 잔혹사는 쳇바퀴 돌듯 반복되나 보다. 10년 전 무렵에는 베이비붐세대가 고통을 겪더니 이번에는 그 자식 세대인 MZ세대가 힘겨워한다. 미국발 고금리 충격으로 아파트 가격이 곤두박질쳤기 때문이다. 가격의 우상향 맹신에 심한 균열이 생겼다. 동시다발적으로 나타난 깡통전세, 깡통주택 문제는 이미 예고되었는지 모른다. 급등 뒤에는 반드시 급락이 뒤따르게 되어 있으니까.

이렇듯 2030세대인 MZ세대는 뒤늦게 상승장에 뛰어들었지만, 가격 급락으로 심한 트라우마를 겪고 있다. 어찌 보면 개인이 아니라 세대 전체가 겪고 있는 '아파트 통(痛)'이다. 최근 들어 아파트값이 꿈틀거리고 있지만 여전히 상처가 아물지 않고 있다.

MZ세대에게는 사회 진출 후 처음으로 겪는 큰 시련이라 어떤 말로도 위로가 되지 않을지 모른다. 하지만 단박에 트라우마에서 벗어날 수 있는 마법의 해결책은 없다. 가격이 다시 급등하지 않는 한 영끌 푸어 문제는 해결되지 않는다. '영끌' '빚투' 방식에 대한 반성적 사유도 필요할 것 같다. 하지만 이미 엎질러진 물이다. 실패의 트라우마를 딛고 강건하게 다시 일어설 수 있도록, 집에서 행복을 찾을 수 있도록 조금이나마 도움을 줄 순 없을까. 이 책은 이런 고민 끝에 쓰였다.

'내 집 장만' 하면 대부분 아파트를 떠올린다. 2021년 기준 전체 주택 중 아파트가 63.5%에 이를 정도로 중소도시, 대도시 가릴 것 없이 많은 사람이 '아파트살이'를 한다. 아파트살이는 편안과 불안의 이중주다. 아파트는 편안한 안식처이지만, 아파트 가격이 내려갔다는 뉴스를 접하면 불안이 밀려온다. 아파트의 주거 효용성은 매우 뛰어나지만 수시로 노출되는 가격에 불안을 느껴야 한다는 이야기다. 아파트는 먹거리로 따지면 가시 속의 알밤 같은 것이다. 가시는 곧 가격이다. 알밤을 꺼내 먹을 때처럼 아파트에 거주할 때도 가시에 찔리지 않도록 조심해야 한다. 아파트살이에서 행복을 찾는 방법이 없을까? 그 방법을 제시하면 다음과 같다.

첫째, 가격으로부터 일정한 거리 두기를 하라. 아파트는 단독주택과는 달리 가격 등락이 심한 상품이다. 가격은 아파트의 가치를 알려주는 신호 기능을 하지만 때로는 행복을 방해하는 소음으로 다가온다. 미국의 투자 귀재인 워런 버핏이 월가에서 비행기로 3시간 이상 떨어진 중소도시 오마하에 사는 것도 월가의 소음에 휘둘리지 않기 위해서다. 급등락하는 가격에 자주 노출되면 마음 평온 유지에 걸림돌이 된다. 가격을 아예 보지 말라는 뜻은 아니다. 시장 흐름을 알기 위해서는 가격을 알아야 한다. 그 가격에 너무 함몰되지 말라는 것이다.

둘째, 부동산 행복은 빈도에서 나온다. 부동산을 현금 흐름(cash-flow)을 만드는 또 다른 금융상품으로 생각하라. 행복은 팔아서 한 번 받는 것보다 중간에 여러 번 받는 게 좋다. 아파트에서 월세를 받는 사람은 가격이 오르락내리락해도 마음이 덜 쓰인다. 아파트를 바라보는 초점이 가격이 아니라 월세에 있기 때문이다. 오로지 가격 상승 기우제를 지내는 갭투자자는 가격 흐름에 따라 희비가 엇갈린다. 앞으로 극단적인 일본형 거품 붕괴 현상이 일어나지는 않겠지만, 경제가 저성장을 하면 집값도 과거처럼 크게 오르기 힘들다. 부동산을 팔아서 얻는 자본 이득 역시 낮아질 것이다. 인구와 가구 수가 동시에 급격히 감소하면 부동산 투자는 '필수'가 아니라 '선택'이 될 수 있다. 선택으로 부동산을 보유한다면 현금 흐름으로 자주 보상을 받는 게 현명할 것이다.

셋째, 홈의 비중을 높여 '집 사랑꾼'이 되어라. 집은 삶의 안식처인 '홈'과 투자재인 '하우스' 기능을 함께 가지고 있다. 갭투자자는 하우스의 비중이 100%다. 자본주의 사회에서 사는 한, 홈으로의 완전 귀환은 어렵다. 홈과 하우스의 비중을 50% 대 50%로 맞추는 게 적당하지 않을까 싶다. 대부분의 아파트 거주자는 지금보다 홈의 비중을 좀 더 높여야 할 것이다. 아파트의 공간적 가치를 재발견하고 그 공간을 사랑하라. 그렇게 하면 아파트 가격이 출렁거려도 덜 불안하다.

이 3가지는 기성세대는 물론 MZ세대에게도 '아파트에서 행복 찾기'의 키포인트가 될 수 있을 것이다.

말이 그렇지 힐링은 쉬운 일이 아니다. 하지만 언제까지 절망과 좌절의 늪에 빠져 있을 수는 없다. 이제는 아픔을 극복하고 다시 일어서야 한다. 그래서 다음과 같은 해법을 제시하고자 한다.

　먼저 자신의 실수를 탓하는 자책은 한두 번으로 그쳐라. 지금 집을 안 사면 영영 못 살 것 같은 '상황의 압력'에서 자유로운 사람은 드물다. 나보다 똑똑하고 잘난 사람도 상투를 잡았다. 당신은 평범한 사람이다. 그러니 자신을 그만 괴롭혀라. 나만의 아픔이 아닌 세대의 아픔으로 담담하게 받아들이는 것도 좋다. 그리고 망각과 곱씹지 않기, 제삼자 시각에서 나를 바라보기도 힐링에 적지 않은 도움이 될 것이다. 한 번 투자에 실패했다고 인생의 낙오자는 아니다. 투자 실패라는 사건과 내 인생을 연결 짓는 것은 곤란하다. 젊은 시절 인생의 수업료를 냈다고 생각하면 마음이 편하다.

　이제는 자신을 용서하라. 다만 갭투자자는 자기 용서보다 자기 책임이 먼저다. 오로지 빚을 많이 내서 내 집에 살고 있는 '영끌 자가(自家)'와는 다르다. 갭투자자는 세입자로부터 빌린 돈(보증금)을 돌려주는 자기 책임을 다하고 자기를 용서해도 늦지 않다.

　스마트폰이 보급되고 세상의 주역이 바뀌면서 부동산시장 체질이 많이 달라졌다. 새로운 시대에는 새로운 흐름이 만들어진다. 무엇보다 지금은 광속의 시대다. 부동산 시장도 전광석화처럼 움직인다. 심지어 아파트 시세는 단독방이 결정한다는 말까지 나온다. 과거 통계를 가지고 분석하는 순간 구버전이 될 수 있다. 당신이 부동산 평론가가 아니라 실수요자라면 한발 늦은 통계보다는 장바닥에서 움직이는 시세를 예의주시하라.

또한 우연의 가치를 높게 새겨라. 역대 우리나라 주택시장에서 급락 사건은 네 차례다. 이 중 내생변수는 노태우 정부 시절 200만 호 공급 쇼크뿐이다. 외환위기, 글로벌 금융위기, 그리고 이번 미국발 고금리 충격처럼 주택시장과 전혀 관계없는 외생변수에 의해 급락이 왔다. 외생변수는 새벽 도둑처럼 갑자기 들이닥쳐 시장을 쑥대밭으로 만든다. 전문가의 전망은 관심을 기울이되 언제든지 틀릴 수 있으므로 너무 목숨을 걸지 말라. 사람들은 미래가 불안하니 과거에 일어났던 일에서 규칙성을 찾아내 무리하게 패턴을 만드는 버릇이 있다. 패턴화의 함정에 빠지지 말라. 세상은 오히려 랜덤하다.

부동산시장을 바라볼 땐 참여자의 심리도 고려해서 판단하는 게 좋다. 매매시장에서는 '손실 회피' '처분 효과', 그리고 '미래 기대치'가 크게 작용한다. 불황이 찾아와도 가격이 바로 하락하는 것이 아니라 거래량부터 줄어든다. 입주 물량이 쏟아지면 현재의 수급을 반영하는 전세가격은 크게 떨어지지만, 매매가격은 약세만 띠는 것은 이들 심리적 특성 때문이다. 이 책에서 언급한 부동산의 '소유효과' '앵커링 효과(닻 내림 효과)' '자기 열등화 전략' 역시 부동산시장 심리를 이해하는 데 도움이 될 것이다.

　요즘 사회관계망서비스(SNS)가 새 정보 전달 매체로 떠올랐기 때문인지 공포론과 극단론이 자주 기승을 부린다. 괴담 수준의 공포론이 득세하는 것은 '공포 비즈니스'와 맞물려 있다. 돈벌이가 되기 때문이다. 불안한 미래를 대비하는 것은 맞다. 하지만 공포 비즈니스의 희생물은 되지 말라. 극단론은 균형감각이 떨어지는 단순화의 함정 가능성이 있다. 문제는 요즘 이런 비관적인 극단론에 사람들이 많이 빠져든다는 점이다. 내 삶이 힘들더라도 한쪽으로 경도되지 않고 냉철하게 세상을 바라보는 균형추를 가져라. 시장은 오름과 내림을 반복하는 사이클이다. 한 방향만 이야기하는 사람은 멀리하라. 세상에 단순 도식만큼 위험한 일이 없다.

　프롤로그를 어떻게 쓸까 고민이 많았다. 학위 논문의 초록처럼 필자가 말하고 싶은 핵심을 요약하는 것도 좋겠다는 생각이 들었다. 프롤로그를 꼼꼼히 읽은 뒤 본문을 읽으면 좀 더 쉽게 읽힐 것이다. 이 책을 쓰기까지 많은 분께 도움을 받았다. 이 자리를 빌려 감사의 말씀을 드린다.

2023년 여름 마포 서재에서, 박원갑

차례

1장 │ 부동산시장은 인간 심리의 변주곡이다

**2장 ┃ 누구나 빠지는
심리적 편향을 경계하라**

3장 | 남의 성공 스토리에 휘둘리지 마라

4장 | 한국 부동산은 일본 부동산의 복사판이 될까?

5장 | 부동산을 대하는 접근법부터 바꿔라

6장 | 부동산도 힐링이 필요한 시대다

'하우스 푸어'에서 '영끌 푸어'까지, 우리는 왜 부동산 때문에 행복하지 않을까? 아파트를 사두기만 하면 돈이 된다는 '아파트 불패 신화'는 오랜 신화처럼 우리 사회를 지배해왔다. 이에 너도나도 아파트로 재테크하는 데 혈안이 되어 가격의 우상향 기우제를 지낸다. 이제 아파트를 포함해 '집'이란 온 가족이 사는 안락한 삶의 공간이기보다는 돈을 벌기 위한 욕망의 수단으로 전락했다. '살기 좋은 집'보다는 '팔기 좋은 집'이라는 자산 개념이 주택 구매의 결정 요소가 되었다는 것이다. 그 결과 우리는 마치 이윤을 목표로 하는 기업처럼 말하고 행동하기에 이르렀다. 지금 당신은 부동산 때문에 불행한가? 그 이유는 부동산 가격을 종교처럼 숭배한 삶의 후유증 때문일지 모른다.

부동산시장은
인간 심리의 변주곡이다

"우리는 마치 이윤을 목표로 하는
기업처럼 말하고 행동한다."

우리도 모르게 빠져든
가격의 '상향 편향'

시장의 주력 세대가 달라지면 부동산시장 흐름도 달라지기 마련이다.
재건축보다 신축, 대형보다 중소형 아파트가 많이 오르고 많이 떨어졌다.
지금은 MZ세대의 아파트 재테크 수난사이다.

◆

"주식도 아니고, 이렇게 롤러코스터를 탈 줄 몰랐죠."

2년 전 경기도 신축 대단지 중형 아파트를 산 맞벌이 부부 김경수(가명·38) 씨. 최근 아파트 급락 사태를 생각하면 그는 지금도 현기증이 날 정도다. 12억 원에 산 아파트값이 잠시 오르더니 8개월 사이에 30%나 빠지는 것을 경험했다.

거품은 신기루처럼 사라졌다. 부동산은 '드림'이 아니라 '악몽'이 되었다. 김 씨는 자신이 '상향 편향(upward bias)'에 빠졌던 게 아닌지 되돌아본다. 상향 편향은 집값이 무조건 위로 올라갈 것이라고 믿는 오류다.

요즘 그는 마이너스통장대출과 담보대출 이자로 월 200만 원 이상을 지출한다. 월급의 40%나 들어가니 벅차다. 시중금리가 낮아지면서 부담이 줄어든 게 그 정도다.

할 수 없이 그는 살던 아파트에 전세 세입자를 들이고 자신은 외곽 지역 소형 아파트 전세로 옮기기로 했다. 이른바 주거의 하향 이동이다. 그 전세금 차액으로 대출금 7억 원 중 1억 6,000만 원을 상환할 계획이다. 그동안 대출이자를 갚느라 세 식구가 외식 한 번을 제대로 못 했다.

한동안 꽁꽁 얼어붙은 아파트시장은 예전처럼 활발하지는 않지만, 그럭저럭 거래되고 있다. 김 씨의 아파트값도 일부 반등했지만 만회하려면 아직 멀었다. 그는 담담한 표정으로 이렇게 말했다. "시장 흐름이 나아지는 것 같아요. 하지만 마음의 상처는 그대로죠. 갚아야 하는 빚도 여전히 많고요."

2030세대인 MZ세대(1980~1995년생)는 이번 하락기를 겪으면서 김 씨처럼 한동안 트라우마에 시달릴 것이다. 사회에 진출한 뒤 처음으로 급락 사태를 겪으니 멘탈 붕괴가 일어날 수밖에 없다. 코인과 주식에 이어 부동산까지 급락하니 그 고통은 오죽하랴.

이번 기회에 투자 방식을 되짚어봐야 한다. 지렛대를 많이 쓰면 쓸수록 위험이 증가한다는 점, 투자 열풍 뒤에는 반드시 침체가 뒤따른다는 엄연한 사실 말이다. 정상적인 투자가 아니라 혹시 '모 아니면 도' 식의 베팅이 아니었을까? 모험주의적 투자는 위기가 닥치면 큰 시련을 불러올 수 있다는 사실도 마음에 새겨야 한다.

'하우스 푸어' 너머 '영끌 푸어'

과거 2012년 10월로 기억한다. 한 지상파 TV의 예능프로그램 〈자기야〉에 전문가패널로 출연한 적이 있다. 당시 주제는 과도한 대출로 이자 부담에 어려움을 겪는다는 뜻의 '하우스 푸어'였다. 예능프로그램까지 하우스 푸어를 다룬다는 것은 당시 집 문제로 사회적 스트레스가 극에 달했다는 방증이다.

실제로 수도권 아파트 실거래가격지수 바닥은 이 방송이 나오고 2개월 뒤인 2012년 12월이었다. 그 당시 하우스 푸어로 고통받던 세대는 이제는 머리가 희끗희끗한 베이비붐세대(1955~1963년생)와 X세대(1964~1979년생)다.

어느덧 10년이란 세월이 흘렀다. 이번에는 하우스 푸어보다 더 심한 고통을 겪는 '영끌 푸어'가 등장했다. 영끌은 '영혼까지 끌어모은다'를 간단히 줄인 말이다. 영끌 푸어는 영혼까지 끌어모아 집을 샀지만 집값 하락에 치솟는 이자 부담으로 고통받는 사람을 일컫는다. 영끌 푸어는 뒤늦게 상승장에 뛰어든 2030세대인 MZ세대가 주류를 이룬다. 한국은행에 따르면 2020년 기준 전체 인구의 46.9%에 달하는 MZ세대는 베이비붐세대와 X세대의 자식 세대다.

베이비붐세대와 X세대의 하우스 푸어나 MZ세대의 영끌 푸어는 모두 '집테크(집과 재테크를 합성한 신조어)'의 수난사다. 하지만 영끌 푸어는 하우스 푸어보다 더 고통이 심할 수밖에 없다. 10년 전보다 집값이 많이 오른 만큼 빌린 돈도 더 많을 것이기 때문이다. 실제로

MZ세대는 20년 전 동일 연령대와 비교하면 소득은 1.4배 늘었지만 빚은 4.3배 급증했다.[1]

10년 전과 지금의 부동산 흐름은 확연히 차이가 난다. 시장의 주력 세대가 달라지면 부동산시장 흐름도 달라지기 마련이다. 아파트값 하락 폭은 서울보다 인천·경기 그리고 강남보다 강북에서 더 가팔랐다. 자금력이 부족한 MZ세대가 상대적으로 집값이 싼 지역으로 몰려가면서 가격이 부풀려졌기 때문이다. 10년 전 주로 강남 아파트값이 급락했던 것과는 대조적인 모습이다.

주목할 만한 것은 재건축과 같은 구축보다 신축 아파트 하락 폭이 더 깊었다는 점이다. 이 역시 MZ세대의 공간 욕망과 맞물려 있다. MZ세대는 돈을 벌기 위해 불편함을 무릅쓰고 낡은 집에서 거주하는 '몸테크(몸과 재테크를 합성한 신조어)'를 하고 싶어 하지 않는다. 욜로(YOLO, 현재 자신의 행복을 위해 소비하는 라이프스타일)족이라고 할 만큼 당장의 행복이 더 중요하다. MZ세대는 윗세대의 대표적인 투자 상품이었던 재건축 아파트에는 별 관심이 없다. 전세 비율이 낮아 갭 투자를 하기에도 녹록지 않았다. 이번 하락기에 재건축 아파트 가격이 신축 아파트보다 낙폭이 덜한 것은 이 때문이다.

10년 전만 해도 재건축 아파트값이 마치 코스닥시장 주식처럼 등락이 심했으나, 요즘은 딴판이다. 신축 아파트에 젊은 층 수요가 몰리면서 가격이 급등했지만, 미국발 고금리 쇼크로 바닥을 모르게 흘러내렸다. 실제로 한국부동산원에 따르면 2022년 준공 5년 이하 아파트값(수도권 기준)은 전년 말 대비 14.5% 하락했다. 같은 기간 재건

축 추진단지가 많은 20년 초과 구축 아파트 하락률(-8.3%)을 훨씬 웃
돈다. 하우스 푸어 사태가 절정에 달했던 2012년에는 준공 연도별 아
파트 가운데 20년 초과 하락률이 가장 높았다. MZ세대의 신축 아파
트 쏠림 후유증이 통계로도 입증되는 셈이다.

시대적 유행이었던 갭투자, 이젠 거센 역풍

최근 10년간 주택시장에서 가장 두드러진 트렌드는 바로 갭투자
다. 갭투자는 세입자로부터 돈을 빌려 우상향 기우제를 지내는 레버
리지 투자다.

과거에도 전세 끼고 집을 사는 일은 있었다. 주로 돈이 모자라 일
단 전세를 끼고 사서 나중에 입주하거나, 아니면 여유층이 살던 집
외에 전세 끼고 한 채 더 사는 정도였다. 산발적이고, 어찌 보면 '소박
한' 갭투자였다.

하지만 최근 무주택자까지 뛰어들면서 갭투자는 시대의 유행 투
자 패턴이 되었다. 투기나 사기에 가까운 기업형 갭투자도 극성을 부
렸다. 보증금만으로 집을 사들이는 '무피(제로 프리미엄)' 갭투자, 전
셋값이 매매가격보다 높아 오히려 돈을 받고 사는 '플피(플러스 프리
미엄)' 갭투자까지 인기를 끌었다.

갭투자는 호황기엔 가격을 부풀리고 침체기엔 낙폭을 키운다. 기
준금리는 미국이 더 올랐는데 집값은 도리어 한국이 더 많이 떨어진

것은 갭투자 유행과 맞물려 있다는 생각이 든다. 세입자의 전세보증금을 지렛대로 삼아 투자하는 갭투자는 변동성을 더 키울 수밖에 없다는 이야기다. 물론 전세보증금을 합친 가계대출 비율이 경제협력개발기구(OECD) 국가 중 1위에 달할 정도로 높은 데다 변동금리 대출이 많아 금리 인상에 취약한 점도 급락에 적지 않은 영향을 미쳤다.

갭투자의 위험성이 커진 것은 2020년 7월 말 시행된 임대차 3법 중 계약갱신청구권 조항 때문이다. 묵시적 갱신에만 적용되던 계약 중도 해지 권한이 계약갱신 세입자까지 확대된 것이다. 세입자가 해지를 통보하면 3개월 뒤 효력이 발생한다. 결국 계약갱신청구권을 쓴 세입자가 중도 해지를 요청하면 집주인은 3개월 뒤 보증금을 갚아야 한다. 자신이 모아둔 목돈을 동원하든지, 새 세입자를 구하든지 해서 말이다. 그만 살고 나가겠다는 세입자의 통보는, 집주인에게는 3개월 안에 빚을 갚으라는 어음 독촉장과 같은 것이다.

자영업자 황교선(가명·43) 씨는 계약갱신청구권을 쓴 세입자로부터 계약기간이 8개월이나 남았는데도 갑자기 나가겠다는 통보를 받고 당황했다. 재계약 당시에는 세입자가 만기까지 살 것처럼 말하더니 개인 사정이 생겼다는 이유로 중도 해지를 요청한 것이다. 법적으로 아무런 문제가 없지만 허를 찔린 기분이다. 황 씨는 "중개업소에 새로운 세입자를 찾아달라고 부탁을 해놓았지만 3개월 이내에 구할 수 있을지 걱정"이라고 말했다.

전세보증금은 집주인이 세입자에게 갚아야 할 차입금, 즉 부채다. 하지만 예상치 않은 채무상환 요구를 이행하기가 여의치 않다. 황 씨

같은 집주인은 이제 초조해진다. 빚을 상환하지 못하면 최악의 경우 세입자가 강제경매에 나설 수 있어서다.

돈 마련이 쉽지 않은 집주인은 고육지책(苦肉之策)을 동원한다. 시세보다 더 싸게 전세를 내놓거나 아예 급매로 팔아버리려는 것이다. 급전세와 급매물이 동시에 나오는 구조다. 갭투자가 전세와 매매 모두 가격 하락을 부르는 뇌관이 되는 셈이다. 계약갱신청구권 조항을 수정하지 않는 한, 앞으로도 갭투자에 따른 시장 불안은 커질 수밖에 없을 것이다.

갭투자는 위기에 취약한 고위험 투자 방식이다. 남의 돈을 끌어다가 투자하는 갭투자가 위기에 얼마나 위험한지 경각심을 가지는 게 필요할 것 같다. 그것은 바람 부는 날 계곡에서 외줄 타기를 하는 것처럼 조마조마한 것이다. 더욱이 갭투자는 집주인이 불행해지면 세입자도 불행해진다. 갭투자는 이익의 경우 집주인이 독차지하지만, 손실은 임차인과 분담하는 방식의 투자다. 세입자는 위기 상황에서 집주인과 강요된 공동운명체가 된다. 집주인이 내 보증금을 되돌려줄 때까지 무탈하길 바랄 수밖에 없다.

한때 갭투자의 성지가 급락의 진원지가 되었다. 갭투자가 몰린 지역일수록 아파트 가격 내림세가 극심했다는 것이다. 요즘 갭투자자의 급매물을 또 다른 갭투자자가 사들이는 모습도 나타난다. 이들을 '갭투자자 헌터'라고 할까? 여러 부작용에도 불구하고 전세제도가 살아 있는 한 아파트 갭투자는 쉽게 사라질 것 같지 않다.

벼락거지와 설거지세대

"2030세대는 결국 설거지세대가 된 격이죠."

2021년 막바지 상승 랠리에 뛰어들어 꼭지에 집을 산 30대 중반 남성은 갑자기 설거지 이야기를 꺼냈다. 그가 산 집값이 30% 이상 떨어진 데다 다달이 높은 이자 부담에 고통을 겪고 있다. 한동안 망설이다 집을 못 사 상대적 박탈감을 느끼는 사람들을 가리켜 '벼락거지'라는 말이 유행하더니, 요즘은 설거지라는 말이 더 자주 들린다. 설거지는 사전적 의미로는 먹고 난 뒤의 그릇을 씻어 정리하는 일을 말한다.

설거지는 MZ세대에게 낯익은 말이다. 이는 주식시장에서 유래된 것으로, 세력이 작전에 성공한 뒤 개미를 유혹해 물량을 털어내는 것을 의미한다. 상투를 잡은 개미는 수익은커녕 설거지의 대상이 되고 만다.

하지만 주식시장에서의 설거지를 아파트시장에 그대로 대입하는 것은 무리다. 작전세력의 꼬드김에 휘말려 뒤늦게 아파트를 매입한 것은 아니기 때문이다. 자신은 투기해놓고 기성세대로부터 피해를 봤다는 생각은 '메코네상스(méconnaissance, 오인)'일 수 있다.

그러나 개인이 아닌 세대의 시각으로 본다면, 기성세대의 그 비싼 아파트를 다 빚을 내서 받아줬으니 어찌 보면 설거지를 당한 것으로 볼 수도 있다. 적어도 지금 당장으로서는 말이다.

2030세대의 집 구매는 주택시장에서 세대교체를 의미한다. 집을 전자제품이나 승용차처럼 해외에 수출할 수는 없다. 주택시장은 순전히 내수시장이다. 이제 대부분 정년퇴직한 베이비붐세대 이상 연령층이 보유한 주택을 누군가는 사줘야 한다. 한 조사 결과를 보니 베이비붐세대가 가진 집만 해도 전체 주택의 18%에 달한다.

이번 2030세대의 아파트 매입은 주택시장에서 고통스러운 손바뀜 현상으로 볼 수 있다. 그 손바뀜이 헐값이 아닌 비싼 가격으로 이뤄졌다는 게 문제이고, 그만큼 MZ세대 입장에서는 억울할 것이다.

주택시장은 제로섬 게임이다. 견해에 따라 윗세대가 아랫세대에게 '거품 떠넘기기'를 한 것으로 볼 수 있다. 세대 간의 폭탄 돌리기라는 이야기가 나올 만하다. 그래서 MZ세대 자신이 "설거지당했다"고 푸념하는 것이다. X세대인 나로서는 MZ세대에게 미안함을 느낀다. 부동산시장이 회복되어 설거지세대라는 한탄에서 벗어날 수 있길 고대한다.

예측 밖 '외생변수'가 더 무섭더라

개인적인 경험으로는 주택 가격이 큰 폭으로 하락한 건 4차례 겪은 것 같다. 노태우 정부의 200만 공급 쇼크, 1998년 외환위기, 2008년 글로벌 금융위기, 그리고 2022년 미국발 고금리 쇼크가 그것이다. 4건의 대폭락 가운데 3건은 외생변수, 1건만 내생변수다. 외생변수는 주택시장 밖에서 생긴 변수이고, 내생변수는 그 안에서 생긴 변수다.

내생변수는 그나마 대략적으로 예상할 수 있지만, 외생변수는 우연적·돌발적으로 찾아온다. 주택시장만 분석해서는 예측 불가라는 이야기다.

노태우 정부의 200만 공급 쇼크로 집값이 하루아침에 급락하지 않았다. KB국민은행 부동산에 따르면 서울 아파트값은 표본조사 통계 기준으로 분당신도시 시범단지가 첫 입주를 시작한 1991년부터 1993년 말까지 3년간 약 11% 떨어졌다. 신도시로 사람들이 대거 이주하면서 서울도 그 홍역을 앓은 셈이다. 체감지수 격인 아파트 실거래가는 KB 표본조사 통계와 대략 3~4배 차이가 난다. 실거래가는 표본조사 통계보다 오를 때는 많이 오르고 떨어질 때는 더 많이 떨어진다. 이런 점을 고려하면 피부로 느끼는 아파트값 하락 폭이 깊었고, 장기간 지속했다는 것을 보여준다.

하지만 외환위기나 글로벌 금융위기, 미국발 고금리 쇼크의 경우 집값은 짧은 기간에 곤두박질쳤다. 병으로 따지면 오래 끌고 잘 낫지 않는 만성질환이 아니라 갑자기 닥친 급성질환 같은 것이다.

주목할 만한 것은 글로벌 금융위기와 미국발 고금리 쇼크에 따른 급락세가 닮아 있다는 점이다. 한국부동산원에 따르면 2008월 9월 미국 투자은행 리먼브라더스 파산으로 촉발된 글로벌 금융위기가 터진 이후 그해 연말까지 4개월간 서울 아파트 실거래가는 17% 떨어졌다. 공교롭게도 2022년에도 고금리 태풍이 본격화된 9월부터 12월까지 4개월간 16% 급락했다. 수도권 역시 4개월간 비슷하게 하락(2008년 9~12월 −14%, 2022년 9~12월 −15%)했다.

한국 주택시장은 불규칙적으로 찾아오는 외풍에 뿌리째 흔들린다. 주택 공급이나 정책을 압도하는 외생변수에 의해 주택시장이 큰 소용돌이에 휩싸인다. 세상일이 그렇듯 부동산시장도 변화무쌍한 일의 연속이다. 타이밍을 재고 미래를 예측하는 일이 때로는 무의미해진다.

많은 사람이 집값은 공급이나 정책이 결정한다고 생각한다. 이들 변수가 중요한 것은 맞다. 하지만 그런 방법으로 주택시장을 전망하는 것은 위험천만한 일이다. 예상 밖의 돌발변수가 닥치면 예측한 집값은 모래성처럼 무너지기 때문이다.

힘겨운 '존버'의 삶

2021년 말 경기도에 전세 안고 연립주택을 투자한 김진혁(가명·39) 씨는 요즘 밤잠을 설친다. 기준금리가 크게 오르면서 매매가격이나 전세가격이 동반 급락했기 때문이다. 주변 아파트는 그나마 거래가 되고 있지만 연립주택은 찬 바람만 분다. 최근 사회문제화되고 있는 '빌라 사기' '전세 사기' 여파로 연립주택은 매매든, 전세든 찾는 이가 없으니 더욱 걱정이다. 김 씨는 "세입자 전세 만기가 곧 다가오는데, 새 세입자를 찾지 못하면 대출이라도 받아야 될 텐데, 가능할지 모르겠다"라며 한숨을 내쉬었다.

부동산시장은 사이클을 탄다. 한번 크게 오르면 상승 폭만큼 하락하지는 않더라도 이전 고점을 회복하는 데 시간이 꽤 걸린다. 부동산이 고점에서 물리면 오랫동안 마음고생을 할 수밖에 없다.

한국부동산원에 따르면 서울·경기·인천 등 수도권 연립·다세대주택의 실거래가 고점은 2022년 6월이다. 수도권 아파트 실거래가 정점인 2021년 10월보다 8개월 늦다. 언제 이 고점을 회복할 수 있을까? 미래가 과거를 그대로 답습한다는 보장은 없지만 참고는 할 만하다.

수도권에서 연립·다세대주택의 전 고점은 리먼브라더스 사태 직전인 2008년 8월이다. 전 고점 회복은 2020년 6월에 가서야 이뤄진다. 전 고점 탈환까지 거의 12년 걸린 셈이다. 거칠게 말해 강산이 한 번 변해야 원금을 찾을 수 있다는 이야기다. 2008년 8월부터 2020년 6월까지 약 12년간 소비자물가지수(CPI)가 20.7% 오른 것을 고려하면 실질적인 원금회복은 더 걸렸을 것이다.

아파트는 연립·다세대주택보다 원금회복까지 시간이 덜 걸리지만 그래도 긴 편이다. 수도권 아파트 실거래가는 리먼브라더스 사태 직전 수준을 회복(2016년 7월)하는 데 8년 가까이 걸렸다. 그렇다면 서울 아파트는 어땠을까? 서울 강남구의 대표적인 재건축 아파트인 대치동 A 아파트 34평형(전용면적 84m²)은 2006년 11월 14억 원에 고점을 찍었다. 그 이후 전 고점을 회복한 시기는 2017년 6월로 10년 7개월이 걸렸다. 노원구 상계동 B 아파트 32평형(전용면적 79m²) 역시 2008년 8월 고점을 찍었는데, 약 10년 뒤인 2018년 9월에 가서야 전 고점을 회복했다.

최근 들어 제조업이나 금융시장 사이클이 짧아지고 있으니 전 고점 회복 시간이 단축될 수도 있다. 하지만 그럴 가능성이 있다는 거지, 반드시 그렇게 된다는 보장은 없다. 그리고 과거 사례를 보면 집 값은 일직선으로 쭉 빠지는 게 아니다. 성수기에는 오르다가 비성수기에는 더 내리는 과정을 거치면서 추세적으로 하락한다는 점이다. 부동산 가격은 선형(직선처럼 똑바른 도형)보다는 울퉁불퉁한 비선형으로 움직인다.

어쨌든 상대적으로 회복 탄력성이 강한 아파트도 고점에서 집을 산 사람은 한동안 힘든 세월을 보내야 한다는 것을 보여준다. 물론 역사적 고점에 산 사람들도 손해만 본 건 아니다. 대치동 A 아파트나 상계동 B 아파트를 고점에서 산 사람도 2021년에 가선 매입가의 2배로 올랐으니까.

집값은 짜장면값이 오르듯 시간이 지나면 오른다. 다만 어떤 재화든 비싸게 사면 마음고생이 뒤따른다는 것이다. 당사자에게 안타깝지만, 그것은 엄연한 현실이다.

어김없이 반복되는
아파트 재테크 잔혹사

아파트를 사두면 돈이 된다는 생각은 '가격의 우상향' 맹신에서 나온다.
이런 맹신은 이번 미국발 고금리 쇼크 같은 위기엔 속절없이 사라지는 거품과도 같다.
그토록 믿었던 아파트로부터 배신당할 수 있다.

◆

우리에게 아파트는 어떤 존재일까? 흔히 내 집을 마련한다고 하면
대체로 아파트 장만을 의미한다. 실제로 한국주택금융공사 2022년
조사에 따르면 주택 수요자의 80.5%가 향후 내집마련 유형으로 아파
트를 꼽았다. 아파트는 서양식 고층 콘크리트 건물 형태의 공동주택
이다.

지난 1970년대 본격적으로 들어선 아파트는 어느새 전체 주택의
10채 중 6채를 넘을 만큼 대한민국 집의 상징이 되었다. 많은 무주택
서민이 아파트를 분양받아 중산층이 되었다. 이처럼 우리나라 아파
트의 역사는 바로 중산층의 역사, 재테크의 역사라고 해도 과언이 아
니다.

욕망의 집어등과 아비투스

아파트를 분양받는다는 것은 중산층으로 신분을 업그레이드하기 위한 행운 열차의 티켓을 장만하는 일이었다. 이는 아파트값 상승 행진이 계속되었기에 가능했다. 많은 사람이 그 티켓을 장만하기 위해 허리띠를 졸라매는 고생을 했지만, 종착역에 도착해서는 큰 보상을 받았다. 심지어 분양가의 곱절까지 올라 대박을 터뜨렸다. 신규 분양에 이어 재건축 아파트 투자로 돈을 버는 사람들까지 속속 등장하면서 성공신화를 낳았다. 아파트는 사두면 적어도 가격이 내려가지 않는 마을 뒷산의 큰 바위 같은 든든한 존재였다.

아파트에 대한 믿음은 시간이 지나 맹신으로 바뀌었다. 이른바 '아파트 불패 신화'다. 이 불패 신화가 지난 50년간 우리나라 주거 역사에서 '아파트 쏠림 현상'이 나타난 주요 원인 중 하나다. 사람들이 아파트로 돈 버는 궁리만 하다 보니 어느새 재테크 두뇌도 발달했다.

친숙함과 익숙함이란 어찌 보면 무서운 것이다. 아무런 생각 없이 습관처럼 당연한 것으로 받아들인다. 너무 익숙해 존재감을 느끼지 못하는 안방 장롱을 대하듯 말이다. 언제부터인가 '아파트 재테크'라는 말은 아무 거리낌 없이 회자되었다. 아파트 재테크는 남산이나 한강만큼이나 익숙한 용어가 되어버린 것이다.

아파트 재테크는 '어파트먼트(apartment)'에 일본식 자산관리 용어인 '재테크'를 합친 말이다. 아파트 재테크는 온 가족이 사는 안락한 공간보다는 시세 차익을 올리는 대상이라는 의미로 압축 상징된다.

돈을 벌기 위해 아파트를 사고파는 재테크 행위가 반복되면서 오히려 그렇게 하지 않는 사람들이 이상한 사람으로 취급받았다. 집값이 계속 올랐기에 사람들은 굳이 복잡하게 생각할 것이 없었다. 신속한 의사결정과 행동만이 미덕으로 칭송받았다. 사유는 그런 행위를 하는 데 방해만 될 뿐이었다. 이리저리 살피기보다 남들을 모방하거나 시장에서 알려진 규칙에 따라 행동하는 게 재산을 불리는 데 효과적이었고, 가장 훌륭한 재테크 방법으로 통했다.

아파트 재테크는 모든 사람이 손쉽게 접근할 수 있는 욕망 달성의 아비투스(habitus, 일정하게 구조화된 개인의 취향이나 성향 체계)가 되었다. 투자만 하면 금방 대박이 터질 것 같았던 아파트는 우리에게 그야말로 '욕망의 집어등(集魚燈)'이었다. 어선의 환한 램프 불빛에 이끌려 몰려드는 동해의 오징어처럼 '아파트 드림'을 찾아 몰려든 것이다.

사실상 많은 사람이 '집'을 사랑한 것이 아니라 '돈'을 사랑했다. 아파트는 돈을 벌기 위한 단순한 도구에 지나지 않았다.

그러나 아파트 버블 시대는 계속 가지 않았다. 폭주 기관차는 계속해서 달릴 수 없는 법이다. 폭주 기관차가 멈추자 재테크 시대의 '아파트 공화국'은 미국발 고금리 쇼크에 갑자기 무너졌다. 아파트값이 급락하면서 아파트를 통해 돈을 벌고 싶어 했던 사람들의 재산이 허공으로 사라졌다. 가격의 급락은 고통을 부르기 마련이다. 맹목적 투자 열풍의 거친 후유증을 겪고 있는 셈이다.

거품이 한 번 꺼질 때마다 수많은 사람이 다친다. 이번에도 MZ세대를 중심으로 큰 상처를 입었다. 요즘 일부 지역에서는 바닥에서 벗어나면서 치유의 새살이 돋고 있으나 그 속도는 여전히 느리다.

우상향 기우제를 지내는 사람들

그동안 아파트를 사두기만 하면 돈이 된다는 믿음은 오랜 신화처럼 우리 사회를 지배해왔다. 그러나 그 믿음은 근거 없는 '가격의 우상향' 맹신에 지나지 않았다. 이런 맹신은 아파트값이 계속 올라갈 때 더 심하게 나타나며, 위기가 닥치면 속절없이 사라지는 거품과도 같다. 실제로 많은 사람이 갖고 있던 그 믿음은 미국발 고금리 태풍이 불면서 허무하게 무너졌다. 사실 그토록 믿었던 아파트로부터 배신당한 것이다.

대부분의 사람은 과거와 현재를 통해 미래를 내다보려는 경향이 강하다. 미래는 과거와 현재의 그림자 혹은 연장선이라는 생각을 한다. 오늘의 추세가 내일도 그대로 이어질 것이라고 믿는 '모멘텀 편향'의 일종이다.[2] 설사 다른 집은 다 떨어지더라도 내가 선택한 우리 집은 예외일 것이라고 애써 억지 믿음을 만든다. 나는 일반인과 다르고 특별할 것이라는 착오의 또 다른 발로다. 우리 집 주변에 새로운 지하철·GTX가 들어서고 있거나 자체적으로 재건축·리모델링 추진 같은 재료를 갖고 있다는 그럴듯한 이유를 댄다.

하지만 이는 누워서 침을 뱉으면 내 얼굴에 안 떨어질 것이라고 믿는 것과 같다. 부동산은 시차가 있거나 폭이 다를 뿐, 대체로 떨어질 때는 다 같이 떨어지고 오를 때에도 다 같이 오른다. 더욱이 그 부동산이 단순한 거주공간이 아니라 투자 자산이 되면 예외는 더욱 없다. 집의 투자 자산화는 변동성이 더 커진다는 것을 의미한다. 집이 투자 자산으로 변질되면 투기적 수요는 항상 기승을 부린다. 투기적 수요는 시장이 활활 타오를 때는 기름을 붓지만, 시장이 냉각되면 폭락의 원인이 된다.

이런 점에서 서울 강남 집값은 내려가지 않는다는 '강남 불패신화' 역시 항상 성립되는 것은 아니다. 불패 신화는 가격이 오를 때에만 영원한 법이다. 강남 부동산도 투기적 수요에 의해 가격이 부풀려지면 충격이 왔을 때 모래성처럼 속절없이 무너진다. 이상 급등하면 반드시 급락한다는, 어찌 보면 당연한 이 명제는 17세기 네덜란드 튤립 거품 붕괴부터 최근 코인 시세 급락까지 세상을 관통하는 진리다.

"역세권 중소형은 불황에도 강할 줄 알았죠"

중소형 아파트는 주거의 실속소비를 상징한다. 반대로 대형 아파트는 알뜰소비보다는 과소비에 더 가깝다. 대형 아파트값이 중소형보다 더 비싸니 구매층도 제한될 수밖에 없다.

항상 그렇지는 않지만, 대체로 불황이 오면 대형 아파트는 수요가 더 위축되어 거래량이 줄어들고 가격도 더 내려간다(슈퍼 리치가 사는 '그들만의 리그' 초대형 아파트는 제외하고 이야기하자). 반면에 중소형 아파트는 수요가 두꺼운 편이다. 국민주택 규모(전용면적 84m²) 이하 아파트는 시장에서 찾는 사람이 많다. 일반적으로 첫 집을 살 때 역세권 중소형 아파트를 권한다. 수요층이 탄탄하니 부침이 덜해 비교적 안전하다는 이유에서다. 하지만 이번 하락기에는 이런 부동산 재테크 규칙이 깨졌다. 대형 아파트보다 중소형 아파트에서 더 심한 급락이 온 것이다. 한동안 부동산시장에서 유행했던 대형 아파트 '애물단지론'이 통하지 않게 된 셈이다. 즉 고령사회에 1~2인 가구가 늘면 대형 아파트의 수요가 크게 줄 것이라는 논리가 무색해진 것이다.

실제로 KB국민은행 부동산 시세에 따르면 2022년 한 해 동안 전국 중형(전용면적 84m² 초과~102m² 이하)과 중소형(60m² 초과~84m² 이하) 아파트값은 각각 3.4%, 3.6% 떨어졌다. 같은 기간 소형(60m² 이하)의 하락 폭도 2.3%에 달했다. 하지만 대형(135m² 초과)은 같은 기간 0.1% 하락에 그쳤다. 이 통계는 하락기에 대형이 얼마나 선전했는지를 보여준다.

중소형 아파트 급락 현상은 왜 일어났을까? 주택시장의 주역으로 급부상한 MZ세대의 '영끌' '빚투'나 갭투자의 표적이 된 것도 한 요인인 것 같다. 상대적으로 안전자산의 성격이 강해도 자본 이득을 위한 집단적인 우상향 기우제의 대상이 되면 '변동성 쇼크'가 나타난다. 대표적인 안전자산인 금도 투기적 수요가 몰려 거품이 발생하면 더 이상 안전자산이 아니게 되며, 오히려 매수자에겐 또 다른 위험자산이 된다.

MZ세대는 사회에 진출한 지 얼마 되지 않아 모아놓은 자금이 부족했다. 당연히 대형 아파트는 사고 싶어도 엄두를 낼 수 없었다. 이런 상황에서 적은 돈으로 투자 대열에 합류할 수 있는 현실적인 대안은 역세권 중소형 아파트였다. 중소형의 쏠림 현상이 심하게 나타난 것은 당연하리라.

중대형 아파트의 선전은 공급 감소도 큰 요인이다. 부동산정보회사 부동산R114에 따르면 2022년 전국에서 입주한 전용면적 84m^2 초과 아파트는 전체의 5.4%에 그쳤다. 이 회사가 조사를 시작한 1990년 이래 최저 수준이다. 최고치를 찍었던 2010년(33.7%)에 비하면 새 발의 피 수준이다. 아파트를 덜 지으니 대외충격에 덜 휘둘리는 것이다. 코로나19로 재택근무가 많아지면서 넓은 집에 대한 수요도 대형 아파트값 하락 폭을 줄이는 데 한몫했다.

10년 전 대형 아파트를 중심으로 집값이 급락하면서 찾아왔던 '하우스 푸어' 때와는 완전히 다르다. 당시 작은 아파트를 사서 평수를 넓히면서 재산을 불리는 이른바 '아파트 사다리'가 무너졌다. 베이비붐세대 이상 연령층에 대형 아파트는 남다른 의미를 지닌다. '아파트 평수 넓히기'는 이렇다 할 지식이 없어도 누구나 손쉽게 할 수 있는 재테크 방법이었다. 또 한편으로는 불안한 노후에 언덕을 만드는 것으로, 노후 준비의 완성을 해나가는 과정이었다. '대형 아파트 한 채만 있으면 노후가 보장된다'고 생각한 것이다. 그런 굳건한 믿음들이 글로벌 금융위기를 겪으면서 하루아침에 산산조각이 났다.

최근의 '중소형 급락과 대형 선전'에서 보듯 우리가 알고 있는 부동산 상식이 항상 통하는 것은 아니다. 통념은 언제든지 시장 상황에 따라 뒤집힐 수 있다. 고정관념이나 선입견이 이래서 무섭다.

앞으로도 중대형 아파트가 계속 선전한다는 보장은 없다. 다만 한 가지 진리가 있다면, 바로 '산이 높으면 골이 깊다'는 산고곡심(山高谷深)이다. 산고곡심은 세상사가 그렇듯 부동산시장에서도 유효한 법칙이다.

고통스러운 사유

최근 아파트값의 날개 없는 추락은 우리에게 이방인처럼 낯설었다. 아니, 우리 상상력의 범위를 넘어선 것이었다. MZ세대를 중심으로 많은 사람이 당혹과 충격 속에 심리적으로 거의 아노미 상태에 빠졌다. 수도권 아파트 실거래가격지수가 2013년 1월부터 2021년 10월까지 9년 가까이 장기 랠리를 달렸기에 갑작스러운 하락은 큰 충격이었다.

고통의 시간 속에서 앞만 보던 사람들은 옆과 뒤를 되돌아보기 시작했다. 인간은 갑작스러운 시련으로 고통을 겪으면 자신을 되돌아본다. "왜 이러지?" "뭐가 잘못됐지?" "내가 제대로 살고 있는 거야?" 그것은 나 자신과 우리가 지나온 일들에 대한 반성과 성찰이다. 철학적으로 볼 때 '사유(thought, 생각)'를 하는 것이다.

그런데 주목할 만한 점은 사유가 자신의 자발적인 노력이 아니라 외부 상황에 떠밀려서 시작되었다는 것이다. 자유로운 사유는 우리를 즐거움으로 이끌지만, 강요된 사유는 그 과정이 힘겨울 수밖에 없다.

사실 '아파트값 급락'이라는 전혀 예기치 못한 사건을 마주치지 않았다면 우리는 굳이 골치 아프게 생각하지 않았을 것이다. 지금까지 자기 행위에 무슨 문제가 있는지 아무런 문제의식도 갖지 않았을 것이다. 그저 다람쥐 쳇바퀴 돌 듯 기계적인 행동이 반복되었을 것이다. 하지만 부동산 불패 신화의 균열이라는 충격적인 사건이 터지자 뭔가 잘못되었다는 것을 깨달았다. 삶에서 부동산과 집의 참다운 가치를 되짚어보는 사유를 시작한 것이다.

물론 아픈 상처를 직시해야 하는 사유이기에 그다지 즐겁지는 않지만, 상처를 치유하려면 고통스럽더라도 우리가 살아온 과거와 현재를 제대로 바라봐야 한다. 사유란 어쩌면 진정한 삶의 지혜를 찾기 위한 자신과의 대화일지 모른다.[3]

무섭고 위험한
이윤 지향적 사고방식

아파트에서 '사는 것'의 편리함에 중독되는 것이야 나쁠 게 없다.
하지만 돈을 벌기 위한 '사고파는 것'의 편리함에 중독되면 삶이 피폐해진다.
가격이 무너지면 마음의 고통이 그만큼 클 수밖에 없다.

◆

우리에게 도대체 집이란 무엇인가? 우리 세대 집의 의미는 아버지 세대 집의 의미와 너무 달라졌다. 언제부터인가 이 시대를 사는 사람들에게 내 집 장만은 돈을 벌기 위한 재테크 행위가 되었다. 가격 상승을 기대한 투자상품을 매입하는 것으로 내 집 장만의 의미가 바뀐 것이다.

예전에는 내 집 장만은 잦은 이사 없이 온 가족이 편히 살 수 있는 삶의 안식처를 마련하는 것이었다. 1960~1970년대에 대문 옆 단칸방에 세 들어 살았던 수많은 무주택 가장은 집을 통째로 쓰는 '독채'를 갖는 것이 꿈이었다.

당시 우리나라 가옥 구조를 보면 방과 부엌을 빼고는 모두 집주인과 세입자가 공동으로 사용했다. 전기와 수도를 같이 쓰다 보니 집주인은 세입자에게 "왜 물을 많이 쓰느냐?" "왜 밤늦게까지 불을 켜놓고 있느냐?"며 잔소리를 해댔다. 신분 사회가 사라졌지만 집주인은 여전히 상전이었다. 세입자들의 간절한 바람은 집주인으로부터 사생활 간섭을 받지 않고 마음 편히 사는 것이었다. 삶의 안식처를 마련한 이후 가격이 오르는 것은 그저 덤이었다.

지금은 집의 기능에서 본말이 전도되었다. 삶의 거처로서 살기 좋은 집보다는 팔기 좋은 집이라는 자산 개념이 주택 구매의 결정 요소가 되었다. 집은 돈을 벌기 위한 욕망의 수단으로 전락했다. 물질과 욕망이 최고의 가치로 숭상되는 자본주의 시대에 집의 의미도 퇴행한 것이다.

편안과 불안의 이중주

몇 년 전 경기도 외곽에서 아파트를 장만한 프리랜서 김진희(가명·38) 씨. 그는 아파트 현관에 들어서는 순간 편안함을 느낀다. 외부에서 벗어나 나만의 공간적인 자유를 누린다. 작지만 이 아파트 공간에선 편하고 걱정이 없다. 얼마 전 마련한 오디오를 틀어놓고 쇼파에 누워 클래식 음악을 들으면 세상사 근심이 다 사라지는 듯 평온하다. 이 보금자리에선 세상이 다 내 것 같다.

그에게 어렵게 장만한 아파트는 안식처 이상이다. 어제 저녁에는 단지 내 지하 피트니스 클럽과 골프 연습장, 찜질방을 다녀왔다. 이런 편의시설이 있으니 마치 콘크리트 성에서 생활하는 것 같다. 삶의 질이 높아지는 기분이다. 대출이자가 부담이지만 그래도 아파트를 사길 잘했다고 생각했다.

밤늦게 TV를 켰다. 뉴스에서 아파트값이 크게 떨어졌다는 소식이 들려온다. 갑자기 집값 걱정이 물밀듯 밀려온다. '내가 산 가격보다 더 내려가면 어떻게 하나?' '요즘 깡통주택이 많다고 하던데, 내 아파트는 괜찮겠지?' 아파트 가격을 떠올리는 순간 평안하던 내 마음이 불안으로 뒤바뀐다.

아파트는 이처럼 편안과 불안이 공존한다. 아파트살이는 마치 주식을 사놓은 심정과 비슷하다. 거래가 잦은 데다 시세가 롤러코스터를 자주 타기 때문이다. 아파트는 먹거리로 따지면 가시 속의 알밤 같은 것이다. 아파트의 주거 효용성은 매우 뛰어나지만 수시로 노출되는 가격에 불안감을 느껴야 한다. 알밤을 꺼내 먹을 때처럼 아파트에 거주할 때도 가시에 찔리지 않도록 조심해야 하는데 그게 쉽지 않다. 가시가 곧 출렁거리는 아파트 가격이다. 출렁이는 아파트 가격은 불안 유발자다. 아파트는 편안과 불안의 이중주라고 하는 것은 이 때문이다.

아파트에서 '사는 것'의 편리함에 중독되는 것이야 나쁠 게 없다. 하지만 돈을 벌기 위한 '사고파는 것'의 편리함에 중독되면 삶이 피폐해진다.

가격을 추앙하는 삶

요즘 이런 생각을 해본다. 집값 때문에 부부 싸움을 한다면 단독주택에 사는 부부가 많이 할까, 아니면 아파트에 사는 부부가 많이 할까? 아파트에 사는 부부라는 생각이 들었는데, 이는 나만의 생각은 아니었다. 주변 사람들에게 질문을 해보니 대부분이 같은 대답을 했다. 왜 그럴까?

가장 큰 원인은 아파트는 쉽게 가격을 알 수 있기 때문이 아닐까 싶다. 아파트는 언제든지 앉은 자리에서 주식처럼 스마트폰으로 가격을 확인할 수 있다. 이 모든 것이 정보 기술의 혁명 덕분이다.

하지만 정보 기술 혁명에도 불구하고 상품 자체가 균질화되지 않은 단독주택은 가격을 알기 어려운 구조다. 가격을 알아내기 위해선 돈을 들여 별도의 감정평가 절차를 거쳐야 하고, 시간도 제법 걸린다.

이런 수고를 하지 않고 단독주택의 가치를 파악하는 길은 1년에 한 번 발표되는 단독주택 공시가격을 보는 것이다. 그것도 번거롭게 단독주택 공시가격 조회 사이트를 따로 찾아서 들어가야 한다. 이웃집이 팔렸다고 하더라도 입지 특성이 서로 달라 가격을 정확히 파악하기가 쉽지 않다.

접근하기 좋은 부동산 모바일 앱에서는 단독주택 시세를 아예 취급조차 하지 않는다. 가끔 부동산 중개업소를 지나다가 듣는 "땅값이 평(3.3m²)당 얼마에 거래되었다고 하더라"는 귀띔 정보가 전부라고 해도 과언이 아니다. 가격 정보를 얻기 힘든 단독주택 거주자들은 자연스럽게 가격의 움직임에 둔감해진다. 그러니 가격 스트레스를 받기 싫은 사람은 단독주택에서 나만의 쾌적한 삶을 누리는 것도 나쁘지 않은 선택이다.

반면에 성냥갑 형태를 띠는 한국 아파트는 상품 자체가 아이스크림이나 통조림처럼 표준화·규격화되어 있다. 그 덕에 정보 데이터의 계량화가 쉽고, 가격도 쉽게 포착된다. 우리나라에서는 전 세계적으로 보기 드물게 매주 아파트 시황이 발표된다. 그러나 단독주택이나 연립주택 시세 통계는 월간 단위로 시황이 공개되고 있어 아파트보다는 확실히 늦다. 잦은 정보 공개는 평소에 모르던 사람의 관심까지 끌게 한다.

시장에서 가격은 단순한 수요와 공급뿐만 아니라 인간의 기쁨이나 슬픔까지 고스란히 투영한다. 오죽하면 "가격은 인간의 변덕이나 두려움을 보여주는 지도"[4]라는 말도 있을까. 가격에 많이 노출되는 부동산을 소유한 사람은 가격의 변화에 따라 조울증 환자처럼 감정의 기복이 생길 수밖에 없을 것이다. 그래서 아파트에 사는 사람들은 가격 스트레스를 상대적으로 많이 받는다.

물론 단독주택 거주자들도 예외적으로 가격 정보에 예민할 때가 있다. 자본 이득을 염두에 두고 재개발이나 뉴타운 같은 대규모 개발이 진행되는 경우에 그렇다. 재개발과 뉴타운 개발은 겉으로는 공공성을 띤 주거 환경 개선 사업이지만 실제로는 아파트 재테크 사업에 가깝다. 거칠게 말해 재개발과 뉴타운은 결국 허름한 단독주택을 허물고 아파트를 새로 지어 개발 이익을 취하겠다는 것이다. 흥미로운 사실은 아파트 단지를 지으려는 과정이 진행되면 단독주택 소유자들의 심리 상태도 아파트를 닮아간다는 점이다. 바로 가격 상승을 최고의 가치로 삼게 된다는 것이다.

건물 위험 판정에 웬 축하 플래카드?

한동안 많은 사람이 아파트 가격 상승만 학수고대하는 투자를 해왔다. 가장 대표적인 가격 숭배 현상은 재건축 단지에서 쉽게 볼 수 있다. 재건축 아파트 주인들의 가장 큰 목표는 '집값 상승'이다. 그래서 집이 빨리 낡거나 벽에 금이 가고 천장에 물이 새기를 오히려 기도한다. 건물이 빨리 노후화되어야 재건축의 첫 관문인 안전진단을 통과할 수 있기 때문이다. 건물의 노후화 속도와 돈을 버는 속도는 비례한다.

그래도 그렇지, 전 세계 나라 가운데 자기 집이 빨리 낡기를 기도하는 곳은 우리나라밖에 없을 것이다. 심지어 요즘도 많은 재건축 추진 단지에서는 안전진단 D등급을 받으면 이를 축하하는 플래카드를 내건다. 안전진단 D등급 획득은 재난위험시설이라는 것을 공개적으로 확인하는 절차다. 이제는 건물의 가치로서 수명이 다했으므로 계속 살면 안전에 위험이 있으니 허물고 새로 지으라는 이야기다. 이런 상황에서 통곡을 못할지언정 왜 축하 잔치를 벌이는 걸까?

무대를 바꿔보자. 시골의 낡은 한옥에 사는 주인이 군청에서 안전진단 D등급을 받았다면 어떤 표정을 지을까? 근심이 가득하거나 울상을 지을 게 뻔하다. 같은 결과를 놓고 재건축 추진 단지에서는 오히려 기뻐하고 있으니, 이런 상황을 어떻게 설명할까? 재건축 단지 주인으로서는 안전진단 D등급을 받고 축하 플래카드를 거는 것을 당연시하지만, 어디까지나 '그들만의 리그'에서만 통용되는 방식이다. 축하 플래카드는 집을 하나의 돈벌이 수단으로 생각하는 노골적인 의사 표현이다. 우리의 행동과 가치관이 재테크와 깊숙이 연계되어 있음을 보여주는 단적인 예다.

이처럼 언제부터인가 우리에게 아파트는 시세 차익을 위해 언제든지 교환 가능한 상품처럼 여겨졌다. 사실상 아파트는 교환 수단인 '원시 화폐'의 성격을 지닌다. 사람들은 나중에 할 교환에 대비해서 유동성(환금성) 가치가 높은 자산인 아파트를 보유하려고 한다. 아파트는 다른 부동산에 비해 상대적으로 거래량이 많고, 유동성이 좋기 때문이다.

따라서 거래량이 거의 없는 극단적인 침체기를 제외하고는 자산관리 측면에서 아파트를 보유하는 것이 유리할 수 있다. 언제든지 필요할 때면 아파트를 팔아 다른 가치 있는 재화를 살 수 있는 메리트가 있기 때문이다.

아파트는 이런 장점이 있긴 하지만 노골적인 재테크의 수단으로 인식하면서 여러 부작용이 생긴다. 결국 많은 사람이 '아파트=재테크'라는 공식에 오랫동안 사로잡히다 보니 이제는 오히려 그 공식을 익숙하고, 자연스럽고, 당연한 것처럼 받아들이게 되었다.

어느 순간, 개인도 기업처럼 행동한다

"집값 떨어지니 현수막 내리세요." 얼마 전 서울 강남의 A 아파트에서 경비원이 관리자의 갑질을 견디다 못해 극단적인 선택을 했다. 그를 추모하는 현수막이 걸렸지만, 이틀 만에 철거되었다. 그 이유는 집값이 내려간다는 주민들의 항의 때문이었다. 단지 내 곳곳에 붙었던 '갑질 주장' 전단 역시 같은 이유로 일부 수거되었다. 주민들은 경찰과 구청 측에 현수막을 떼달라는 민원을 여러 차례 넣었다.[5] 이 뉴스를 본 한 지인은 "사람 목숨보다 아파트값이 더 중요한 세상이 되었는지, 각박한 세태가 안타까울 뿐"이라고 말했다.

"뉴스에 우리 아파트가 나오면 값만 떨어진단 말이에요." 서울 강남의 B 아파트를 배경으로 한 TV 드라마에서 부녀회장이 정색하며 기자들에게 내뱉은 말이다. 드라마에서는 부부 싸움 과정에서 부인이 그만 발을 헛디디는 바람에 아파트 계단에 굴러떨어져 사망한 일이 벌어졌다.

취재하기 위해 기자들이 몰려들었다. 하지만 부녀회장은 기자들을 가로막고 "사망 사건이 보도되면 아파트 이미지가 나빠져 집값이 떨어진다"라며 취재를 못 하게 했다. 이런 풍경은 단지 드라마 속 B 아파트에서만 볼 수 있는 것이 아니다. 대도시의 많은 아파트 단지에서 강도 사건이 일어나도, 불이 나도 다친 사람을 걱정하기보다는 집값을 걱정하는 서글픈 세상이 되었다.

"아파트값이 안 떨어질까?" 몇 년 전 서울 강남의 초고층 주상복합 아파트에 헬기가 충돌하는 사고가 나자 사람들이 건넨 말이다. 고층 아파트에 헬기가 충돌한 것은 사상 초유의 충격적인 일인 데다 해당 아파트가 대한민국에서 가장 비싸다는 초대형 아파트여서 한동안 화제가 되었다.

그런데 문득 이런 생각이 들었다. 만약 한적한 시골집에 헬기가 추락했다는 소식을 들었다면 사람들은 어떤 말을 했을까? 아마도 헬기 추락으로 다친 사람은 없는지, 집은 안전한지부터 물었을 것이고, 시골집 가격이 어떻게 될지는 언급조차 하지 않았을 것이다. 아파트 헬기 충돌 사고 소식을 듣고 아파트 가격의 향배를 묻는 것은 뭔가 비정상적이다. 혹시 사람들이 무심코 던졌을 그 말 속에는 아파트를 투자재로 보는 가치관이 자신도 모르게 불쑥 드러난 게 아닌가 생각된다. 맹자가 이런 모습을 봤다면 "어찌 꼭 이익만을 말하는가[하필왈이(何必曰利)]"라고 일갈하지 않았을까.

돈 중심의 사고와 행동 방식에 대해 미국의 사회평론가 더글러스 러시코프는 코퍼러티즘(corporatism, 기업 권력이 지배하는 체제) 행동양식이 내면화되었기 때문이라고 꼬집는다. 우리는 자신과 공동체의 행복을 추구하는 것이 아니라 마치 이윤을 목표로 하는 기업처럼 말하고 행동한다는 것이다. 언제부터인가 기업의 논리는 "우리의 내면을 지배하는 논리고, 세계를 보는 렌즈"로 바뀌어버린 것이다.[6]

그러다 보니 사람들은 돈을 버는 기업처럼 행동하려고 한다. 대부분의 사람들이 그렇게 하니 그렇게 하지 않는 게 오히려 이상하고, 고리타분하고, 시대에 뒤떨어진 것 같은 취급을 받는다. 인류 역사 500만 년을 하루 24시간으로 환산했을 때 자본주의가 출현한 시간은 불과 4초라고 한다.[7] 재테크의 역사는 더욱 짧을 것이다. 그런데도 우리는 이윤 지향적 사고의 한 형태인 재테크가 마치 전부인 양 그것을 이루기 위해 삶의 많은 부분을 소모한다. 기업적 논리가 우리가 받아들여야 할 보편적인 사고방식은 아니다. 그 이면은 현대 자본주의 시대에 사는 인간의 또 다른 이기심이나 탐욕에 불과할 수 있기 때문이다.

시골에선 집을 언제 살지 묻지 않더라

"집을 언제 살까요?" "집을 언제 팔까요?" 대도시에 사는 사람이라면 일상생활에서 무심코 이런 이야기를 건네봤을 것이다. 묻는 사람이나 대답하는 사람이나 큰 의미를 두지 않는다. 하지만 이 간단한 말에는 무서움이 담겨 있다. 집을 언제든지 사고파는 거래 대상의 재화로 인식한다는 의미다.

집을 언제 사고파느냐는 것은 결국 마켓 타이밍(market timing)에 관한 이야기다. 마켓 타이밍은 주로 투자재를 사고팔 때 이용되는 개념이다. 주식처럼 변동성이 강한 시장일 때 마켓 타이밍을 잘 포착하는 것은 중요한 문제다. 적기에 매입하고 매도하는 전략을 잘 모르면 큰 손실을 보기 마련이다. 그런데 요즘은 주식이 아닌 집을 사고팔 때도 마켓 타이밍이 중요한 덕목이 되는 세상이다.

흥미롭게도 집을 언제 사고파느냐는 질문을 하는 곳은 대도시에 한정되어 있다. 강원도나 경상도 산골짜기 집을 사고팔 때는 마켓 타이밍이 필요하지 않다. 진정한 홈이나 안식처를 찾는 사람은 타이밍을 묻지 않는다. 시골에서 집을 언제 사면 좋은지 묻는다면 이상한 사람으로 쳐다볼 것이다. "집이란 필요할 때, 돈 있을 때 사면 되는 것 아니냐"라고 되물을 것이다.

과연 20년, 30년 동안 온 가족이 편히 살 집이 주식처럼 마켓 타이밍의 대상인가? 아닐 것이다. 그런데도 우리가 아무런 의심도 없이 이런 질문을 하고 대답하는 것은 집을 사고파는 교환의 대상으로 보는 왜곡된 가치관이 안개비처럼 스며들었기 때문이 아닐까?

지금 당신은 아파트 때문에 불행한가? 그렇다면 혹시 그 이유가 아파트 가격을 종교처럼 숭배한 삶의 후유증 때문이 아닐까? 어찌 보면 최근에 사회 이슈가 되고 있는 영끌 푸어 문제도 아파트 가격만 오르기를 기도하는 인디언 기우제식 부동산 투자의 후유증으로도 볼 수 있을 것이다.

아파트 가격에 올인하는 삶은 가격이 모든 것이기에 가격이 떨어지면 모든 것을 잃는 상실감과 허탈감에 빠진다. 그만큼 마음의 고통과 좌절이 클 수밖에 없다.

우리의 욕망은 부표처럼
수시로 흔들린다

토지시장이든 아파트시장이든 처음부터 끝까지 100% 실수요자란 없다.
현재까지만 실수요자다. 실수요자도 상황이 바뀌면
언제든지 투기적 수요로 돌변할 수 있다. 부동산시장도 그만큼 가변적이다.

◆

　부동산시장은 인간의 이중성이 극단적으로 투영되는 욕망의 공간
이다. 부동산시장은 양극단의 세계가 존재한다. 부동산 자체가 이용
가치의 대상이자 투자재라는 양면적 성격이 있다고 하더라도 정도가
심하다.

　사실 우리나라에는 '부동산 재테크'와 '부동산 혐오증'이 공존한
다. 이런 이중적 태도는 부동산에 자본 이득을 노리는 투자 자산의
성격이 강하게 내포될수록 뚜렷하게 나타난다. 한적한 시골의 가옥
처럼 부동산이 단순한 이용 수단이 되는 세상에서는 이중성이 거의
나타나지 않는다. 겉과 속이 같은, 한마디로 정직한 시장이 된다.

　이중성은 이용 중심의 '집'이 아니라 사고파는 것 중심으로 인식되

는 '부동산'일 때 심하게 나타난다. 부동산 재테크는 부동산으로 돈을 벌려는 소유 욕망의 극단적인 표현이다. 욕망 그 자체는 직설적이고 노골적이다. 하지만 욕망을 그대로 게걸스럽게 드러내면 주위의 반발을 불러와 욕망을 쉽게 달성하지 못할 수도 있다. 체면도 깎인다. 그래서 욕망에 사로잡힌 사람들도 이를 밖으로 드러내기보다는 숨기려고 한다.

그런 점에서 부동산은 음식으로 치면 삼계탕보다는 보신탕에 가깝다. 삼계탕은 드러내놓고 먹지만 보신탕은 몰래 먹는다. 소유 욕망이 극대화된 부동산은 아직도 음습한 밀실의 세계에서 벗어나지 못하고 있다.

젓가락으로 팁을 건네다

"돌쇠야, 집에 가서 돈을 좀 가져오너라." 조선 숙종 때 진달래 피는 이른 봄날, 한양에 사는 선비 김병기(가명·45)는 종에게 돈 심부름을 시켰다. 당시 조선 선비들이 그랬던 것처럼 돈을 직접 만지는 것을 터부시해 돈을 갖고 다니지 않았다. 그가 종에게 돈을 가져오라고 시킨 이유는 젊은 시절 성균관에서 공부하던 동기생을 만나 모처럼 기생집에 가서 회포라도 풀고 싶었기 때문이다.

기생집에서 한창 술을 마시고 있는데 종이 돈을 가져왔다. 김병기는 그 돈을 광목을 깐 접시 위에 올려놓을 것을 주문했다. 한참 유흥이 무르익자 그는 기생들에게 팁을 주었다. 그런데 방법이 요즘과 같지 않다. 김병기 자신이 젓가락으로 돈을 집은 뒤 기생에게 치마폭으로 받도록 한 것이다. 옛말에 기방의 팁을 '젓가락 돈'이라고 부른 것은 이런 까닭이다.[8]

기방의 젓가락 돈은 우리나라 선비들의 '물질 혐오'를 극단적으로 표현한다. 옛날에 선비들이 영롱한 아침이슬을 먹고 산다는 매미를 숭상한 나머지 매미의 날개처럼 생긴 갓을 썼으니 오죽하랴. 무욕과 청빈으로 사는 것이 선비들의 이상적인 삶이었다. 돈 버는 상공업을 폄훼하고 형이상학을 좇는 주자 성리학의 영향이 컸을 것이다. 그래서 선비들은 집이나 땅을 살 때도 직접 집문서나 땅문서에 손을 대지 않고 종을 시킬 때가 많았다.[9]

젓가락 돈 정도는 아니더라도 지금도 한국인은 돈과 물질에 대한 혐오를 드러낼 때가 많다. 하지만 그 혐오는 체면 때문에 겉으로 드러내는 것일 뿐 속내는 다르다. 속으로는 한 푼이라도 더 갖고 싶은 소유 욕망으로 가득하다. 속마음 따로, 행동 따로일 수밖에 없다. 그래서 욕망의 극단적 표현인 돈에 대해서는 직설적이기보다는 은유를 통해 의사를 표시한다.

가령 직접 돈을 달라고 하지 않고 "봉투, 봉투 열렸네"라고 은연중 메시지를 던지는 것도 한 유형이다. 부모님께 용돈을 드리거나 부조금을 낼 때 봉투에 돈을 넣는 문화도 한국인의 이런 의식 세계를 반영한다.[10]

지식인의 부동산 혐오증

선비가 살던 조선시대 못지않게 우리가 사는 요즘의 자본주의 시대에도 지식인의 부동산이나 물질에 대한 혐오증은 심하다. 부동산을 이야기할 때는 있어도 없는 척, 관심이 있어도 무관심한 척해야 한다. 부동산을 경영학 교과서보다는 도덕 교과서의 잣대로 보려 한다. 그래야 위신이 선다. 지식인들 사이에서는 일단 부동산을 폄훼하는 것이 '지식인다움'을 내세우는 데 유리하다고 생각한다. 그들에게 부동산은 오로지 탐욕의 결과물이자 지양의 대상이다. 그런데 정작 자신은 탐욕으로 만들어진 세상 덕택에 유복한 삶을 누리는 사람들이 많다.

몇 년 전 오후 늦게까지 진행된 부동산시장 토론회에 참석했을 때다. 당시 우리나라 부동산시장과 주택건설업자에 대해 극단적으로 비판하던 지식인이 있었다. 그는 주택건설연구소에서 나온 상대방 측 출연자의 발언에 "투기 수요를 일으켜 경기를 살리자는 것이냐"라고 쏘아붙였다. 상대방 출연자를 죄인처럼 다그쳐 옆에 앉아 있던 내가 무안했던 기억이 난다. 나중에 그는 정부 고위직에도 올랐다. 토론회에서 그는 민초(民草)의 열악한 주거 환경에 대해 열변을 토했다. 그에게 강남 아파트는 다른 어떤 것보다 투기로 얻은 불로소득일 뿐이었다.

그런데 나중에 알고 보니 정작 그 지식인이 강남구 소재의 아파트에 살고 있는 것 아닌가. 그것도 모든 사람이 선망하는 강남 한복판의 초고가 아파트에서 말이다. 그 사실을 알고 나서 적지 않게 당황했다.

'강남 좌파'로 불리는 진보적인 경제학자가 한국경제의 문제에 대해 비판적인 견해를 밝히는 것과는 차원이 좀 다른 것이었다. 진보 경제학자는 거시경제와 직접 물질적인 이해관계가 없다. 하지만 부동산은 다르다. 그 지식인은 자신이 그토록 비난했던 투기 세력 덕분에 원했든 원하지 않았든 결과적으로 큰 평가 차익을 챙기지 않았나. 그 차익은 서민들은 평생 만져보지도 못할 정도의 큰 금액이다. 강남에서 그 정도로 비싼 집에 산다면 계급상으로 '아파트 상층 부르주아지'다. 비판적 지식인으로서 민초의 삶에 다가가고 싶다면 위화감의 대상인 강남 고가 아파트에 살기보다는 서민층 주거지로 옮겨야 하는 것 아닐까?

그런 그가 목에 핏대까지 올리면서 부동산에 대해 적대적인 발언을 하는 것은 과도한 행동이었던 것 같다. 자신은 부르주아지 계급으로 누릴 것은 다 누리면서 애써 서민 편을 드는 목소리를 내는 이유는 무엇 때문일까? 지식인의 양심으로 봐야 하나, 아니면 강남 좌파의 자기분열이나 허위의식의 또 다른 표현인가? 그게 아니라면 그런 언행에 대해 물질적인 부(富)와 사회적 존경을 동시에 얻기 위한 '두 마리 토끼 잡는 법'으로 해석해야 할까? 그날은 온종일 이런저런 상념에서 헤어나지 못했다.

자신과 비슷한 사람만 질투한다

"부동산은 이제 배가 고프기보다는 배가 아픈 것이 문제입니다." 한 원로 경제학자의 말이다. 이제 주택 보급률이 전국적으로 100%를 넘어 양적인 부족 문제는 해결되었으니 부동산을 둘러싼 갈등이나 분쟁이 문제라는 말이다.

부동산 문제는 단순히 시장 논리보다는 이데올로기 싸움 영역으로 전개될 때가 많다. 어찌 보면 강남 아파트는 첨예화된 부동산 계급 갈등의 상징이다. 지인이 강남 아파트를 사서 돈을 벌었다는 소리를 들으면 나도 모르게 배가 아프다. 아파트를 사기까지 어떻게 노력했는지에는 관심이 없고, 그 결과만 부럽고 질투가 난다.

왜 그런 생각을 할까? 부동산시장에서 배가 아픈 이유는 2가지다.

첫째, 아파트 투자(투기)의 대중화 때문이다. 표준화된 주택인 아파트는 사실 복잡한 권리관계 분석이나 투자 기술이 없는 초보자라도 누구나 투자가 가능한 범용 상품이다.

사실 암울한 일제강점기에도 투기가 극성을 부렸다. 일확천금을 얻기 위한 광산 투기는 물론 주식과 땅 투기 열풍이 나타났고, 곡물 시장에도 투기꾼들이 불나방처럼 몰려들었다. 그러나 투기시장에 뛰어든 사람들은 재력이 뛰어난 지주나 친일파 같은 극소수 계층이었다. 서민들과는 관계가 없는 영역이었다. 투기로 파산을 하더라도 참여자가 많지 않았기에 영향은 제한적이었다.

하지만 지금은 상황이 완전히 다르다. 아파트 재테크는 왕후장상

(王侯將相, 제왕·제후·장수·재상을 아울러 이르는 말)의 씨가 따로 없다. 아파트는 그 누구든지 큰돈이 없어도 투자 대열에 나설 수 있다. 신도시에 당첨된 사람들은 특별한 재주가 있었던 게 아니다. 청약통장에 가입해서 15년 이상 미련스러울 정도로 돈을 꼬박꼬박 낸 것이 비법이라면 비법이다. 그들은 특별한 사람들이 아니라 우리의 가까운 이웃이다.

스위스 출신의 영국 작가 알랭 드 보통에 따르면 우리는 우리 자신과 비슷하다고 느끼는 사람에 대해서만 질투를 한다.[11] 말하자면 우리의 고교 동창생이나 회사 동료 같은 준거집단이 성공할 때 질투를 느낀다. 하지만 우리와 비교하기 어려운 상층집단이 성공하면 질투를 느끼지 않는다. 사촌이 논을 사야 배가 아프지, 대기업 회장이 논 수백만 평을 사더라도 배가 아프지 않다는 이야기다.

둘째, 성공을 이룰 뻔한 것을 이루지 못할 때 아쉬움이 더 큰 법이기 때문이다. 먼 바다의 고기가 아니라 바로 눈앞의 고기를 놓쳐야 상실감이 큰 것처럼 말이다.

자신도 신도시 아파트에 당첨되어 대박을 터뜨릴 수 있었는데 운이 좋지 않았을 뿐이라고 생각한다. '집값이 계속 오를 때라 무리를 해서라도 아파트에 투자했다면 큰돈을 벌었을 텐데 왜 그랬을까?' 그냥 사놓기만 하면 값이 오르던 그 좋은 시절에 과감하게 결단하지 못한 자신이 원망스러울 때가 많다. 이런 현상은 미완성 과제에 집착하면서 미련을 가지는 '자이가르닉 효과(zeigarnik effect)'의 일환으로 볼 수 있다.

요컨대 아파트, 특히 강남 아파트 때문에 배 아픈 사람들이 많은 것은 투자의 대중화와 자이가르닉 효과에서 비롯되었다고 볼 수 있다. 사회 전체적으로 배 아픈 사람들이 늘어나는 것은 그리 좋은 현상이 아니다. 계층 간의 위화감을 조성해 사회 통합을 저해하고 근로 의욕을 떨어뜨릴 수 있기 때문이다. 아파트값이 급등하는 일이 없다면 배 아픈 사람은 많지 않을 것이다. 이래저래 주택시장은 안정이 최고의 미덕이다.

"어떻게 욕망이 변하니"

서울에 사는 맞벌이 부부 김순지(가명·40) 씨는 어렵게 장만한 아파트가 마음에 들지 않아 불만이다. 월세를 내는 것보다 낫겠다 싶어 지금의 작은 아파트를 샀다. 온 가족이 집 걱정하지 않고 편히 살 수 있는 삶의 안식처를 찾는, 흔히 말하는 실거주 수요자였다.

150가구 안팎의 아담한 아파트 단지였지만 출퇴근이나 생활 여건이 나쁘지 않았다. 처음에는 그럭저럭 만족했다. 하지만 단지 바로 앞에 있는 2,000가구의 재건축 추진 단지 가격이 슬슬 오르면서 생각이 달라지기 시작했다. 가격도 잘 오르지 않는 '나 홀로 아파트'를 성급하게 고르지 않았는지 말이다. 자신의 선택에 대한 후회가 밀려온다. '내 조급증이 문제야. 빚을 더 내서라도 가격이 오를 만한 재건축 아파트를 샀어야 했어.'

그때부터 김 씨는 모바일 부동산 앱에서 자신이 사는 아파트나 동네 아파트의 가격을 수시로 확인하는 습관이 생겼다. 그녀의 이런 행동은 처음 생각과는 완전히 뒤바뀐 것이다. 선호가 역전되었다. 애초에 안정적인 거주를 달성하기 위한 수단에 불과하던 집이 나중에는 그 자체가 목적이 된 것이다. 목적이란 당연히 자본적 가치, 말하자면 시세의 상승일 것이다.

어찌 보면 집에 대한 김 씨의 생각이 거주 마인드에서 투자 마인드로 바뀐 것은 이상한 일이 아니다. 그 스스로가 합리적이지 않을 수 있기 때문이다.

경제적 인간의 조건인 합리성을 갖추기 위해서 꼭 필요한 것은 '선호(취향)의 일관성'이다.[12] 선호의 일관성이란 쉽게 말해 한번 김치를 좋아하면 죽을 때까지 김치를 좋아해야 한다는 것이다. 요즘 유행어로 바꿔 말하면 '중꺾마'라고나 할까. 이 말은 '중요한 것은 꺾이지 않는 마음'의 축약어다. 그런데 감정의 동물인 인간이 어디 그런가? 하루에도 변덕이 죽 끓듯 생각이 몇 번씩 바뀌는 게 인간이다.

가령 주식시장의 작전도 참가자들이 처음부터 끝까지 초심이 변하지 않을 것이라는 집단적 믿음에서 시작된다. 변심하지 말자며 맹세하기 위해 혈서까지 쓴다. 하지만 이런저런 일로 누군가가 변심을 하게 되고, 작전은 의외로 쉽게 깨진다. 그래서 주식 작전은 성공 확률보다는 실패 확률이 훨씬 높다.

"어떻게 사랑이 변하니?" 영화 〈봄날은 간다〉(2001)에서 상우(유지태 분)는 연인의 변심에 이런 말을 내뱉는다. 하지만 권태기에 접어든

연인은 묵묵부답일 뿐이다. 인간이 합리적이라면 변심은 없다. 사랑은 상대방을 주관적으로 '선호'하는 것이다. 사랑이 그렇듯 일상적인 삶에서도 선호는 불변이 아니라 가변적이다.

당신은 아파트를 이용 개념으로 바라보고 있지만, 주위 많은 사람이 재테크 대상으로 생각하고 있다고 치자. 처음에는 당신의 생각이 유지되겠지만 계속해서 독야청청하기란 쉬운 일이 아니다. 사람들은 흔히 자신의 소속 집단의 사고에 쉽게 동조해버리는 경향이 강하기 때문이다. 모두가 '예'라고 할 때 '아니오'라고 말할 수 있는 사람은 거의 없다. 부동산과 삶에 대해 나만의 독특한 철학이 있지 않고서는 말이다.

김 씨의 생각 변화는 인간의 선호나 욕망은 고정된 것이 아니라 주변 상황에 의해서 수시로 바뀌는 가변적인 존재라는 점을 보여준다. 아침부터 저녁까지 마주치는 상품 광고는 우리의 선호나 욕망을 수시로 바꾸도록 부추긴다. 언론에서도 "당신의 포트폴리오를 재구성하라"라는 그럴듯한 구호로 돈벌이 욕망을 자극한다.

사실 처음부터 투기를 작정하고 부동산시장에 뛰어드는 사람은 드물다. 많은 경우 애초에는 이용 목적으로 접근했다가 여차여차한 상황이 만들어지면서 투기를 하게 된다. 1830~1850년대 미국에서 농장 주인들은 처음에는 면화를 경작하기 위해 농지를 매입했지만, 땅값이 오르자 생각이 달라졌다. 자본 이득을 노리고 농장을 저당 잡힌 뒤 빚을 더 내 투기 대열에 뛰어들었다.[13]

토지시장이든 아파트시장이든 처음부터 끝까지 100% 실수요자란 없다. 현재까지만 실수요자다. 실수요자도 상황이 바뀌면 언제든지 투기적 수요로 돌변할 수 있다. 주식시장에서도 주가가 폭등하기 시작하면 고배당 주식 투자자를 자처하던 사람도 성장주에 손을 댄다. 세상만사가 그렇듯 인간의 욕망도 고정되어 있는 것이 아니라 부표처럼 이리저리 움직이는 것이다.

내 속에 스며든 타자의 욕망

우리가 품고 있는 욕망은 내 가슴 저 깊숙한 곳에서 우러나오는 진솔한 욕망이 아닐 수 있다. 프랑스 철학자이자 정신분석학자인 자크 라캉이 "나의 욕망은 타자(다른 사람)의 욕망"이라고 말한 것도 이런 맥락에서다. 우리의 욕망에는 타자의 욕망이 깊숙이 개입되어 있을 수밖에 없기 때문이다.

가령 우리가 강남 재건축 아파트를 사고 싶어 한다고 하자. 그것을 왜 사려고 하는가? 나중에 거주하기 위해서 사고 싶은 사람도 물론 있겠지만 대부분 시세 차익에 초점을 맞추고 있다. 시세 차익을 거두기 위해서는 누군가가 나의 재건축 아파트를 사줘야 가능하다. 차익은 교환을 전제한 상황에서 가능한 것이다. 따라서 아파트를 살 때 내가 원하는 것보다 내 아파트를 사주는 타자가 원하는 것이 무엇인가를 생각하게 된다. 결국 내가 욕망하는 것보다는 타자가 욕망하는 것을 구매하는 것이다. 타자 역시 또 다른 타자의 욕망을 고려할 것이다. 이런 방식의 욕망이 계속된다면 '욕망의 무한 연쇄'로 이어질 것이다. 우리 자신의 욕망이 아닌 다른 사람의 욕망을 위해서 부동산 시장에 뛰어드는 것이다. 모든 사람이 타자에게 팔기 위한 교환가치에 올인하는 과정을 반복하면 언제든지 투기 광풍으로 이어진다.[14]

우리의 진정한 욕망은 어디에 있는가? 혹시 지금 당신은 남의 욕망을 나의 욕망으로 착각하고 있는 것은 아닌가?

부동산시장을 이해하기 위해서는 표면적인 현상에 일희일비하지 않고 변수를 제대로 읽는 지혜가 필요하다. 부동산 가격은 장기적으로 인구, 구매력, 공급 등 여러 변수에 따라 움직임이 달라지지만, 단기적으로는 심리의 영향이 절대적이다. 심리는 변화무쌍하게 움직이는 부동산시장을 이해하는 데 핵심 변수가 된다. 양떼 현상(무리 짓기), 행동 감염, 손실 회피, 현상 유지 편향, 처분 효과, 대비 효과, 행동 편향 등 다양한 심리작용에 이끌려 우리는 때때로 너무나 비이성적이고 비합리적인 선택을 한다. 부동산시장을 뒤흔드는 심리 코드를 살펴보자. 심리적 편향에 빠지지 않고 올바른 결정을 내릴 수 있도록 마음 근육을 키우는 여정이 될 것이다.

누구나 빠지는
심리적 편향을 경계하라

"개인이 합리적인 행동을 하더라도
시장은 비합리적으로 움직일 수 있다."

부동산시장은
인간 심리의 집합체다

심리는 부동산시장에서 단기 변수다.
심리는 쉽게 바뀌는 마음 작용의 또 다른 표현이므로 대체로 단기에 그친다는 이야기다.
중장기는 심리보다는 펀더멘털이나 시장기본가치에 의해 결정된다.

◆

"난 시시각각 변하는 파도만 본 격이지. 바람을 봐야 하는데. 파도를 만드는 것은 바람인데 말이오." 영화 〈관상〉(2013) 마지막 부분에서 천재 관상가 김내경(송강호 분)은 이렇게 탄식한다. 관상으로만 수양대군의 왕위 찬탈 사건인 계유정난(1453)을 미리 내다보지 못했던 자신을 한탄하는 대사다. 파도를 만드는 것은 바람, 즉 시대적 흐름이다. 그래서 세상을 좌지우지하는 바람의 움직임을 알지 못하면 시대나 그 속 인간의 운명도 알 수 없다는 뜻이다. 파도는 수시로 바뀌는 현상이고, 바람은 변동성을 일으키는 원인이다.

부동산시장으로 좁혀보면 파도는 출렁이는 부동산 가격이 될 것이고, 바람은 가격에 영향을 주는 여러 변수가 될 것이다. 부동산시장을 이해하기 위해서는 표피적인 현상에 일희일비하지 않고 변수를 제대로 읽는 지혜가 필요하다. 부동산 가격은 장기적으로 인구, 구매력, 공급 등 변수에 따라 움직임이 달라진다. 그런데 단기적으로는 심리의 영향이 절대적이다. 심리는 변화무쌍하게 움직이는 가격을 이해하는 데 핵심 변수가 된다는 이야기다.

'돈의 주인' 사람 마음을 읽어라

가끔 이런 엉뚱한 생각을 할 때가 있다. 폭풍우가 치는 어느 여름날, 달에서 지구를 내려다보면 바다는 과연 어떤 모습일까? 바다는 푸른빛의 아름다움과 고요 그 자체일 것이다. 광기와 공포, 전율의 고통 속에서 몸부림치는 세계도 멀리서 바라보면 평온한 관조의 세상이다. 대상과 거리를 두면 둘수록 우리의 마음에선 감성보다는 이성이 작동한다.

그래서 옛 성인들은 사람들에게 세상을 멀리 보라고, 멀리 보면 현명해질 수 있다고 설파했다. 하지만 범부필부(凡夫匹夫)가 성인의 말씀을 따르기란 쉽지 않은 일이다. 당장 코앞의 문제 해결이 급급한 사람에게 장기(長期)는 어찌 보면 한가롭다. 폭풍우가 몰아쳐 좌초 위기에 몰린 선장에게 바다가 곧 고요해질 것이니 기다리라고 이야기하는 것은 무책임한 일이다.

영국의 경제학자 존 메이너드 케인스도 "장기라는 것은 현재의 일

들을 자칫 오도하는 역할을 한다. 장기로 가면 우리는 모두 죽는다"라고 했다.[15]

폭풍우가 사계절 내내 찾아오는 것이 아니듯 인생의 고비도 항상 찾아오는 것은 아니다. 고비는 한순간이다. 폭풍우가 휘몰아칠 때는 한 치 앞도 내다보기 힘들다. 격랑의 파도에 휩쓸리면 순식간에 모든 것을 잃는다. 이 세상은 충동과 광기, 편견이 지배하는 세상이다. 이성보다는 비이성, 그리고 합리성보다는 비합리성에 의해 움직이는 곳이 바로 심리의 세계다.

부동산 가격이 단기적으로 출렁이는 것은 다분히 심리적인 이유에서다. 단기적으로 매수자와 매도자 간의 심리 게임 결과로 가격이 움직인다. 가격이 하락한 것은 매도자가 심리적으로 매수자에게 밀렸다는 이야기고, 상승한 것은 그 반대일 것이다. 가격이 내재가치를 넘어 폭등하거나 폭락하는 것은 다른 어떤 요인보다 심리의 문제가 크게 작용한다. 광기 국면에선 내재가치보다 큰 폭으로 절상되고, 공포 국면에선 내재가치보다 크게 절하될 것이다. 그래서 부동산시장을 이해하기 위해서는 시장 참여자들의 심리를 읽는 게 필요하다.

"투자의 정석은 뭘까? 돈의 흐름을 읽기 위해선 먼저 알아야 할 게 있지. (바로) 그 돈의 주인인 인간! 시장을 이해한다는 건 바로 인간(의 마음)을 이해한다는 말이거든."

드라마 〈재벌집 막내아들〉(2022)에서 투자의 귀재 오세현(박혁권 분)은 심리의 중요함을 이같이 역설한다. 요즘 세상은 자신이 원하든 원하지 않든 투자가 삶의 일상화가 되었다. 먹고 입는 것보다 투자가 삶의 중요한 부분이 되었다는 이야기다. 집도 단순한 거주공간이 아니라 사고파는 투자의 영역으로 들어왔다. 투자재 시장일수록 인간의 불안과 초조감, 두려움이 고스란히 투영된다. 이러다 보니 집값이 자주 요동친다. 이른바 변동성 쇼크의 큰 요인은 바로 수시로 움직이는 인간 심리다. 투자의 달인 오세현이 이를 간파한 것은 당연하리라.

흥미로운 것은 심리는 자체적으로 움직이는 독립적 성격의 변수보다 다른 변수의 영향을 받는 경우가 많다는 점이다. 예컨대 매수심리가 살아났다면 부동산 거래 활성화 정책 같은 다른 변수가 심리에 영향을 줬을 가능성이 크다. 그래서 심리 변수는 파생 변수 역할을 하면서도 여러 변수를 합친 총합 변수가 되기도 한다.

부동산시장에서 심리는 대표적인 단기 변수다. 심리는 쉽게 바뀌는 마음 작용의 또 다른 표현이므로 대체로 단기에 그친다는 이야기다. 중장기 부동산시장의 가격은 심리보다는 펀더멘털이나 시장기본가치에 의해 결정된다.

"마케팅은 인간이 비합리적이니까 가능한 거죠"

"명품 가방을 거저 준다고 하니 움직이더군요." 건설업체 수도권 아파트 분양 담당 박술수(가명·50) 이사는 최근 고가 경품 마케팅으로 효과를 톡톡히 봤다. 팔리지 않고 남아 있던 8억 원대 미분양 아파트를 처리하기 위해 고심한 끝에 나온 아이디어였다. "계약자 30명에게 선착순으로 200만 원 상당의 명품 가방을 드린다"라는 내용의 전단을 아파트 단지에 뿌렸다. 예상보다 반응이 좋았다. 첫날에만 5명이 찾아와 계약했다. 일주일 만에 총 22명이나 계약을 마쳤다.

박 이사는 "평소에는 계약할까 말까 고민하던 주부들이 선물 공세에 선뜻 결심한 것 같다"라고 말했다. '선착순 30명'이라는 조건이 구매 충동을 일으켜 결국 아파트를 사도록 압박하는 심리적 요인으로 작용했다는 것이다.

요즘 미분양 오피스텔 단지에서는 계약하면 300만~500만 원의 '계약 축하금'을 지급한다. 한 분양대행사 관계자는 "계약 당일 바로 지급하는 계약 축하금에 사람 마음이 움직이기도 하므로 이 방법을 쓰는 것"이라고 말했다.

냉철하게 생각해보면 수백만 원짜리 명품 가방이나 축하금을 준다고 비싼 아파트나 오피스텔을 덜컥 계약한다는 게 이해가 되지 않는다. 어찌 보면 비싼 분양가에 사은품이나 답례비가 다 포함되어 있기 때문이다. 하지만 사람들은 자신이 지급하는 분양 금액과 사은품, 답례비를 분리해서 생각한다. 자신이 별도로 더 받는다고 착각하니 덜컥 계약서에 서명하는 것이다.

정상적으로 이해되지 않는 일이 벌어지는 게 우리가 사는 세상이다. 사실 인간이 합리적이라면 군이 마케팅할 필요가 없을 것이다. 상품에 대한 정보를 다 알고 있어 마케팅하더라도 물건을 사려 하지 않을 것이기 때문이다. 마케팅도 따지고 보면 인간의 비합리성을 이용한 '마음 사로잡기' 전략이다.

'예상의 무한 연쇄'에서 탄생하는 투기

케인스의 '미인 대회(beauty contest)' 투자법은 주식시장의 거품을 유발하는 메커니즘을 쉽게 이해하게 해준다. 케인스가 활동했던 1930년대 영국의 신문사들은 미인 투표라는 이벤트를 자주 시행했다. 당시 신문사는 미인 100명의 사진을 독자들에게 보낸 뒤 가장 얼굴이 아름다운 6명을 골라 투표하도록 했다. 가장 많이 선택받은 6명의 미인에게 투표한 사람에게는 상금을 주는 구조다.[16]

상금을 타려면 어떻게 해야 할까? 내 기준으로 미인을 뽑게 되면 상금은 물 건너간다. 나보다는 다른 사람들이 좋아하는 미인을 뽑아야 당첨 가능성이 커진다. 나의 선호가 아닌 불특정 다수의 선호에 따라 움직여야 목표를 달성할 수 있는 것이다. 즉 투표에 참여하고 있는 사람들의 평균적인 선호나 취향이 무엇인가를 예상한 뒤 선택해야 한다. 나뿐만 아니라 남들도 이런 생각을 하면 어떻게 될까? 하나의 거대한 '예상의 무한 연쇄'가 시작되는 것이다.

아파트를 살 때 미인 투표 논리를 적용해보자. 나는 공기가 좋고 출퇴근이 편리한 A 아파트가 마음에 든다. 하지만 이 아파트는 남들이 좋아하지 않을 것 같다는 생각이 들자 갈등이 생기기 시작한다. 고민 끝에 아파트를 사더라도 나중에 팔 것을 대비해서 남들이 좋아하는 것을 사야겠다고 결심을 굳힌다. 그래야 미인 투표의 상금 받기처럼 시세 차익이라는 목표를 달성할 수 있기 때문이다.

미인 투표에서 참가자의 심리는 투기자의 심리와 매우 비슷하다.

투기하려면 누군가는 내가 산 부동산을 다시 사줘야 한다. 투기는 환금성을 전제로 이뤄지는 베팅 행위다. 그 때문에 타인의 선호를 고려해 부동산을 매입하려는 경향은 투기 과정에서 반드시 나타난다.

가령 울릉도에 있는 땅을 투기 용도로 사려는 사람은 많지 않다. 누군가 내가 산 가격보다 비싸게 내 땅을 사준다는 보장이 없기 때문이다. 설사 내 땅을 사준다고 하더라도 그 시기가 언제 될지 가늠하기 어려워 꺼리게 된다. 투기는 부동산이 이용보다 교환의 대상일 때 나타난다는 것을 보여준다.

나보다 똑똑한 사람들만 있다고 생각하면 투기에 뛰어들기 힘들다. 투기는 결국 내 위험을 남에게 떠넘길 수 있어야 가능해진다. 그래서 투기는 나보다 '더 큰 바보'를 찾는 과정인지도 모른다.

개인 광기와 집단 광기

"사람이라면 약간의 광기가 필요하네. 그렇지 않으면, 감히 자신을 묶는 밧줄을 잘라내 자유로워질 엄두를 내지 못하니까." 니코스 카잔차키스 원작의 영화 〈희랍인 조르바〉(1964)에서 조르바(안소니 퀸 분)는 젊은 그리스 지식인 '나'에게 이같이 조언한다.

관습과 도덕이라는 굵직한 사슬에 묶여 있는 일반인은 어지간한 힘으로는 이를 자르기가 쉽지 않다. 조르바의 말처럼 질긴 사슬을 끊어내기 위해서는 어느 정도 광기가 필요할지 모른다. 광기는 예술이나 발명처럼 개인의 발전과 창의성을 키우는 생산적 영역으로 승화되었을 때 미덕이 된다. 광기가 멋진 삶을 이뤄내는 몰입이나 열정, 집념으로 나타나는 경우 때로는 아름답기도 하다. 광기는 개인의 영역에 머물 때 충분히 가치를 지닌다.

그러나 혼자가 아닌 집단화된 광기는 흉포하다. 집단 광기는 비정상적이고 예측할 수 없는 비합리성의 극치다. 그 광기는 집단 히스테리 같은 것으로, 버블을 낳는 주범이다. 전염병처럼 옆 사람에게 쉽게 옮겨진다.

광기가 몰아칠 때는 나만 초연해지기란 어렵다. 세상 물정을 모르는 고리타분한 사람으로 낙인찍혀 홀로 남지 않을까 두렵다. 주식시장이나 부동산시장에서 광기는 계속 가격이 오를 것이라는 맹목적인 믿음, 마지막이라는 조바심, 대박을 노리는 한탕주의가 뒤섞여 분출된다. 한번 몰아치면 한여름 태풍처럼 그침이 없다. 그래서 영화 〈다크 나이트〉(2008)의 미치광이 살인 광대 조커(히스 레저 분)는 이렇게 말한다. "광기는 가속도와 똑같아. 한번 속도가 붙으면 점점 빨라지거든." 그러나 광기를 유발하는 연료가 떨어지면 결국 파국이 온다.

집단 광기는 평범한 일상생활에서는 자주 일어나지 않는다. 가끔은 욕심이나 무모함을 엿볼 수 있지만, 그것을 광기로 보기는 힘들다. 오히려 부동산이나 주식시장에서는 돈을 벌려는 개인들의 차가운 이기심과 욕심만 엿보일 뿐이다.

광기는 비정상적인 상황에서 어떤 계기로 한 사람에 그치지 않고 집단화되었을 때 강하게 분출되고 후유증을 낳는다. 극단적인 이기

심과 맹신이 집단적인 형태로 나타날 때 미친 바람(광풍)이 된다. 집단 광기는 모든 것을 잿더미로 만드는 대형 산불 같은 것이어서 한 번 몰아친 뒤에는 많은 사람이 고통의 후유증을 겪는다. 극단적인 논리에 빠지지 않는 중용의 미덕, 맹신보다는 냉철한 사유가 우리를 집단 광기에 빠지지 않도록 보호해주는 최상의 면역 주사다.

누구나 장기적으로는 합리적이다

"때로는 세월이 약이란다." 할머니는 첫사랑을 잃고 비통에 잠긴 손녀의 어깨를 두드리며 위로의 말을 건넨다. 할머니의 조언처럼 세월이 흐르면 슬픔도 서서히 잊고 우리는 꾸역꾸역 일상으로 되돌아온다. 순간의 고통도 시간이 흐르면 아련한 향수와 추억이 된다. 흥분과 격정 속에 아우성을 치던 사람들도 언제 그랬느냐는 듯 다시 평온을 되찾는다.

부동산시장에서 천정부지로 치솟던 가격도 시간이 지나면 제자리를 찾는다. 시장은 합리성과 비합리성이 공존하는 야누스의 두 얼굴이다. 단기적으로 시장은 상식적으로 이해하기 힘든 비합리성과 비이성적 현상들로 가득 찬다. 하지만 장기적으로는 그 시간을 예단하기 힘들지만 대체로 균형과 합리성을 되찾는다.

당신이 주사위를 던진다고 치자. 주사위를 3번 던지면 연속해서 숫자 3이 나올 수 있다. 300번 던진다면, 아니 300만 번 던진다면 어떻게 될까? 조작이 없다면 대체로 숫자 1, 2, 3, 4, 5, 6이 골고루 나올 것이다. 주사위를 던지면 던질수록 이론상의 확률인 6분의 1에 가까워진다는 이야기다. 던지는 기회가 적을 때에는 충분히 운에 따라 한쪽으로 쏠리는 현상이 나타날 수 있다. 하지만 기회가 많아지면 확률적으로 균형에 이르게 된다. 이는 통계적으로 '대수의 법칙'이 작용하기 때문이다.[17]

균형을 달성하는 시간이나 과정이 제각각이어서 패턴화하기는 어렵지만, 대수의 법칙은 장기적으로 단순한 가설이 아니라 통용되는 시장의 법칙이다. 대수의 법칙은 시장에서 참여자들이 많아질수록 지적 능력이 향상되는 집단 지성과 맥락을 같이한다. 집단 지성은 사람들이 경쟁과 협력을 통해 일구는 지적인 힘으로, 집단 광기와는 상반된 개념이다. 집단 광기가 비합리성의 표현이라면, 집단 지성은 합리성의 또 다른 표현이다.

시장은 우리 개인보다 훨씬 똑똑한 지혜의 샘이다. '시장의 아이큐 (IQ)는 3만'이라는 증시 격언[18]이 있다. 개인이 아무리 똑똑해도 시장 전체의 집단 지성을 이기기 힘들다는 뜻이다. 사실 시장은 단기적으로 집단 광기에 휩쓸려 요동칠 수 있지만 오래 지속하지 않는다. 평상시나 혹은 장기적으로 시장은 슬기와 통찰이 모이는 집단 지성이 되는 경우가 많다. 그래서 현명해지기 위해서는 단기적인 현상에 연연하기보다 열린 마음으로 시장에 귀를 기울이는 것이 좋다.

또한 대수의 법칙에서 배울 점은 한두 번이면 모를까 장기적으로는 이변이나 대성공이 계속될 수 없다는 것이다. 한두 번의 성공을 너무 과신하지 말라는 경고로도 읽힌다. 작은 성공에 심취해 계속 도박을 했다가는 패가망신으로 종지부를 찍을 수밖에 없다는 것을 대수의 법칙은 알려준다. 인생이든 사업이든 도박에 가까울수록 종말은 빨리 오는 법이다.

부동산 무리 짓기는
지혜인가, 광풍인가?

사람들은 미래가 불안하면 소신 행동보다는 주변 사람들의 행동을 모방하려고 한다.
많은 사람과 같이 움직이므로 위험을 줄일 뿐만 아니라 마음도 편하다고 생각한다.
무리 지어 따라가는 군집행동은 이래서 나타난다.

◆

부동산시장에서 자주 목격되는 현상은 양떼 현상으로도 불리는 '무리 짓기'다. 시장에 참여하고 있는 사람들이 서로 모방하면서 하나의 집단적인 경향을 보일 때 나타나는 현상이다. 이런 현상이 지속해서 나타나게 되면 자연스럽게 시장 참여자들은 집단 사고화 경향으로 이어진다. 무리 짓기는 투기 거품과 폭락이라는 극단적인 결과를 초래하기도 한다.

무리 짓기는 사회적 압력에 짓눌린 개인의 불가피한 선택에서 나타날 수도 있지만, 부동산시장에서는 경쟁이나 모방 심리에서 나오는 경우가 더 많은 것 같다. 무리 짓기 같은 쏠림 현상은 대체로 심리적인 성격이 강해 한때의 유행(fashion)으로 끝날 때가 많다. 하지만 어떤 국면에서는 유행을 뛰어넘어 하나의 추세(trend)로 이어지는 등 지속성을 띠기도 한다. 그나저나 우리는 왜 무리 짓기를 하는 걸까?

자주 나타나는 '생각의 단일화'

경기도에 사는 회사원 김경미(가명·45) 씨는 최근 유명 가수의 콘서트에 갔다가 당황스러운 일을 겪었다. 콘서트장의 무대 장치나 음향 장치가 조잡한 데다 노래도 고만고만한 수준이어서 조금은 돈이 아깝다는 생각이 들었다. 그런데 콘서트가 끝나 자리를 뜨려는 순간 관객들이 기립박수를 보내며 환호하는 것이 아닌가. 순간 어떻게 해야 할지 고민이 되었다. '나도 일어서야 하나, 말아야 하나?' 그런데 주위를 둘러보니 앞 좌석과 옆 좌석은 물론 뒷좌석 사람들까지 기립박수를 보내고 있었다.

분위기상 가만히 앉아 있을 수 없어 김 씨도 일어나 손뼉을 쳤다. 자기만 손뼉을 안 치면 공연에 대한 최소한의 예를 갖추지 않는 것 같아서다. 그러나 억지로 한 행동 같아 기분은 개운치 않았다. 김 씨의 행동을 어떻게 해석해야 할까? 이는 극장에 온 다른 사람들의 분위기에 짓눌려 따라 하게 되는 '동조 압력'의 결과다.[19] 관람객들이 보내는 무언의 사회적 압박에 스스로 굴복하게 되는 것이다.

유럽의 전설적인 투자자 앙드레 코스톨라니는 이처럼 공연장에서 대중의 행동 모방을 통해 전염 효과를 설명한다. 연극 공연을 보던

관람객 중 한 사람이 하품하면 짧은 시간 내에 다른 사람도 하품한다. 또 한 사람이 기침하면 다른 사람도 곧바로 기침한다는 것이다.[20] 공연장처럼 좁은 공간에서 한 사람의 행동은 무의식중에 다른 사람에게 쉽게 옮겨진다는 설명이다. 방송에서도 가끔 MC나 아나운서가 말을 더듬으면 출연자도 비슷한 실수를 하는 장면을 볼 때가 있다. 말실수도 전염병처럼 옆 사람에게 옮겨진다.

인간은 홀로 살기보다 남들과 어울려 산다. 그런 만큼 주변 사람들의 움직임이나 반응에 따라 수시로 흔들리는 가변적인 동물이다. 자신이 좋아하는 준거집단이 하는 행동을 적극적으로 따라 한다. 그러나 처음에는 거부감을 느끼더라도 결국 행동을 따라 하게 되는 무리 짓기 현상이 나타날 때도 많다. 집단으로부터 배척당하기 싫어서다. 외톨이가 되는 것은 뼈가 부러지는 것 이상으로 엄청난 고통이자 두려움이다. 그래서 대부분 주변 사람들과 어울리면서 네트워크를 형성하고 어느새 서로를 닮아간다. 자연스럽게 구성원 간에 '마음의 단일화'라고 할 수 있는 집단 사고 경향이 나타난다.

미국 심리학자 솔로몬 애쉬가 실시한 동조 실험은 우리가 얼마나 집단 압력이라는 상황의 힘에 무력한지를 보여준다. 1940년 애쉬는 8명을 모아 실험을 했다. 참가자 중 7명에겐 사전에 짜고 틀린 답을 말하라고 지시했다. 진짜 실험 대상자인 나머지 한 명에겐 이를 알리지 않았다. 실험은 주어진 3개의 선 중 길이가 같은 하나를 맞히라는 질문에 답하는 것이다. 누구나 쉽게 맞힐 수 있는 간단한 문제였다. 피실험자는 맨 나중에 정답을 말하도록 했다. 실험 결과는 어땠을까? 몇 차례의 실험 결과 30% 정도는 오답에 동조했다.[21] 오답을 말한 30% 중 상당수는 정답을 알고 있었을 것이다. 하지만 집단의 판단에 불복할 경우 외톨이가 될지 모른다는 두려움, 집단에 묻어가려는 현실과의 타협으로 결국 거짓말을 했을 가능성이 크다.

사회생활에서도 마찬가지다. 회사에서 사업 프로젝트 회의를 할 때 모든 사람이 반대하는데 혼자만 찬성하기란 쉽지 않다. 만약 프로젝트가 실패하면 모든 책임을 혼자 져야 하는 상황이 올 수 있기 때문이다. 자신의 소신 있는 의견을 내기 위해서는 상당한 전문지식과 용기, 판단력이 필요하다. 하지만 그 분야의 권위자가 아닌 일반 사람은 집단과 상반된 단독 의견을 내기 어렵다. 전체 의견에 동조하면 나중에 실패하더라도 책임이 분산되어 떠안아야 할 위험은 줄어든다. 그래서 혼자 튀기보다는 차라리 다른 사람들을 따라 하는 게 위험 관리상 유리하고 마음도 편할 수 있다.

'대전족'은 또 다른 행동 감염

군집 행동이 나타나는 것은 동조 압력이나 사회적 압력 때문만은 아니다. 억지가 아닌 자신의 선택으로 남을 따라 하는 경우도 많이 일어난다. 일종의 모방 심리다. 정보가 부족한 상태에서 남을 따라 하면 위험을 줄일 수 있을 것이라는 본능적인 감각도 한 요인으로 작용한다.

가령 우리는 낯선 장소에서 음식점을 고를 때 문 앞에 줄을 선 사람의 수를 통해 판단을 내린다. 줄 서 있는 사람이 많을수록 맛있는 음식점이라는 사실을 경험을 통해 알기 때문이다. 그래서 가게를 지나가다 긴 행렬만 있으면 일단 줄부터 서고 본다. 이른바 '행동 감염(behavioral infection)'이다. 많은 사람이 한 방향으로 행동하고 있다면 일단 올바른 행동이라 믿고 무조건 따라 하고 본다는 뜻이다.[22]

지하실에서 많은 사람이 "불이야!" 하고 소리 지르며 출구 쪽으로 내달린다면 당신도 따라 하는 게 낫다. 나중에 누군가의 장난으로 드러나 기분이 나쁘더라도 일단 남을 따라 행동에 옮기는 게 안전하다. 같이 행동하지 않았을 경우 화재로 목숨을 잃는 등 더 큰 변을 당할 수 있다. 이처럼 행동 감염은 자신의 실수를 줄이기 위한 이기적인 본능으로 볼 수 있다.

부동산시장에서 예를 들어보자. 부산에서 살던 당신이 서울로 발령이 나서 아파트를 구해야 한다면 어떻게 할까? 당신은 서울의 교통이나 교육, 편의시설에 대한 정보를 많이 갖고 있지 않으므로 회사 동료의 조언에 많이 의존할 것이다. 위험을 줄이려면 먼저 경험한 동료를 벤치마킹하는 것이 유리하다. 동료의 평판에 바탕을 둔 행동은 선택에 따른 실패를 줄인다.

부동산시장에서 나타난 '대전족(대치동 전세살이족)'도 남 따라 하기의 또 다른 형태다. 공교육과 사교육 여건이 잘 갖춰진 대치동에서 잠시 전세살이를 하는 것은 자녀교육에 걱정이 많은 중산층 맹부·맹모들이 선택할 수 있는 대안이다. 대치동 전세살이를 한다고 해도 성공한다고 장담할 수 없다. 하지만 주변 사람들의 대치동 교육 성공신화를 들으면 내 자식도 그렇게 성공할 것 같아 따라 하게 된다. 자기 소신이나 확신이 없을수록 남 눈치를 보다가 따라 하는 경향이 뚜렷하게 나타난다. 이러한 남 따라 하기의 심리적 기저에는 자신도 교육 특구 대열에 동참했다는 자부심과 안도감, 부모로서 나름대로 책임을 다했다는 자기 위안도 숨어 있을 것이다.

흔히 부동산시장에서 "잘 모르면 큰길가의 땅을 사라" "초보자라면 역세권 대단지 아파트를 사라"라는 말이 있다. 이 조언들은 정보 부족에 따른 투자의 실패를 줄여주는 일종의 집단 경험담이다.

하지만 '남 따라 하기'는 정보가 넘쳐나도 나타난다. 정보가 폭포처럼 쏟아지면 도무지 어떤 정보를 선택해야 할지 갈피를 잡기 어렵다. 그래서 개인이 다른 사람들의 결정을 참고해 자신의 의사를 결정하는 '정보 폭포(information cascade)' 현상이 나타난다.[23]

처음에 몇 명이 내린 결정이나 의견을 점차 뒷사람도 추종하게 된다. 가령 어떤 마을에 밴드를 태운 왜건(차량)이 소란스럽게 연주하면서 지나간다면 어떤 일이 벌어질까? 일단 사람들은 무슨 일이 있나 궁금해하면서 하나둘씩 모여들 것이다. 이 군중을 본 이웃들도 영문도 모른 채 뒤따라간다. 이렇게 되면 시장 참여자들이 동시에 같은 방향으로 움직이는 양떼 효과가 생기는 것이다.

사람들은 앞날이 불안하면 독자적이고 소신 있는 행동보다는 주변 사람들의 행동을 모방하려는 경향을 보인다. 많은 사람의 움직임을 따라가는 것이 미래의 위험을 최소화할 수 있다고 생각하는 것이다.

그러나 남들 따라 하기가 반드시 성공으로 이어질 수는 없다. 내가 모방하는 사람들이 반드시 옳은 결정을 한다고 보장할 수 없기 때문이다. 대세를 따르며 우르르 몰려갔지만, 사업이 파행을 겪으면서 고통을 겪었던 게 어디 한두 건인가. 지나고 나면 그것은 집단 지성의 지혜가 아니라 스쳐 지나간 광풍에 불과했다는 것을 나중에야 알게 된다.

시장은 때로는 '자기실현적 예언'에 빠진다

그리스 신화에 나오는 키프로스섬의 조각가 피그말리온은 이 섬의 여성들을 혐오해 독신으로 살았다. 그 여인들은 뭇 남성들에게 몸을 팔면서도 부끄러운 줄 몰랐기 때문이다. 피그말리온은 현실의 여인을 외면하고 자신이 이상적으로 생각하는 여인상을 조각상으로 만들었다. 실물 크기의 완벽한 조각상은 어떤 여자보다 아름다웠다. 자신이 만든 조각상과 그는 사랑에 빠져버려 이내 조각상을 아내로 맞이하고 싶어졌다. 그래서 여신에게 매일 기도했다. "저 아름다운 조각상에 생명을 불어넣어주세요." 기도가 간절했는지, 차갑고 딱딱한 조각상은 따뜻한 진짜 여인으로 환생했다.[24]

이 이야기에서 유래된 피그말리온 효과는 '꿈은 이룰 수 있다'는 믿음이 강하면 반드시 이뤄진다는 삶의 기적을 상징한다. 인생이든 공부든 피그말리온처럼 간절함 없이는 제대로 얻어지는 것은 없다.

피그말리온 효과는 종교적으로는 '두드리면 열리리라'는 성경 말씀으로도 읽히지만, 경제학적으로는 자신의 믿음이나 기대대로 실제로 실현된다는 의미의 '자기실현적 예언'을 상징한다. 자기실현적 예언은 말 그대로 자기가 예언한 방향대로 실현되는 것이다. 부동산시장에서 개인 혼자의 자기실현적 예언은 큰 힘을 발휘하지 못한다. 하지만 어떤 계기로 시장 참여자들이 모두 한쪽으로 예상하게 되었을 때 상황은 달라진다. 집단적인 예상 자체가 시장의 방향을 결정하는 큰 힘으로 작용할 수 있다는 이야기다.

한 개인이 아닌 다수가 자기실현적 예언에 빠지면 마치 집단 마취나 집단 최면에 걸린 것과 비슷한 증상을 보인다. 그 경우 수급과는 관계없이 심리적인 요인만으로 가격이 급등하거나 급락하기도 한다. 주식시장이나 부동산시장에서 나타나는 공포, 광기, 탐욕은 극단적인 자기실현적 예언의 또 다른 표현이다.[25]

시장을 전망할 때도 눈치를 본다
·····················

해마다 연말이면 이듬해의 주식시장이나 부동산시장 전망치를 내놓는다. 얼핏 보면 전망이 제각각인 것처럼 보일 것이다. 하지만 자세히 보면 전망에도 무리 짓기가 나타난다. 가령 대다수의 연구기관이 내년을 전망할 때 수치가 약간 다를 수 있지만, 상승(+)이나 하락(-)이라는 큰 방향은 일치하는 경우가 많다. 모든 기관에서 한 방향으로 베팅을 하지만 다음 해 연말이 되면 엉뚱한 결과가 나오기가 다 반사다. 결과적으로 예측에도 군집 행동이 나타나는 것이다.

다른 모든 기관이 상승을 전망하면 자기들도 묻어가기식 전망을 하는 게 평판 관리상 유리할지 모른다. 만약 나 혼자 하락한다고 전망했다가 정반대로 상승이라도 하면 혼자 오명을 뒤집어쓸 게 뻔하기 때문이다.

사실 내년 부동산시장 전망을 위한 각종 통계 모형을 돌릴 때 동원할 수 있는 변수는 제한적이다. 가령 시중금리, 소비자물가, 경제성장률, 주택 입주 물량 등의 일부 변수로 예측을 하기에 엇비슷할 수밖에 없다. 결과치의 오름폭이나 내림폭이 너무 높거나 낮으면 일부러 수정하기도 한다. 거의 주먹구구식 전망에 가깝지만, 수치를 내세워 과학적인 통계 결과로 포장하는 것인지도 모른다.

그래서 시장 전망에 큰 의미를 둘 필요는 없다고 생각한다. 일반인을 대상으로 벌이는 간단한 설문조사와 큰 차이가 없다. 시장 전망은 그냥 자기 판단을 하기 위한 참고용일 뿐이라는 것을 잊지 말자.

시대정신과 시대감정의 차이

얼마 전 유튜브 〈놀면서 배우는 심리학〉의 운영자 최설민 대표를 만났다. 다른 유튜브에서 '심리학과 부'를 주제로 촬영을 하기 위해서다. 최 대표는 알고 보니 그날 함께 촬영한 김경일 아주대학교 심리학과 교수의 제자였다. 그는 촬영 중 인상적인 말을 했다. "시대정신은 따르되 시대감정에는 휘둘리지 말라"는 것이다. 시대정신과 시대감정, 두 말은 비슷한 것 같으면서도 큰 차이를 보인다.

시대정신(zeitgeist)이란 어떤 시대에 사는 사람들의 보편적인 정신 자세나 태도다. 이때 가장 중요한 게 바로 보편적이라는 점이다. 그 시대 사람들이 누구나 공감하는 바람직한 사고나 행동 방식 같은 것이 해당될 것이다. 그러나 시대감정은 그 시대의 대중적인 감정 같은 것이다. 그 시대 감정은 그냥 유행처럼 끝날 수 있다.

시대정신은 이성적 접근이지만 시대감정은 감정적 접근이라고 최대표는 말했다. 어찌 보면 시대정신은 합리적이지만 시대감정은 비합리적일 수 있다. 그래서 시대정신은 추구하되 시대감정에는 휘둘리지 말라는 것이다.

가령 2~3년 전 집을 사지 않으면 마치 나만 바보인 것 같은 불안감이 시대감정 아니었을까. 영이 엄마, 철이 엄마도 집을 사니 나도 산다는 생각, 이게 바로 시대감정이다. 대중의 욕망을 무조건 쫓는 대중추수주의다.

시대감정은 그다지 믿을 게 못 된다. 그냥 한날 휘몰아치는 광풍일 수 있으니까. 시대감정은 대중의 변덕과 충동이 그대로 투사되는 감정이다. 들쭉날쭉, 언제든지 변할 수 있다. 그러므로 시대정신은 추구하되 시대감정의 희생자가 되어선 안 되겠다는 생각이 든다.

인간은 얻는 것보다
잃는 것에 더 예민하다

요즘 비(非) 아파트에서 '전세 런(run)'이 나타난다.
전세사기 여파로 세입자들이 전세를 기피하고 월세를 택하려고 한다.
전 재산이나 다름없는 전세보증금을 잃지 않으려는 손실 회피의 본능이 작동한 결과다.

◆

사람들은 천성적으로 무엇을 잃어버리거나 손실을 보는 것을 두려워하기 때문에 특별한 이득이 얻어지는 게 아니면 위험 부담을 지는 것을 꺼린다. 변화를 주기보다 현 상태를 유지하고 싶어 한다는 이야기다. 그래서 우리는 얻은 것의 가치보다 잃어버린 것의 가치를 더 크게 평가한다. "얻기보다는 잃지 않기 위해서 투자를 한다"라는 말을 듣기도 한다.

이익을 얻는 것보다 원금을 잃어버리지 않는 것이 훨씬 중요하다. 손실은 곧 고통이다. 우리는 그 고통이 너무 크다고 생각되면 아예 모든 것을 내려놓는다. 돌멩이가 먼 곳에서 나를 향해 날아오는 것을 본다면 얼른 피하겠지만, 바로 눈앞으로 다가왔다면 나도 모르게 눈을 질끈 감아버린다. 타조가 궁지에 몰리면 머리를 모래 속에 처박듯 고통스러운 현실을 아예 외면하는 것이다. 이는 자기 파괴로 끝나는 극단적인 고통 회피다. 고통이나 손실을 회피하는 심리는 일상생활에만 나타나는 것이 아니라 주식시장이나 부동산시장에서도 자주 목격된다.

속참행하, 그리고 단두대

죽는다는 것은 세상, 가족과의 단절을 의미한다. 모든 것을 다 잃는다는 점에서 죽음은 생애에서 가장 큰 '손실'이다. 그런 죽음이 타인의 강요로 이뤄질 때 당사자나 주변 사람에게는 크나큰 고통이 될 것이다. 시간을 끌기보다 가급적 짧게 끝내야 고통이 최소화될 수 있다.

조선시대에는 도적이나 역적과 같은 무거운 죄를 지은 사람에게 목을 치는 참수형이라는 벌을 내렸다. 단칼에 목을 자르는 일은 쉽지 않았다. 목뼈가 있어 아주 숙련된 망나니라도 4~5번씩 목을 내려쳐야 하는 일이 많았다. 망나니들이 사형 집행 전 막걸리나 물을 한껏 머금었다가 칼날에 뿌린 주된 이유는 목을 빨리 베려는 목적에서였다. 술이나 물이 일종의 윤활유 역할을 하는 셈이다.

유가족에겐 참혹한 참수형 광경을 지켜보는 일이 너무 고통스럽기만 하다. 가끔 영화에서는 목을 치려는 순간 "어명이오! 형을 멈추시오!"라고 외치며 사자들이 달려오지만 보통 이 같은 일은 거의 일어나지 않는다. 자주 일어나는 일이 아니니 극적인 상황 반전을 위해 영화에서 써먹는 것이다. 죽음 자체는 슬픈 일이지만 이왕 세상을 떠날 것이라면 빨리 끝내는 것이 낫다. 그래서 유가족들은 망나니에게 참형을 빨리 끝내주길 부탁하며 뇌물을 건네곤 했다. 이것이 바로 속참행하(速斬行下)다. 글자 그대로 (고통을 단축하기 위해) 목을 빨리 쳐서 아래로 떨어뜨려달라는 주문이다.[26]

프랑스 혁명 당시 공포의 대상이었던 단두대도 원래는 형 집행 과정에서 사형수의 고통을 줄여주자는 취지로 고안된 것이다. 당시 참수형은 귀족만 누릴 수 있는 특권이었다. 일반 시민들의 처형은 팔, 다리, 머리를 각각 붙잡아 맨 수레를 달리게 해서 신체를 찢는 거열형이나 화형으로 이뤄져 사람들이 큰 고통을 겪었다.

단두대 도입을 적극적으로 제의한 파리대학교 의학부 기요틴 교수는 "처형은 신분에 구분 없이 같은 방법으로 집행하되, 쓸데없이 고통을 주는 일이 없도록 해야 한다"라고 주장했다. 말하자면 단두대는 계급과 관계없이 만인에게 참수형을 적용하기 위한 것으로 당시로서는 꽤 인도주의적인 처형 방법이었다.[27] 고통은 짧은 게 좋다.

부동산의 제1심리 법칙 "손해 보고 팔기 싫어"

주식 투자에 나섰다가 혼쭐이 난 김배형(가명·55) 씨. 그의 행동을 보면 주가 하락에 따른 손실이 얼마나 '참을 수 없는 고통'으로 다가오는지를 여실히 알 수 있다.

그는 한 주식 전문가에게 추천을 받아 대형 건설사 주식을 1억 2,000만 원어치 샀다. 이 종목을 선택한 것은 가격이 고점에서 많이 떨어져 메리트가 있고, 영업 실적도 나쁘지 않은 점이 작용했다. 하지만 부동산 경기가 급속히 위축되면서 주가는 바닥 모르게 떨어지기만 했다.

매입한 주가에서 20% 정도 하락했을 때 김 씨를 만났다. 위험 관리 차원에서 일부를 파는 게 낫지 않겠느냐는 조언을 건넸다. 하지만 그는 시큰둥했다. "그까짓 거 안 되면 자식한테 상속하죠, 뭐." 해외 수주가 많은 대형 우량 건설주이니 다시 오를 것이라는 강한 믿음이 있었기에 그런 말을 할 수 있었을 것이다.

하지만 김 씨가 그 주식을 몰래 팔았다는 사실을 1년 뒤에 알았다. 다시 김 씨를 만났을 때 그는 자존심 때문에 그동안 주변에 말도 못 하고 속앓이만 했다고 털어놨다. "주가가 30%까지 떨어졌을 때만 해도 버틸 만했어요. 하지만 주가가 반 토막이 나자 더는 못 견디겠더 군요. 스트레스로 하루하루가 후회와 악몽의 연속이었어요." 그가 힘 겹게 말을 이어가는 동안 앞머리에 희끗희끗한 새치가 유난히 눈에 많이 띄었다. 반 토막 난 주가로 맘고생이 오죽했으면 그랬을까.

이제는 많이 알려진 '손실 회피(loss aversion)' 이론의 핵심은 사람들이 손실과 이익에 대해 비대칭적으로 반응한다는 것이다. 즉 인간은 이익보다 손실에 더 예민하게 반응한다. 가령 100만 원을 얻는 것보다 100만 원을 잃어버리는 것이 훨씬 고통스러운 것이다. '전망 이론'을 통해 2002년 노벨경제학상을 받은 미국 심리학자이자 경제학자 대니얼 카너먼은 이익으로 얻은 즐거움보다는 손실로 얻는 고통이 2배 정도(1.5~2.5배) 크다고 했다.[28] 사람들은 손실을 끔찍하게 생각하기 때문에 예상만으로도 바짝 움츠러든다. 가령 사람들이 배우자가 마음에 들지 않아도 쉽게 이혼을 결정하지 못하는 것은 현상 유지를 할 때보다 잃어버리는 것이 더 많기 때문이다. 그래서 대체로 결혼생활을 한 기간이 길수록 이혼 결단을 내리지 못한다.[29]

골프에서도 손실 회피 현상이 나타난다. 똑같은 조건에서 퍼팅 실험을 한 결과 파(par) 찬스 성공률이 버디(birdie) 찬스 때보다 3.6%p 높다.[30] 버디 찬스는 성공하지 못하더라도 파로 그쳐 벌타(손실)는 없다. 하지만 파 찬스에서 실패하면 곧바로 벌타를 먹는다. 이러다 보니 파 찬스에서는 성공하기 위해 정신을 집중할 수밖에 없을 것이고, 그런 집중력이 높은 성공률로 귀결되는 것이다. 어찌 보면 사람들이 이득보다는 손실을 보지 않기 위해 하루하루 발버둥 치는지도 모른다.

불황기에 수요자들이 매입을 꺼리는 것은 미래의 불확실성을 회피하려는 손실 회피 본능에서 비롯된 것이다. 미래가 불확실하니 사려는 사람도 그만큼 가격을 할인하려는 경향이 나타난다. 가격이 절대적으로 싸지 않으면 굳이 매입하지 않으려는 보수적인 심리다. 당장 코앞의 이익에만 사람들의 마음이 움직인다. 사람들은 미래 손실에 대한 두려움으로 현재를 선호하는 '현상 유지 편향(status quo bias)'이 나타난다. 불황기일수록 재건축·재개발보다는 당장 입주해서 주거 효용을 누릴 수 있는 새 아파트를 선택하는 것은 자연스러운 경향일 것이다.

부동산이 침체되면 거래부터 줄어들더라

"그 아파트를 얼마에 샀는데, 어떻게 3억 원이나 싸게 팔아요?" 맞벌이 부부 김순미(가명·45) 씨는 아파트를 싼값에라도 팔자는 남편의 간청을 뿌리쳤다. 김 씨 부부가 이 아파트를 산 것은 부동산시장이 호황을 구가하던 3년 전이다. 그동안 아파트값이 떨어진 것은 알고 있었지만, 막상 팔려니 미련이 컸다. 게다가 그동안 아파트를 장만하느라 고생했던 온갖 일들까지 떠오르는 것이 아닌가.

이 부부는 결국 지금 같은 불황기에 아파트를 싼값에 팔기보다는 일단 매도 시기를 미루고 지켜보기로 했다. 이처럼 산 가격보다 손해 보고 팔지 않으려는 손실 회피는 합리적인 사람이라면 이해하기 힘든 심리적인 현상이다. 하지만 손실 회피는 막상 부동산시장을 움직이는 큰 힘으로 작용한다.

1991년부터 1997년까지 미국 보스턴에서 매매된 6,000건 이상의 아파트 거래 자료를 분석한 연구보고서를 보면 주택시장 속 손실 회피 현상을 쉽게 알 수 있다. 보스턴은 1989년부터 1992년까지 아파트 시세가 40% 떨어졌다. 흥미로운 점은 물건을 분석해보니 최고가로 아파트를 산 사람들은 낮은 가격에 샀던 사람들보다 매도호가가 높았다는 것이다. 현재 형성되는 시장 가격을 무시하고 옛 가격을 고집한 셈이다. 그들이 내놓은 가격은 실제 거래가격보다 최고 35%나 높았다. 그 결과는 뻔했다. 매수자들이 요구하는 가격대보다 턱없이 높으니 팔리지 않았다.[31]

대출 규제에 묶여 있는 우리나라와 달리 미국에서는 집을 살 때 비교적 많은 금액을 은행 대출에 의존한다. 집값이 급락할 경우 대출금을 갚고 나면 새집을 계약할 수 있는 밑천이 사라진다. 이런 금전적 제약으로 집값이 크게 떨어지면 집을 팔고 싶어도 팔 수 없는 처지가 된다. 그러니 현 시세와 동떨어지지만 구입 당시의 가격을 고수하려는 경향이 강하다.

불황이 오면 이런 손실 회피 경향으로 가격이 먼저 하락하기보다 거래량이 먼저 줄어든다. 거래량이 가격을 선행한다는 이야기다. 그러나 거래 감소가 지속되면 결국 가격은 내려간다. 실제로 주택시장을 지켜보면 단기적인 부동산 가격 하락은 매도자들의 매물이 갑자기 늘어나서 생기는 현상은 아닌 것 같다. 매도자들은 여전히 손실 회피 성향을 갖고 있어 처음부터 싼 매물을 많이 내놓지 않는다. 그러나 수요자의 관망세가 장기화하면 사정이 달라진다. 사정이 급한 매도자들이 하나둘씩 호가를 낮춘다. 말하자면 단기적인 가격 하락은 '매물 증가'보다는 '수요 감소'에서 촉발되는 경우가 많다. 요컨대 매입 세력 두절이 결국 가격 하락으로 이어진다는 이야기다.

또 다른 부동산 심리 법칙 '처분 효과'

일반적으로 사람들은 손실을 본 주식이나 부동산은 장기간 보유하는 경우가 많다. 손실 회피 심리가 작동하기 때문이다. 하지만 이익이 난 주식이나 부동산은 금세 팔려고 한다. 이를 심리학적으로 '처분 효과(disposition effect)'라고 부른다.[32]

이익이 나면 재빨리 처분해버리는 경향은 특히 주식 투자에서 자주 발견된다. 빨리 이익을 실현해서 자신의 현명한 판단을 스스로 축하하고 싶은 욕구에서다. 부동산시장에서는 거래가 빈번한 아파트 분양권 시장에서 종종 목격된다. 혹시 달아오른 부동산시장이 정부의 규제 정책으로 갑자기 얼어붙을 수 있으니 조기에 이익을 실현하려는 것이다.

손실이 난 종목을 오랫동안 보유하려는 경향과 관련해 부동산시장은 주식시장과 약간 다른 것 같다. 부동산시장에서는 주식시장처럼 일부러 '팔지 않는' 현상도 나타날 수 있지만, 거래 두절로 '팔지 못해서' 어쩔 수 없이 오래 보유하는 때도 많다. 사실 주식은 언제라도 팔 수 있지만, 부동산은 환금성 제약으로 손해 보고 팔고 싶어도 여의치 않다.

'전세 런', 또 다른 손실 회피 심리

빌라에 전세를 구하려던 김경숙(가명·39) 씨는 마음을 돌렸다. '전세 사기' '빌라 사기'가 속출하자 두려움에 전세 입주를 포기하고 월세를 살기로 선택한 것이다. 거주 비용이 좀 더 들더라도 안전한 게 낫다는 생각을 한 것이다.

요즘 주위에 김 씨 같은 세입자들이 많아지고 있다. 이는 전 재산이나 다름없는 전세보증금을 잃지 않으려는 손실 회피의 본능이 작동하고 있다. 어찌 보면 전세제도에 대한 불신과 공포가 커진 결과다. 이러다 보니 임대차시장에서 '전세 런(run)'이 나타난다. 전세 런은 부도난 은행에서 돈을 앞다투어 빼가는 뱅크런처럼 세입자들이 전세시장을 떠나는 현상이다.[33]

요즘 다세대, 다가구, 빌라, 연립주택, 다중주택 등 비(非) 아파트에서 전세를 찾으려는 세입자들이 크게 줄고 있다. 깡통전세 걱정에 세입자는 생존 차원에서 돌파구를 찾는다. 바로 전세로 구한다면 보증보험이 가입되는 곳을 찾거나, 아니면 보증금을 낮춘 반전세나, 반월세를 구하는 것이다. 이렇게 되면 비 아파트시장에선 전세와 월세의 수급 불일치가 생길 수 있다. 집주인에게는 골치가 아픈 일이다. 새로운 전세 세입자를 구해야 기존 전세 세입자를 내보낼 수 있는데, 여의치 않게 되었기 때문이다. 집주인으로서 '전세 보증금 돌려막기'가 어려워진 것이다.

다만 보증금 지키기가 상대적으로 쉬운 아파트에서는 그나마 전세 명맥을 유지할 것으로 보인다. 단기적으로는 아파트 전세에 수요가 몰리면서 중소형을 중심으로 오히려 전셋값이 오를 가능성도 있다. 임대차시장에서 아파트와 비 아파트 간의 극명한 양극화가 나타날 것 같다.

그동안 전세제도는 내 집 마련 사다리와 강제저축이라는 순기능이 강했다. 하지만 요즘은 깡통전세와 갭투자의 역기능이 두드러지

고 있다. 100년 이상 된 한국의 고유한 전세제도도 비 아파트를 시작
으로 이제 서서히 종말을 고하고 있는 듯하다. 최근 사회문제화된 전
세 사기 공포가 기폭제가 될 것으로 보인다.

때로는 집 팔고 나서 해방감도 들더라

부동산시장에서 '처분 효과'와는 대척점에 있는 심리 현상이 있다.
손실이 난 부동산을 팔기 싫어하기보다는 아예 한꺼번에 팔아버리려
는 욕구가 바로 그것이다. 싱가포르 에섹 경영대학원 교수 미카엘 망
고는 이를 '쾌락주의적 처분'이라고 했다.[34] 손실에 따른 고통을 최소
화하기 위해 애물단지를 한꺼번에 처분할 경우 고통에서 벗어날 수
있기 때문이다.

"이제 정말 속이 후련합니다." 김인성(가명·45) 씨는 최근 수도권
빌라 1채와 지방 재개발 구역 다세대주택 2채를 팔고 난 소감을 이렇
게 말했다.

그가 주택을 팔기로 한 것은 1년 전이었다. 그 이유는 자신을 너
무 괴롭히는 애물단지들이었기 때문이다. 수도권 빌라는 고점 대비
30% 하락했지만, 투자수요가 없어서 그런지 오를 기미가 없다. 그
빌라를 생각하면 짜증만 났다. 그렇다고 재개발 구역의 다세대주택
도 사정이 나은 것은 아니었다. 조합원 분쟁으로 사업이 제자리걸음
이어서 언제 아파트를 분양받을지 감감무소식이었다. 값도 많이 내

려갔다. 다세대주택에 사는 세입자가 보일러, 창문을 고쳐달라며 휴일에도 메시지를 보내는 것 또한 이제 신물이 났다. 집을 파는 데만 13개월이 걸렸다. 김 씨는 "마지막 집을 팔았을 때 고통에서 벗어난 듯한 해방감이 들었다"라고 말했다.

누구나 빠져드는
심리적 편향

특정지역에 대규모 아파트가 입주하면 전세시장은 휘청거린다.
입주일로부터 3~6개월간 집중적으로 충격을 준다.
하지만 매매가격은 전세가격만큼 떨어지지 않는다. 하락의 한 요인일 뿐이다.

◆

"우리 아파트 단지는 저평가되어 있으니 제값을 받읍시다!" 부동산 거품이 절정에 달했던 시기, 아파트 부녀회를 중심으로 가격 담합 (아파트 제값 받기 운동)이 일어났을 때 주로 사용된 구호다. 우리 아파트는 살기 좋은 동네인데, 주거 효용 가치만큼 시장에서 가격을 제대로 평가받지 못하고 있다는 주장이다. 주택 소유자들이 힘을 뭉치면 가격을 인위적으로 끌어올릴 수 있다는 것이다. 일정한 가격 이하로 매물 내놓지 않기, 아파트 단점을 외부에 알리지 않기, 싸게 파는 중개업소와 거래 끊기 등 다양한 방법이 동원되었다.

일부 지역에서는 담합 덕분에 가격이 소폭 올랐다. 그러나 많은 시간이 지난 지금 어떻게 되었을까? 잠시 반짝하던 아파트값도 미국발 고금리 쇼크를 거치면서 대부분 제자리로 되돌아왔다. 담합으로 오랜 기간 가격을 떠받치기란 불가능하기 때문이다. 아파트 제값 받기 운동은 단기적으로라면 모를까 장기적 효과는 없다는 게 입증된 것이다.

어찌 보면 저평가된 아파트가 아니라 원래부터 제대로 평가받고 있던 아파트였는지 모른다. 저평가 논리는 단순히 집값을 올리기 위한 수단에 불과했다.

우리는 가끔 "저 사람의 실력이 저평가되어 있다"라는 말을 한다. 그 말이 맞을 수도 있지만, 혹시 저평가보다는 본래 실력이 그 정도 수준이었던 것은 아닐까? 한 번은 실수였다고 봐준다고 하더라도 서너 번 반복해서 그 정도 결과가 나왔다면 더욱 그렇다. 어찌 보면 세상에 저평가되어 있지 않은 집이 어디 있으며, 저평가받지 않는 사람이 어디 있으랴. 이처럼 우리는 일상생활에서도 심리적 편향에 쉽게 빠진다.

강남 펜트하우스에 살다가 시골로 이사 가면 불행할까?

한번 가정해보자. 당신은 서울 강남 펜트하우스에서 행복하게 잘 살고 있다. 그런데 사업 실패로 찬바람 부는 겨울날, 강원도 춘천 소양강 주변에 있는 작은 마을의 농가주택으로 이사를 하게 되었다.

이삿짐을 내리는 순간 당신은 자신이 너무 불행하다고 생각한다.

강남에 살 때 보았던 그 많던 스타벅스, 편의점, 맥도날드 가게를 눈 씻고 찾아봐도 없다. 생필품을 사려고 해도 주변에 작은 마트밖에 없다. 주말마다 춘천 시내의 할인점을 찾아 쇼핑하자니 여간 불편한 게 아니다.

하지만 시간이 흐르면 불편하고 낯선 공간에도 서서히 적응한다. 오프라인 할인점에 직접 가지 않고 모바일 할인점을 이용하면 더 싸게 구매할 수 있다는 점도 알게 된다. 옆집과 음식도 나눠 먹을 만큼 친분도 쌓을 것이다. 6개월 정도 지나자 당신은 불행하다는 느낌은 들지 않는다. 시골 농가주택에서 살 때나, 강남 펜트하우스에서 살 때나 개인이 느끼는 행복에는 큰 차이가 없다. 이는 많은 연구에서 실증적으로 밝혀진 것이다.

미국 캘리포니아주는 아름다운 경치와 최상의 날씨를 자랑한다. 멋진 해변과 아름드리나무를 떠올리게 하는 캘리포니아에 사는 것은 미국 사람들에게 하나의 로망이다. 하지만 연구 결과 캘리포니아에 사는 사람들은 다른 주 사람들보다 불행하지도 행복하지도 않은 것으로 밝혀졌다. 그런데도 미국 사람들은 캘리포니아 사람들이 더 행복하리라 생각한다. 이는 일종의 '초점주의(focalism)' 착각이다.

초점주의 착각은 사람들이 생각할 때 한 부분에만 너무 치중해 나머지를 고려하지 못하는 현상이다. 사실 기후는 사람의 행복을 결정하는 많은 요인 가운데 하나일 뿐이다. 그런데도 나머지 요인들은 모두 빼버리고 사람들은 기후만을 행복의 잣대로 삼으려고 한다.[35]

춘천 시민과 서울 시민을 대상으로 벌인 타인의 행복 예측에 대한 설문 조사 결과가 흥미롭다. '상대 지역 주민이 어느 정도 만족도를 느낄까 예측하라'는 질문을 받으면 해당 주민의 만족도보다 과대평가하는 현상이 나타난다. 가령 서울 사람들은 춘천이 쾌적한 환경의 전원도시인 만큼 춘천 사람들이 삶의 여유에 대한 만족도가 높을 것으로 예측한다. 하지만 같은 질문을 춘천 사람들에게 하면 서울 사람들이 생각하는 것만큼 삶의 여유에 대한 만족도가 높지 않다.[36]

어찌 보면 춘천 사람들이 쾌적한 환경에 대해 무덤덤한 것은 이미 주어진 그런 환경을 당연시하기 때문인지도 모른다. 사람들은 금세 환경에 적응하는 동물이다. 그래서 시간이 흐르면 주변 환경은 일상적인 습관처럼 익숙해져 더는 행복을 좌우할 새 변수가 되지 않는다. 한강변 야경도 처음에는 황홀하지만, 시간이 지나면 평범한 바깥 풍경일 뿐이다. 오히려 차 소음이 더 귀에 거슬린다. 아름다운 꾀꼬리 소리도 친숙해지면 평범한 새 울음소리일 뿐이다.

이 모든 게 놀라울 만큼 빠른 인간의 현실 적응력 때문에 비롯된다. 가령 로또에 당첨되거나 고시에 합격하면 영원히 행복할 것 같지만 오래가지 못하고 작은 일상에 흡수된다. 교통사고를 당해 장애인이 된 사람은 고통스럽지만 이내 현실에 적응해서 행복의 길을 찾는다. 그러나 우리는 이러한 현실 적응력을 지나치게 과소평가하는 경향이 있다. 어떤 일이 벌어지면 오랫동안 자신의 삶에 영향을 미칠 것으로 예상한다(적응성 편견). 그러나 우리의 놀라운 적응력으로 볼 때 큰 행운이나 불운도 긴 인생에서는 잠시 스쳐 가는 일회성 이벤트가 될 수 있다.[37]

중개업소에서 아주 싸거나 비싼 집을 보여주는 이유

미팅을 나갈 때 자신보다 잘생긴 사람을 데리고 가지 않는 것은 고수의 불문율이다. 일종의 '대비 효과(contrast effect)' 때문이다.[38] 너무 매력적인 사람과 같이 있으면 그 사람과 비교되어 자신의 본래 가치보다 평가절하될 것이다. 대비 효과는 어떤 대상과 비교를 해야 나타난다. 그러나 대비 효과는 가끔 착시 효과를 유발한다.

"집값이나 주가가 꼭지에서 얼마 떨어졌으니 사라"는 말을 흔히 듣는다. 하지만 많은 사람들은 바닥에서 어느 정도 오른 시세라는 점은 고려하지 않는다. 꼭지에서 가격을 따지면 쌀 수 있으나 바닥에서 보면 비쌀 수도 있다.

물론 언젠가 가격이 회복된다면 낙폭 과대 종목을 매수하는 일은 유효하다. 하지만 대세 하락장에서는 상황이 달라진다. 1990~2000년대에 바닥 모르게 추락했던 일본 부동산이나 주식시장에서처럼 떨어지는 칼날을 두 손으로 받는 꼴일 수 있다. 낙폭 과대 종목의 저점 매수는 미래 가격의 우상향을 전제로 어느 정도 통용되는 방식이지만, 모든 상황에서 통하는 보편적인 법칙은 아니다.

부동산 중개업소나 모델하우스에서도 대비 효과를 통한 착시를 유도한다. 당신이 부동산 중개업소를 방문했다고 하자. 중개업자는 아주 비싼 집, 평범한 집, 아주 초라한 집을 보여준다. 그러면 당신은 평범한 집을 선택할 가능성이 크다. 견본주택에서도 1층 서향, 다소 낮은 5~6층 남향, 고층 북향을 보여준다. 이 경우 대부분 사람은 그다지 마음에 들지는 않더라도 차선인 두 번째를 택한다. 사람들은 심리적으로 극단적인 선택을 꺼리는 경향이 있기 때문이다.[39]

중개업자나 모델하우스 직원들이 이러한 심리를 꿰뚫고 평범한 집을 팔려고 일부러 대비 효과 전략을 사용했을 수 있다. 물론 나란히 놓고 비교하면 선택의 폭이 넓어지는 긍정적인 면도 있으나 비교의 함정에 빠질 수 있으니 경계심도 잊지 말아야 한다.

전월세 전환율이 높아지면 세입자 부담도 늘어나나?

요즘 전월세 전환율이 치솟고 있다. 전월세 전환율은 전세를 월세로 바꿨을 때 적용하는 이자율을 말한다. 한국부동산원에 따르면 2020년 11월만 해도 서울 지역 아파트 전월세 전환율은 연 3.9%였으나, 2023년 4월에는 연 4.8%로 올라갔다. 미국발 고금리 영향으로 시중금리가 오른 데다 월세 수요도 많으니 전월세 전환율이 덩달아 오른 것이다.

집주인 처지에서 전세금을 받아 은행에 맡기는 예금이자가 올라가면 전세를 월세로 바꿀 때 더 많은 금액을 요구할 것이다. 금리가 오르면 당연히 전월세 전환율도 올라갈 수밖에 없다. 물론 금리가 다시 낮아지면 전월세 전환율도 하락행진을 할 것이다.

전월세 전환율이 오르면 세입자들의 집세 부담이 높아질 것으로 생각하기 쉽다. 하지만 결론적으로 반드시 그런 것은 아니다.

우리나라 주택 임대차 구조를 보자. 2020년 인구주택총조사에 따르면 점유 형태별 분포는 자기 집(57.3%), 월세(22.9%), 전세(15.5%), 무상(3.7%), 사글세(0.6%) 등의 순이다.

주택임대시장은 전체 임대료에서 차지하는 보증금의 비율에 따라 임대 형식이 달라진다. 예컨대 보증금 100%를 임대료로 지급하는 게 전세, 나머지는 월세와 사글세다. 월세의 경우 '보증금이 전혀 없는 월세'(8.4%)는 미미하고 대부분 '보증금이 있는 보증부 월세'(91.6%)다. 보증금이 많지 않은 월세가 대부분인 외국과는 딴판이다.

주택 임대료를 계산할 때 전세와 월세는 완전히 동떨어질 수 없다. 월세를 낼 때 임대료의 산정 기준이 바로 전세이기 때문이다. 월세방에 들어가더라도 전세로 임대료 총액을 정한 뒤 이를 월세로 환산한다. 우리나라에만 전월세 전환율이 있는 것도 이 때문이다.

가령 2023년 기준 2년 전 서울 지역에 전세 5억 원짜리 아파트가 있었다고 하자. 2021년 4월 당시 이 지역 아파트 전월세 전환율은 연 4.1%였다. 계산을 간단히 하기 위해 전세를 모두 월세로 환산해보자. 세입자가 임대료를 월세로 지불한다면 매월 170만 8,333원을 내야 한다. 그런데 전셋값이 4억 원으로 떨어졌다고 하면 어떻게 될까? 그사이 전월세 전환율은 4.8%로 올랐지만 전세가격이 1억 원 하락해 임대료 부담액은 매월 160만 원으로 2년 전보다 10만 8,333원 감소(-6.3%)한다.

그래서 순수 월세가 드문 우리나라 현실에서는 전셋값이 크게 내리면 보증금 있는 월세를 내는 세입자의 임대료 부담 역시 줄어들 수 있다. 보증금이 많은 반전세일수록 더욱 그럴 것이다. 언론에서 전월세 전환율이 오른 것을 보고 임대료 부담이 늘었다고 하지만 실제 급락한 전셋값을 고려하지 않아서 생긴 착시다. 우리나라에선 순수 월세에 가까운 원룸주택이나 오피스텔을 제외하고 대부분 월세는 전세시장 동향과 맞물려 있는 셈이다. 그러니 월세로 사는 세입자들도 전세시장 흐름에 민감할 수밖에 없다.

이처럼 우리나라 주택시장은 집주인과 세입자뿐만 아니라 임대시장도 서로 이리저리 얽혀 있다. 자가, 월세라는 간단한 구조를 갖춘 외국과 달리 우리나라는 자가, 전세, 월세로 복잡하다 보니 정책을 펴기도 그만큼 어렵다.

"입주 물량 늘면 집값 급락 온다던데…"

"요즘 같은 침체기에 입주 물량이 늘면 집값이 크게 떨어지지 않을까요?"

주변 지인에게서 흔히 듣는 질문이다. 일반적으로 아파트 입주 물량이 늘면 전셋값은 입주 단지나 그 주변을 중심으로 크게 떨어진다. 전세시장은 현재의 수급만을 반영해 가격이 결정되기 때문이다. 전세가격이 입주물량에 민감하게 반응하는 것은 집주인의 심리적 특성도 한몫한다. 집주인은 전세를 내놓을때 집을 팔 때보다는 시장 가격을 순순히 받아들인다(가격 순응자). 2년 혹은 4년 뒤 전셋값을 시세대로 올리면 된다는 생각을 하기에 손실로 인식하기보다는 세입자로부터 돈을 덜 빌렸다고 보기 때문이다.

통계 분석 결과 특정 지역에 대규모 아파트가 입주하면 입주일로부터 3~6개월간 집중적으로 충격을 준다. 하지만 입주 물량이 늘어도 매매시장에는 하락 요인으로 작용할 뿐, 큰 폭으로 하락하는 게 아니다. 하락의 한 요인일 뿐이다.

매매시장은 앞에서 언급한 손실 회피와 처분 효과 이외에도 미래 기대치가 크게 작용한다. 오로지 현재의 수급을 반영하는 전세시장과는 달리 매매시장은 현재부터 미래까지 전체 수급을 반영한다. 시장 참여자의 전망이 더 큰 영향을 줄 수 있다는 것이다. 매매시장은 입주 물량 못지않게 금리, 정책, 거시 환경변수 등을 다 함께 봐야 한다.

입주 물량이 폭탄급이 아닌 이상 물량 증가만으로 집값이 크게 떨어질 것으로 생각할 경우 자칫 '단순 도식화의 함정'에 빠질 수 있다. 물론 전셋값이 떨어져 전세가 비율(매매가격 대비 전세가격 비율) 역시 낮아지면 갭투자가 줄고, 결국 매매 수요기반이 취약해진다. 역전세난이 계속되면 보증금을 못 돌려줘 세입자로부터 소송을 당할까봐 집사기도 겁이 난다. 가뜩이나 불황기에 입주 물량이 늘어나면 소화 불량이 심해질 수 있다.

하지만 그 타격은 매매시장보다 전세시장이 더 심하게 입는다. 매매가격은 하락세를 띠겠지만 전세가격만큼 떨어지지 않는다는 이야기다. 즉 입주 물량 증가와 역전세난에 따른 전세가격 하락은 수요를 줄여 집값을 떨어뜨리는 요인이지, 곧바로 큰 폭의 하락으로 이어지지 않는다.

아마도 대도시 주택시장이 삶의 안식처 성격이 강했다면 많은 입주 물량은 매매시장에도 폭탄이 될 것이다. 실제로 실수요 중심의 지방에서 아파트 입주 물량이 몰리면 매매가격도 하락세를 면치 못한다. 지방이 입주 물량의 영향을 상대적으로 더 받는다.

하지만 서울이나 수도권처럼 아파트가 사고파는 투자재 성격이 강해지면 입주 물량은 매매가격을 결정짓는 하나의 요인일 뿐이다. 군이 설명하자면 상대적으로 비중이 조금 큰 요인이라고나 할까?

그렇다면 입주 물량이 적으면 곧바로 집값이 올라갈까? 반드시 그렇지도 않은 것 같다.

2011~2013년 입주 가뭄이었던 시절 서울과 수도권 아파트값은 큰 폭으로 떨어졌다. 2022년에도 전국 아파트 입주 물량이 역대 평균치보다 적었지만, 아파트값은 곤두박질쳤다. 우리나라 아파트는 전체 1,200만 채 정도다. 한 해 전체 재고 물량의 2~3% 정도인 입주 물량 변동만으로 아파트값 향배를 점치는 것은 무리다. 요컨대 아파트시장을 진단할 때 입주 물량 한 변수만을 염두에 두지 말고, 여러 변수를 종합적으로 고려하라는 이야기다.

집과 차에 대한
남녀의 서로 다른 생각

차는 남자의 공간이고, 집은 여자의 공간이다.
힘든 하루를 위로받고 편히 쉴 수 있으며, 내 취향대로 꾸밀 수 있는 공간이라는
측면에서 보면 차와 집은 비슷하게 홈의 기능을 한다고 볼 수 있다.

◆

　풍수지리학자 최창조 전 서울대학교 교수가 어느 날 충남 공주의 명당골 촌로(村老)를 찾았다. 한 방송사의 풍수프로그램 제작 자문을 위해 현장에 동행한 것이다. 최 전 교수는 촌로에게 "명당에 사시니 좋겠습니다"라고 부러움 섞인 말을 건넸다. 하지만 답은 의외였다. "명당이죠. 하지만 소생이 자본이 있으면 왜 이 촌구석에 살겠습니까? 도시에 나가 아파트에서 살죠." 촌로의 속뜻은 좌청룡, 우백호로 따지는 풍수지리상 시골이 자신에게 명당이 아니라 살고 싶은 도시가 진정한 명당이라는 것이다.

　농경시대의 명당 개념이 현대사회에 와서 달라진 것일까. 많은 사람이 모여 사는 도시 땅값은 시골보다 당연히 비쌀 것이다. 최 전 교

수는 '자본(돈, 비싼 지역)이 명당'이란 촌로의 말을 듣고 충격을 받았다고 털어놨다.[40]

도시의 아파트가 도대체 어떤 존재이기에 촌로는 그런 말을 했을까? 전원생활을 예찬할 것 같은 촌로가 도시의 아파트를 찬미하는 것은 뭔가 생뚱맞다. 촌로가 삭막한 도시의 아파트 공간을 혐오해야 우리는 자연스러움을 느낄 텐데 오히려 도시 아파트를 선망의 대상이라고 말하니 당혹스럽다.

촌로가 도시 아파트살이를 부러워하는 이유는 뭘까? 아파트를 사서 돈을 벌어보겠다는 뜻은 아닐 것이다. 바로 편리한 주거공간에 대한 선호가 아닐까 싶다. 아파트살이가 농가보다는 훨씬 편할 테니까.

여자의 '집 심리학'

1970년만 해도 우리나라에서 아파트는 전체 주택의 0.8%에 불과했다. 그사이 아파트가 대거 지어졌다. 2000년(47.8%) 아파트 비중은 절반 약간 모자라더니 2016년에는 60.1%로 높아졌다. 2021년에는 아파트가 전체 주택의 63.5%에 달한다. 아마도 수년 내에 70%에 이르지 않을까 생각된다. 서울을 찾은 외국인들이 가장 인상적으로 본 것이 한강변에 어지럽게 늘어서 있는 고층 아파트라고 한다. 여기를 가도, 저기를 가도 한국은 아파트 천지다.

한국이 '아파트 공화국'이 된 데에는 여러 이유가 있다. 우선, 아파트는 단독주택보다 가격이 많이 올라서 그동안 도시인의 재테크 욕망을 실현시켜준 것이 사실이다. 또 하나, 아파트가 중상층 이상의 고급 주거공간이라는 이미지와 상징이 확산된 점도 한 요인일 것이다. 유럽에서처럼 노동자들이 사는 값싼 임대주택이었다면 지금처럼 아파트가 지천으로 깔리지는 않았을 것이다.

하지만 다른 점에도 주목하고자 한다. 편의성을 극대화한 주거공간이라는 측면에서 아파트의 가치다. 바로 명당골 촌로가 아파트를 동경한 것과 같은 맥락이다.

일반적으로 "한국에서 아파트 비중이 높은 곳은 어디일까?"라고 물으면 서울이라고 대답하는 사람들이 많다. 아파트 하면 재테크 이미지를 금세 떠올린다. 아파트값이 많이 오른 곳이 서울이니 이곳에 아파트가 많을 것이라고 답한다. 하지만 틀렸다. 광주광역시가 아파트 비중이 더 높다. 통계청의 2020년 인구주택총조사에 따르면 광주광역시의 아파트 비중은 80.3%로 세종시(85.7%) 다음으로 높았다. 서울(58.8%)보다도 높은 수준이다.

KB국민은행 부동산 통계에 따르면 광주광역시의 아파트 가격은 최근 36년간(1986년 1월부터 2022년 12월까지) 288% 정도 올랐다. 하지만 서울 아파트 가격의 상승률은 같은 기간 666%로 훨씬 높다. 그런데도 광주광역시에서 아파트 비중이 크다는 사실은 아파트 수요가 반드시 재테크 기대를 전제로 하고 있지 않음을 보여준다. 아파트 확산은 바로 편의성을 선호하는 여성들이 있었기에 가능했다.

집 안에서 가사노동을 하며 대부분의 일과를 보내는 사람은 여성이다. 가끔 시골 논두렁 사이에 아파트가 들어선 모습을 보고 눈살을 찌푸리게 되지만 알고 보면 이는 여성들의 주거 편의 욕구를 반영한 것이다. 시골에 노총각이 많은 것은 다름 아니라 아파트가 부족하기 때문이라는 우스갯소리도 있다. 한옥 같은 불편한 환경으로 누가 시집을 가겠느냐는 것이다.[41] 여성들의 스위트 홈에 대한 꿈이 아파트라는 공간을 통해 성큼 다가선 것은 부인할 수 없는 사실이다.

"아파트는 라면 같아요"

"고혈압, 당뇨에 걸린 사람이 왜 몸에 안 좋은 라면을 자꾸 드세요?"

한 종편 건강프로그램에서 의사는 한 여성 출연자를 나무랐다. 의사는 정제된 탄수화물, 그것도 짠 라면보다 잡곡밥이나 신선한 채소로 식단을 바꾸길 추천했다. 하지만 출연자는 라면 끊기가 쉽지 않다고 털어났다. 그 이유는 이미 반조리가 되어 판매되는 라면은 물을 부어 끓이기만 하면 먹을 수 있을 정도로 요리가 간편한 데다 맛에서 묘한 중독성이 있기 때문이라는 것이다. 하기야 주변에서 라면에 질렸다는 사람은 찾기 드물다.

의사는 출연자에게 탄수화물 중독증에 걸린 것 같다고 했다. 난 문득 그 출연자가 편리함의 함정에 빠진 게 아닐까 하는 생각이 들었다. 인간은 편리함의 늪에 빠지면 잘 헤어 나오지 못한다. 불편함을 견디지 못하기 때문이다. 그래서 더 편리하도록, 아니 더 게을러지도록 문명의 이기(利器)들이 자꾸 개발되나 보다.

이제 주거문화의 주류로 뿌리내린 아파트는 마치 식탁의 라면 같다. 편리의 극치라는 측면에서다. 아파트는 압축된 공간에서 효용이 극대화된 공간이다. 한번 아파트에 살아보면 벗어나기가 쉽지 않다. 약간의 중독성이 있다. 회색 콘크리트 캐슬인 아파트에서의 삶은 편리할지는 모르나 사람의 건강에 이롭지 않을 수 있다.

한 지인도 도심 아파트에서 살다가 외곽의 공기 좋은 단독주택으로 옮겼더니 딸아이의 아토피 피부염이 싹 나았다. 아파트는 층간 소음 분쟁, 인간 소외를 부르는 이웃 간의 단절 등 여러 부작용이 많은 주거공간이다.

한 민중의학자는 이렇게 말했다.

"아파트는 건물 층이 높아 땅기운을 받을 수 없다. 아파트는 공간이 밀폐되어서 산소도 부족하다. 심신의 건강을 해칠 수밖에 없다."

이 말은 과학적으로 검증이 되지 않았지만, 아파트에 대한 부정적인 시각을 단적으로 말해주는 대목이다.

문학작품에서의 아파트 폄훼는 더욱 심하다. 문학작품 속 아파트는 답답한 잿빛 콘크리트 블록일 뿐이다. 정아은의 장편소설 『잠실동 사람들』에서 한 등장인물은 서울 잠실 초고층 아파트 단지를 보면서 이같이 독백한다.

"앞을 봐도 뒤를 봐도 모두 30층짜리 거대한 콘크리트뿐이라고. 하늘이 안 보여, 하늘이. 이런 데 와서 산다고 생각하니까 난 벌써 가슴이 답답해지는데? 낮에도 건물이 가려 햇빛이 안 드는 데서 자란

아이가 과연 어떤 포부를 품을 수 있을까?"[42]

이처럼 도시 미학적으로 볼 때 아파트는 사람이 살 곳은 못 된다. 하지만 이런 점을 알고도 대다수는 아파트를 잘 벗어나지 못한다. 마치 탄수화물 중독처럼 아파트 공간에 중독되어 있기 때문이 아닐까?

아파트는 이동이 잦은 현대사회에서 쉽게 사고팔 수 있는 장점이 있다. 단독주택은 한 번 팔려면 몇 년이 걸릴 수 있다. 하지만 아파트는 경색 국면이 아니면 채권처럼 쉽게 거래된다.

대단지 랜드마크 아파트일수록 시장 변화에 능동적으로 대처할 수 있기도 하다. 바로 환금성의 매력이다. 아파트는 상품 자체의 표준화와 규격화 덕에 동네 슈퍼마켓의 라면처럼 쉽게 살 수 있다. 입지나 가격을 따지지만, 단독주택처럼 일일이 내부를 조사하지 않아도 된다. 정화조 크기가 적당한지, 지붕에 물이 새는지 따지지 않는다. 내부 평면도는 이미 인터넷이나 모바일에 공개된 데다, 설사 낡았더라도 내 취향대로 고쳐서 입주하면 되기 때문이다. 굳이 라면을 구매할 때 성분을 꼼꼼히 따지지 않듯이 말이다.

아파트에 대해 어떤 시각을 갖든 그것은 본인의 자유다. 다만 우리가 싫어하든 좋아하든 편리를 좇는 인간이 아파트를 버리고 정원이 딸린 꿈의 집으로 가기는 쉽지 않을 것 같다. 이런저런 이유로 아파트살이에서 쉽게 빠져나오지 못하고 있다. 꿈보다는 현실이 우리의 삶을 더 무겁게 지배한다.

대도시에서 마당 있는 집은 왜 찾기 어려울까?

언젠가 강남 테헤란로 초고층 빌딩에서 주변 일대 주택가를 내려다보곤 깜짝 놀랐다. 단독주택가인데도 나무들이 거의 안 보였기 때문이다. 이는 넓은 정원이 있는 저층 고급 단독주택이 거의 사라졌다는 것을 뜻한다. 사람들은 돈을 벌기 위해 고급 단독주택을 허물고 다세대·다가구 건물을 지었다. 몇 평 안 되는 빈터에 대 빗자루 같은 나무 한두 그루만 심어놓아 고층 빌딩에서 보면 보이지도 않는다.

최근 주거공간에 대한 욕구가 다양화되면서 단독주택 수요가 늘고 있다고 한다. 하지만 조금 더 깊게 들어가보면 과거 전통적인 개념의 단독주택으로 회귀하는 것은 아니다. 성남의 서판교 단독주택촌처럼 아파트 공간을 벗어나 나만의 개성 창출 차원에서 단독주택을 찾는 사람은 드물다. 이보다는 주택에 거주하면서 월세를 받는 '집의 수익화' 차원에서 단독주택을 매입하는 것이다. 거칠게 말해 요즘 아파트를 팔고 단독주택으로 옮기겠다는 것은 안정적인 임대소득을 얻기 위해 주거의 편리함을 포기하겠다는 뜻에 가깝다.

서울 같은 대도시에서 단독주택은 전통적인 개념의 단독주택이 아니다. 과거 정원이 딸린 단독주택을 허물고 대부분 다가구나 다중주택으로 지었다. 건축물 대장상에 단독주택일 뿐, 사실상 여러 가구가 사는 공동주택이나 다름없다.

서울 종로구 북촌마을 한옥이 주목을 받는 것은 거주 목적보다 관광 기념품 가게나 외국인 대상의 게스트하우스로 활용하기 위해서다. 강남구 청담동 일대에서 단독주택을 찾는 사람들은 순수한 주거 공간보다는 단독주택을 개조해 미장원, 원스톱 웨딩 서비스, 음식점 용도로 쓰려는 것이다. 사는 공간이 아니라 돈을 벌기 위한 상업공간으로 단독주택이 활용되는 것이다.

사는 공간으로서 단독주택 시대의 영광이 다시 오려면 여성의 가사노동을 줄일 수 있는 획기적인 대안이 있어야 한다. 아파트가 각광받는 것은 곧 여성의 가사노동 해방과 맞물려 있기 때문이다. 더욱이 도심 4~5층의 다세대·다가구주택을 허물고 정원이 딸린 단독주택으로 다시 짓기가 어렵다. 경제적 가치가 떨어져 단독주택으로 되돌리려는 수요가 없기 때문이다.

이래저래 안락한 삶의 공간으로서 단독주택 시대는 쉽게 찾아올 것 같지는 않다. 자신만의 멋과 취향을 살리는 틈새 상품으로는 여전히 존재하겠지만 말이다.

중년 남자의 로망과 현실

"저 푸른 초원 위에 그림 같은 집을 짓고…."

누구나 유행가 한 구절처럼 도시의 답답한 콘크리트 공간을 벗어나 멋진 곳에서 살고 싶은 소망이 있을 것이다. 천편일률적인 성냥갑 아파트보다는 좀 더 개성 있는 나만의 집을 갖고 싶을 것이다.

은퇴 시점이 다가올수록 긴장된 도시를 떠나 자연과 벗하며 전원의 삶을 누리는 '공간 이동'을 꿈꾼다. 일부 용기 있는 사람들은 '언덕 위의 하얀 집' 꿈을 이루기 위해 행동으로 옮긴다. 그러나 대부분은 체념한 채 도시 아파트에서 그냥 하루하루를 산다.

은퇴자들은 조용한 단독주택이나 전원주택으로 이주할 것 같지만 실제로는 다르다. 한 연구조사 결과를 보면 아파트에 거주하는 사람 중에 은퇴자들(48%)이 가장 많고, 다른 지역으로 거처를 옮길 때 고르는 주택 유형도 주로 아파트다.[43]

아파트살이를 벗어나지 못하는 것은 여러 가지 이유가 있겠지만 아내의 반대가 큰 요인이다. 전원주택살이는 주부의 동선이 짧아지는 주거 역사의 흐름에 역행하기 때문이다. 전원주택에서 살면 쇼핑도 너무 힘든 데다 수다를 떨 이웃이 없어 여성들이 꺼린다. 사실 전원주택살이는 아주 특별한 경우를 제외하고는 주부의 노동을 대가로 나머지 가족이 행복을 누리는 것이다.

전원주택에서는 자연과 맞부딪혀 살아야 하는 만큼 집주인의 잔손이 많이 간다. 아파트에서는 관리사무소나 경비 아저씨들이 잡일을 대신 처리해주지만, 전원주택에서는 그 일을 집주인이 직접 해야 한다. 눈이 오면 주인이 직접 치워야 한다. 그만큼 집을 유지하는 데 시간과 노력이 더 많이 들어간다.

집주인을 대신해 주택을 관리해주는 주택임대관리회사가 우리나라에서는 활성화되지 않은 것도 아파트 문화 때문이다. 단독주택은 집주인이 부지런해야 살 수 있지만, 아파트는 게을러도 살 수 있는 공간이다.

물론 남자가 먼저 주도적으로 집안 살림을 분담한다면 여성의 노동은 많이 줄어들 것이다. 하지만 남자들이 어디 그런가. 한두 번 집안일을 도와주곤 일을 전부 다 한 것처럼 으스대는 게 남자다. 한 인터넷 쇼핑몰의 공구(工具) 구매 고객 중 여성 비율은 높게는 36%에 달한다.[44]

만약 남자들이 집안일을 열심히 한다면 전동 드릴 구매 고객 중 여성은 거의 없을 것이다. 한 잡지에서 땅콩주택을 지어 전원생활을 하는 부부의 인터뷰 기사를 본 적이 있다. 주부는 남편의 게으름과 무관심에 불만을 털어놨다. "이곳으로 이사만 오면 뭐든지 다 해주겠다더니 전등 하나 갈지 않아요."[45] 대체로 전원주택은 천장이 높아 사다리를 놓고 전등을 갈아야 한다. 이런 일은 남편이 해야 하지만 제 역할을 하지 않고 있다고 푸념하는 것이다.

주위를 보면 전원생활을 시작한 남자들은 텃밭을 가꿀 때 처음에는 열성적이다. 막 시작한 텃밭 가꾸기는 취미이자 소일거리이기에 기쁨을 맛본다. 씨를 뿌려 싹이 트면 녹색과 생명의 신비에 감탄한다. 하지만 3~6개월을 기점으로 상당한 변화가 일어난다. 소일거리가 아니라 노동으로 바뀌는 시점이다. 이때쯤이면 호밋자루가 남자에게서 여자로 넘어간다.

전원생활로 옮기기 전 많은 남자가 텃밭 가꾸기의 환상에 빠져 있는 모습을 본다. 그 사람들에게 "텃밭을 제대로 가꾸려면 100평만 넘어도 경운기를 사야 한다"라고 말하면 깜짝 놀란다. 그 넓은 논밭을 다 삽이나 괭이로 일굴 수 없는 노릇이다.

많은 남자가 구름 위의 꿈과 냉엄한 현실을 제대로 구분하지 못한다. 전원주택은 아주 특별한 경우를 제외하고는 남자들이 꿈에서나 그리는 삶의 로망일 뿐이다. 전원주택 생활을 결심했다면 반드시 아내의 동의를 받고 가사노동을 어떻게 분담할 것인지 체크리스트를 작성하라. 그러지 않으면 전원주택 생활은 두고두고 후회할 것이다.

젊은 남자에게 차는 '움직이는 집'

막 신혼 생활을 시작한 직장인 박명수(가명·35) 씨. SUV(스포츠유틸리티자동차)를 소유한 그는 퇴근 후 아파트 지하주차장에서 한 시간 머물렀다가 집으로 간다. 차 안에서 모바일 게임을 하기 위해서다. 아파트 거실이나 안방에서 게임을 하면 아내 눈치가 보인다. 그는 "차 안은 누구에게도 간섭받지 않는 나만의 안락한 공간"이라고 말한다.

요즘 젊은 남자들에게 차는 단순한 이동수단을 넘어서는 것 같다. 일종의 '움직이는 집(mobile home)' 기능을 한다. 어디서든 편히 쉴 수 있는 작은 방이자 소우주다. 차 안에서 노래를 듣고, 게임도 하고, 잠시 눈을 붙이기도 하고…. 심지어 전기차 SUV이니 주말에는 캠핑카로 활용하기에 제격이다. 전기차에서는 전기포트로 연결해 라면이나 커피도 끓여 먹을 수 있다.

차는 답답한 세상살이로부터 분리된 나의 전용 공간인 동시에 해

==방구가 된다.== 박 씨에게 차는 단순히 이동수단을 넘어 다목적으로 활용할 수 있는 '복합공간'인 셈이다. 그래서인가. 요즘 젊은 남자들은 취직만 하면 차부터 산다. 부모를 잘 만난 은수저나 금수저는 대학생 때부터 차를 타고 다녔을 것이다.

==요즘 젊은 남자들의 로망은 3가지라고 한다. 첫째가 슈퍼카, 둘째가 해외여행, 셋째가 한강이 보이는 아파트다.== 슈퍼카는 가장 비싼 차, 흔히 말하는 명품카다. 음향이나 여러 장치가 더 잘 갖춰져 있을 것이다. 슈퍼카는 기성세대에게 럭셔리 아파트처럼 남들에게 자신을 뽐내거나 드러내는 수단이 될 것이다. 요즘 말하는 부나 귀중품을 뽐내는 플렉스(flex) 소비다.

이런 모습을 보면 마치 '과잉 현시 증후군'에 걸린 것 같다. 차는 승차감보다 하차감에서 탄다는 말이 나오는 것도 이 때문이리라. 문을 열고 내렸을 때 나를 봐주는 사람들의 시선을 통해 자신이 잘나가고 있다는 존재감을 드러내고 싶어 한다. 슈퍼카를 갖지 못하는 남자들은 그보다 싼 수입 중고차라도 사고 싶어 한다. "요즘 원룸촌에 국산 제네시스는 드물어도 BMW, 벤츠는 즐비하더라"라는 말이 나오는 것도 이 같은 이유에서다.

물론 이 비싼 차를 사고 유지할 여력은 되지 않는다. 그래서 "차는 돈이 아니라 용기로 산다"라는 말이 회자되듯 잔뜩 빚을 내 산다. 한마디로 '빚내서 빛나는 인생을 살자'라는 과시형 소비다. 감당을 못해 '카푸어'로 전락하는 때도 적지 않지만, 차에 대한 욕망은 쉽게 버릴 수 없다.[46]

젊은 남자의 차에 대한 애착을 이렇게도 설명할 수 있지 않을까? 턱없이 비싼 집을 살 수 없으니 차가 대체 욕구의 대상이 된 게 아닌가 하는 것이다. 30대 초반 남성은 기성세대처럼 집을 먼저 마련하고 차를 산다면 내 차 갖기는 영원히 불가능할 것이라고 말했다. 차는 그나마 쉽게 접근할 수 있으니까 집보다 우선 구매 순위에 올리는 것이다.

남자들은 내 차 꾸미기를 좋아한다. 심지어 수백만 원을 들여 외관을 바꾸거나 개조를 한다. 차 엔진이나 실내 인테리어를 바꾸는 튜닝이 하나의 비즈니스로 자리 잡았다. 그만큼 니즈가 많다는 방증이다.

바람을 가로지르며 달리는 차에서 남자는 야생마 같은 남성성을 느낀다. 도로에서 굉음을 울리며 질주하는 '폭주 승용차' 운전자의 대부분이 남자인 것은 이런 까닭이다. 물론 이런 차들은 남에게 피해를 주는 '공해 차'이자 '민폐 차'다. 남자의 본능을 표출하는 비뚤어진 방법이다. 흥미로운 점은 이런 차들은 대부분 자신만의 개성을 살리거나 성능을 높인 튜닝차라는 것이다.

여자들은 차 꾸미는 남자를 이해하지 못하겠다면서 고개를 갸우뚱거린다. 단순히 이동수단인 차에 쓸데없이 돈을 바른다고 말이다. 대신 여자들은 콘크리트 둥지인 아파트 꾸미기를 좋아한다. 집 안의 인테리어와 벽지, 조명은 대부분 여성 취향적이다. 그런 측면에서 차는 남자의 공간이고, 집은 여자의 공간이다. 힘든 하루를 위로받고 마음 편히 쉴 수 있으며, 내 취향대로 꾸밀 수 있는 곳이라는 점에서 승용차나 집이나 비슷하게 홈의 기능을 한다고 볼 수 있다.

'아하, 그렇군요'
부동산시장을 움직이는 심리 코드

많은 사람들이 충동적으로 집을 구매한다.
평소 꼼꼼하던 습관도 부동산 중개업소나 모델하우스에만 가면 어디론가 사라진다.
이러다보니 자신이 집을 잘 샀는지 주변에 꼭 확인하고 싶어한다.

◆

부동산시장은 오해와 편견이 가득 차 있는 심리적 공간이다. 시장은 단기적으로 사실보다는 억측과 풍문에 더 출렁인다. '소문에 사서 뉴스에 팔라'는 격언은 시장이 뉴스보다 소문에 의해서 움직인다는 것을 방증한다.

일반적으로 우리가 하는 행동은 논리적으로 이해되지 않는 일이 허다하다. 일을 저지르기 전에 고민하는 시간보다 저질러놓고 후회하는 시간이 더 길다. 또 친하면 무조건 믿으려고 한다. 사기는 낯선 사람이 아니라 친숙한 사람에게 당하는 데도 말이다. 그런 생각들이 비합리적이고 비이성적이라는 것을 알면서 쉽게 바꾸지 못한다. 인간은 이성의 동물이기 전에 감정의 동물이기 때문이다.

누구나 하는 말, "우리 동네가 최고야"

모처럼 지인을 만나 이런저런 대화를 하다 보면 사는 곳에 관한 이야기가 빠지지 않는다. 흥미로운 점은 대부분 자신의 동네가 최고라고 생각한다는 것이다. 자기 동네에 대한 험담이라도 하면 금세 얼굴이 굳는다.

그가 자기 동네를 최고 동네로 꼽는 가장 큰 이유는 우선 길이 막힘 없이 통한다는 사통팔달의 교통 여건이다. 하지만 요즘은 고속도로를 비롯한 여러 도로가 착공되고 있고 지하철과 전철이 속속 신설되면서 우리 동네만 사통팔달이라고 자랑하기에는 어딘가 모르게 왠지 무안하다. 거칠게 말해 전국에 '사통팔달의 고장'이 아닌 곳이 있는가?

우리 아파트가 역세권에 있다고 자랑하기에도 낯 뜨겁다. 지하철이 대거 들어서면서 서울 시내에서 1,000가구 이상인 대단지 가운데 역세권이 아닌 곳은 드물다. 이제는 지하철 노선 2개가 교차하는 더블 역세권이나 3개가 지나는 트리플 역세권은 되어야 자랑거리가 된다. 그런데도 자신이 사는 동네를 사통팔달, 역세권이라고 자랑하는 것은 교통 혁명이라는 시대 변화를 고려하지 않고 판단하기 때문이다. 교통 혁명으로 자기 동네만이 갖는 입지적 희소성이 많이 사라졌는데도 말이다.

혹시 '우리 동네 최고' 심리는 그 동네에 오래 살다 보니 정들어 모든 게 좋아 보이기 때문은 아닐까? 우리는 낯익은 대상에 호감을 느낀다. 콘크리트 건물은 처음에는 삭막한 시멘트 덩어리지만 정들면 자식같이 사랑스럽다. 집 앞의 볼품없는 야산도 자주 오르락내리락 하다 보면 어머니 품처럼 포근하고 정겹다. 우리는 사실 어떤 대상에 대한 호감과 비호감의 이유를 대기 전에 이미 알고 있는 것을 무조건 좋게 생각하는 경향이 있다. 심리학적으로는 '단순 노출 효과'라고 한다.[47]

브랜드를 알고 있다는 이유로 우리는 품질을 제대로 따지지 않고 덜컥 물건을 고른다. 직장인들이 자신이 속한 회사 주식을 매입하거나 지역 주민들이 그 지역에 본사나 공장이 있는 회사의 주식을 사는 것도 같은 맥락이다. 해당 회사의 정보를 쉽게 취득할 수 있는 점도 있겠지만 이보다는 잘 아는 회사가 좋은 주식이라는 선입견이 더 큰 이유다.

친숙하다고 반드시 좋은 것은 아니다. 자칫 판단 착오를 불러올 수 있다. 익숙함에 이끌려 투자할 경우 오히려 실패를 낳을 수 있다. 많은 사람에게서 익숙한 것은 좋은 것을 넘어 안전한 것으로 생각하려는 친근성 편향이 나타난다. 익숙한 지역을 일종의 '안전지대(comfort zone)'라고 생각하는 것이다.

사실 대부분의 사람은 집 주변을 안전지대로 여긴다. 범인들이 골목길까지 잘 알아 도주하기 좋은 자신의 거주지 부근으로 도피하는 것도 이 때문이다. 그래서 범인을 잡을 때는 형사를 반드시 연고지에 파견한다.

부동산 투자 범위 역시 집 주변을 크게 벗어나지 않는다. 부산 사람들은 대체로 부산 시내나 그 인근인 울산, 양산, 김해 부근에 있는 아파트나 땅을 산다. 강원도나 제주도 사람들도 부동산을 투자할 때 그 동네를 크게 벗어나지 않는다. 하지만 이런 투자는 부동산을 좀 더 넓은 시각에서 객관적으로 판단하기보다는 주관적인 선호도에 따라 결정하는 것이다. 그만큼 투자의 실패로 이어질 가능성도 크다. '익숙하니 좋고, 안전하다. 그러니 투자한다'라는 방식이 위험할 수 있는 셈이다.

"나중에 후회할까봐 못 팔겠어요"

판교 디지털밸리에서 근무하는 회사원 황경민(가명·40) 씨는 요즘 집을 사고파는 문제로 고민이 많다. 황 씨는 지금 판교신도시 아파트에서 전세로 산다. 물론 집이 없는 것은 아니다. 서울 광진구 광장동에 비슷한 크기의 아파트가 있다.

그가 판교로 이사를 오게 된 것은 판교 IT 회사에 경력사원으로 채용되었기 때문이다. 광장동 아파트는 전세를 놓고 있다. 그는 자기 집은 전세로 놓고 다른 집에 전세로 사는 국내 70만 가구 중 한 가구인 셈이다.

황 씨는 광장동 아파트를 팔고 판교 아파트를 사고 싶다. 내 집에서 편히 사는 게 낫다는 생각에서다. 하지만 아내가 제동을 걸었다. "광장동 아파트는 언젠가 리모델링이 될 텐데, 그 아파트를 팔아 판교로 옮길 필요가 있느냐?"는 것이다. 그는 아내에게 "리모델링이 어느 세월에 되겠느냐?"라고 말했지만 설득하기가 쉽지 않았다. 아내의 말을 다시 들어보니 광장동 아파트를 팔아 판교 아파트로 옮겼다가 나중에 후회하지 않을까 걱정도 되었기 때문이다.

끝내 황 씨 부부는 결정을 못 내리고 그대로 놔두기로 했다. 황 씨 부부는 나중에 후회를 최소화하려고 일부러 효용이 적은 쪽을 선택했다. 자신들의 행동으로 나중에 후회할 일이 생기지 않을까 하는 걱정에 비합리적인 결정을 하는 것이다.[48]

번듯한 내 집을 놔두고 남의 집에 전세 사는 사람들은 번거롭고 비용 부담도 만만치 않다. 2년 혹은 4년마다 새로 전셋집을 마련하거나 광장동 아파트 세입자를 구할 때마다 중개수수료를 물어야 할 수 있다.

따라서 내 집에서 편히 사는 것이 주거 효용이 훨씬 높을 것이다. 하지만 황 씨 부부는 후회할 걱정에 최선의 주거 효용을 선택하지 않는다.

심리학적으로 사람들은 단기간에는 행동한 일을, 장기간에는 행동하지 않은 일을 후회한다고 한다.[49] 공감이 가는 말인 것 같다. 가끔 드라마를 보면, 손녀에게 옛사랑 이야기를 들려주는 할머니의 목소리에는 행동하지 않은 것에 대한 후회가 묻어난다. "그때 그 운명적인 사랑을 잡았어야 했는데…"라는 식의 회한이다. 그렇다면 황 씨 부부는 어떻게 행동해야 나중에 후회하지 않을까? 당신의 생각은 어떤가?

집을 잘 샀는지 확인받고 싶다

주위를 둘러보면 우리나라 사람들은 집을 살 때 의외로 충동 구매를 많이 한다. 평소 꼼꼼하던 습관도 부동산 중개업소나 모델하우스에만 가면 어디론가 사라진다. 10억 원대의 집도 누군가의 한두 마디 솔깃한 말에 덜컥 계약한다.

내 경험으로 봐도 집 살 때보다 차를 살 때 고민하는 시간이 더 긴 것 같다. 차는 지금 굳이 서두르지 않아도 충분히 고를 기회가 많기에 느긋해진다. 하지만 부동산은 금세 오를 것 같은 착각에다 이번에 사지 않으면 좋은 기회를 놓칠 것 같은 조급증이 생긴다. 그래서 우리는 뭔가에 홀린 듯 순식간에 부동산 계약서에 도장을 찍고 하루 이틀 지나고 나서야 이것저것 따지기 시작한다. 투자 결정 이전의 고민 기간보다 그 이후 기간이 더 길다.[50] 계약하기 전에 보이지 않았던 내용이 이제야 눈에 하나둘씩 들어온다.

충동적으로 일을 저지르고 나니 자신이 부동산 투자를 잘한 것인지를 확인받고 싶다. 주식은 사더라도 확인받고 싶은 욕구가 별로 없다. 하지만 집은 산 뒤 친인척이나 동창에게 전화를 걸어 "집을 잘 사지 않았느냐?"라고 확인하려고 한다.

이는 요즘 자주 사용하는 '답정너(답은 정해져 있으니 너는 대답만 해)' 심리와 비슷한 맥락이다. 답정너는 자신이 듣고 싶은 말을 듣기 위해 다른 사람에게 의도적으로 대답을 유도하는 것을 말한다. 그래서 "부동산 잘 샀냐"는 질문을 받으면 "잘했어. 역시 당신은 대단해"

라고 무조건 칭찬을 해줘야 당신을 덜 귀찮게 할 것이다. 어차피 모범생 머리를 쓰다듬어주듯 자신의 현명한 결정을 칭찬해달라는 어리광이기 때문이다. 그 질문은 처음부터 상대방에게 맞장구를 쳐달라는 유도성 질문이다. 그런 만큼 자신이 기대한 칭찬성 답변은 접수하고 그 반대의 답변은 무시해버린다. 이미 집을 사버린 상황이므로 엎질러진 물처럼 지금 와서 되돌리기는 어렵기 때문이다.

집을 사면 나도 모르게 동네 소식에 민감해진다. 매입한 아파트나 그 주변 지역에 혹시 호재가 없는지 신경을 곤두세운다. 예전에는 흘려들었던 지하철 개통 노선, 심지어 동네 도서관이나 쇼핑몰 신축 소식에 귀를 쫑긋 세운다. 사소한 소식이라도 집값이 오르는 호재로 본다. 나쁜 소식은 애써 무시한다.

부동산시장을 부정적으로 보던 사람도 이제는 생각이 조금씩 달라진다. 다른 동네 집값이 하락하더라도 우리 아파트는 주변에 개발 재료가 많거나 실수요가 두터워 끄떡없으리라 생각한다. 모든 것을 자기에게 유리한 쪽으로 생각하는 것이다.

집 판 돈을 갖고 있으면 왜 좌불안석일까?

경기도 하남시에 사는 홍수진(가명·58) 씨는 집을 팔고 나니 손이 떨린다고 했다. 집 판 돈을 통장에 넣어두려니 불안하다. 금세 집값이 다시 오를 것 같다. 다른 동네 집값이 꿈틀거린다는 소식을 들으면 집을 잘못 판 것 같다. 물가가 오른다는데, 다시 부동산을 사둬야 하는 것 아닌가? 아니면 주식 투자라도 해서 수익을 올려야 하는 것 아닌가? 이런 걱정, 저런 걱정이 이어지며 걱정의 연쇄 고리가 형성된다. 어떻게라도 움직여야 한다는 강박관념에 시달린다.

사람들은 아무것도 하지 않고 기다리는 고통을 견디지 못한다. 무슨 일이든 저질러야 하는 충동을 느낀다. 이런 현상을 '행동 편향(action bias)'이라고 한다. 골키퍼들은 가운데 가만히 있지 못하고 왼쪽이나 오른쪽 중 한 곳으로 몸을 날린다. 나중에 방향이 틀렸어도 덜 괴롭기 때문이다.[51]

부동산시장이든 주식시장이든 조급증이 실패를 부른다. 요즘같이 변동성이 강한 시장에서는 투자 기회도 많아진다. 이번 기회가 아니더라도 투자 기회는 다음에 또 온다. 변동성이 심한 시장에서 실패로 가는 지름길은 쓸데없이 서두르는 일이다. 때로는 '쉬는 것도 투자'라는 격언을 새겨듣는 것이 좋다.

불확실성이 호환마마보다 더 무섭다

"너희 둘, 수업 끝나고 교무실로 와!" 중고등학교 시절 화가 난 담임선생님의 이 한마디는 학생들을 온종일 불안감에 시달리게 했다. 선생님은 그 자리에서 혼내지 않으시고 나중을 기약했다. 조회 시간에 그런 말을 들으면 학생들은 수업은 듣는 둥 마는 둥 점심도 잘 넘어가지 않는다. 하지만 막상 방과 후 교무실로 가면 선생님은 온화한 표정으로 앞으로 잘하라는 간단한 훈계를 하시곤 했다.

지금 돌이켜 생각해보면 선생님은 처벌 '유예'를 통해 인간이 두려워하는 불확실성에 길게 노출하는 방법으로 벌을 주셨던 것이다. 방법적으로는 신사적이었지만 학생들에게 정신적인 고통을 안겨주는 상당한 벌이었다.

회초리를 맞기 전의 막연한 두려움은 견디기 힘들다. 차라리 매를 맞고 나면 마음이 편하다. 유럽의 전설적인 투자자 앙드레 코스톨라니는 이를 '페따꼼쁠리(fait accompli, 기정사실) 현상'이라고 했다.[52] 아무리 큰 악재도 기정사실이 되면 감당할 수 있는 소식이 된다는 것이다. 페따꼼쁠리 현상은 불확실성이 해소되는 것을 의미하므로 때로는 시장에서 호재로 인식되기도 한다. 전쟁이 터지고 나서 주식시장에서 오히려 주가가 오르는 것이 한 예다.

사실 시장은 위험보다 불확실성을 더 두려워한다. 위험은 어느 정도 확률이 알려지지만, 불확실성은 그 확률조차 모르기 때문이다.[53] 위험은 어느 정도 나의 노력으로 통제할 수 있지만, 불확실성은 통제 자체가 내 영역 밖이다. 그래서 불확실성은 때로는 공포로 다가온다.

부동산시장에서도 불확실성은 독이 될 수밖에 없다. 사기와 투기도 불확실성을 먹고 자란다. 그러므로 정부는 누구나 미래를 예측할 수 있도록 불확실성을 제거해서 시야를 맑게 해주는 정책적 접근을 해야 할 필요가 있다. 그래야 시장 참여자들이 합리적인 행동을 할 수 있다.

세입자를 두렵게 하는 '깜깜이 계약'

회사원 김재원(가명·33) 씨는 다가구주택에서 전세를 구하려고 했으나 끝내 포기하고 말았다. 도무지 자신이 하는 전세 계약이 안전한지 알 수 없었기 때문이다. 우선 일단 거래가 흔치 않은 주택의 특성상 매매나 전세 시세 포착이 힘들었다. 더욱이 선순위 세입자를 미리 알기도 어렵다. 현 제도하에서는 세입자가 임대차 계약을 하기 전에는 스스로 전입세대를 열람할 수 없기 때문이다. 계약서에 사인하고 난 뒤 이를 지참해야 마침내 주민센터에서 열람할 수 있다.

김 씨는 깡통전세를 미리 막고 싶은데, 이미 계약한 뒤에 전입세대를 확인하면 무슨 소용이 있을까 의문이 들었다. 집주인의 말이 맞는지 사후 검증용일 뿐이다. 그는 전입세대확인서를 떼어본다고 해도 막막할 뿐이라는 것을 알았다.

다가구나 다중주택일수록 선순위 임차인과 보증금 액수를 체크하는 일이 중요하다. 하지만 전입세대확인서를 통해 선순위 세입자는 누군지 파악할 수 있지만 그 세입자가 전세로 사는지, 월세로 사는지는 알기 힘들다. 선순위 보증금 총액 파악이 가장 중요한데, 이를 알 수 없다는 이야기다.

등기부등본을 떼어봐도 근저당 내역은 알 수 있지만 대출금을 어느 정도 갚았는지 알 수 없다. 집주인이 감액등기를 하지 않아서다. 김 씨는 "집주인의 양심만 믿고 계약을 해야 한다. 세입자는 보증금이 많을수록 위험한 사적 계약이 될 수밖에 없다"라고 말했다.

다가구주택이나 다중주택 같은 비(非) 아파트시장은 정보의 비대 칭성이 매우 강한 시장이다. 세입자로서는 '깜깜이 계약'을 할 수밖 에 없다.

세입자를 보호하기 위해서는 정보 사각지대에 있는 주택부터 안 심 거래 제도를 도입해야 한다. 가령 다가구주택이나 다중주택은 계 약 시 집주인에게 선순위 세입자와 보증금액, 실제 대출금액을 계약 서에 첨부하도록 의무화하는 것이다. 정보 우위에 있는 집주인에게 좀 더 의무를 부과하는 방식이다.

부동산시장에서는 상식적으로 이해하기 힘든 일들이 수시로 일어난다. 바로 달콤한 속임수에 걸려들어 부동산을 잘못 사는 사람들이 그 예다. 사람들은 왜 어처구니없는 속임수에 당하는 걸까? 속임수 수법이 교묘한 데다, 본질적으로는 인간 심리의 취약한 영역을 능수능란하게 건드리는 마케팅 전략이 큰 요인일 것이다. 모델하우스 또한 철저히 계산된 심리전의 무대다. 소비자를 유인하는 욕망의 이미지가 곳곳에 스며 있다. SNS를 통해 순식간에 퍼지는 '디지털 입소문'과 타인의 성공신화에도 우리의 판단은 흐려진다. 여러 심리적 함정을 경계하고, 단단한 생각의 틀을 갖추는 방법을 알아보자.

3장

남의 성공 스토리에
휘둘리지 마라

"인간이 진실과 거짓을 구별하는
확률은 거우 54%에 불과하다."

경제학 박사도
사기 덫에 걸려든다

의외로 사기꾼은 '샤이 보이(Shy boy)'다.
사기를 치는 사람 중에 인상이 험상궂은 사람은 거의 없는데,
이들은 근육을 동원해 남의 재물을 빼앗으면 되기에 굳이 속임수를 쓰지않는다.

◆

사람들은 왜 어처구니없는 속임수에 당하는 걸까? 상식적으로 이해하기 힘든 일들이 부동산시장에서도 수시로 일어난다. 대박 부동산으로 잘못 알고 속아서 사는 사람들이 그 예다. 속임수를 당한 이들은 뒤늦게 그 사실을 알고 땅을 치고 후회한다.

흥미롭게도 사기를 당하는 사람들은 예상외로 대부분 어리숙하지 않다. 흔히 볼 수 있는 보통 사람들이다. 겉으로는 아는 것이 많아 보이지만 정작 알아야 하는 것은 모르는 헛똑똑이도 부지기수다.

속임수에 걸려드는 것은 단기간에 큰 이익을 얻으려는 대박 심리, 타인의 언행에 대한 긍정적인 믿음 등이 한몫할 것이다. 하지만 본질을 말하자면, 속임수 수법이 교묘한 데다 인간 심리의 취약한 영역을

능수능란하게 건드리기 때문에 누구라도 걸려들기 쉽다.

미국의 공인 사기 조사관 파멜라 마이어는 "인간이 진실과 거짓을 구별하는 확률은 겨우 54%에 불과하다"라고 했다. 그는 인간의 구별 능력이 낮은 이유는 거짓이라는 분명한 증거가 없는 한 진실로 믿고 싶어 하는 '진실 편향' 때문이라고 말했다.[54] 아마도 일단 보고 듣는 것을 믿고 나서 나중에 의심하는 인간의 성향이 결국 달콤한 속임수에 휘말리는 원인이 아닌가 싶다.

"의심 겁나게 하지. 그러니까 걸려드는 거야"

영화 〈꾼〉(2017)은 희대의 사기꾼을 잡기 위한 꾼들의 스릴 넘치는 한판 이야기를 다룬다. 주인공 황지성(현빈 분)은 도대체 사람들이 사기꾼에 걸려드는 이유를 모르겠다고 안타까워한다.

"이런 놈(사기꾼)한테 전 재산을 바쳐? 의심을 안 하나."

이에 아버지 황유석(정진영 분)은 몇 마디로 정곡을 찌른다.

"의심 겁나게 하지. 그러니까 걸려드는 거야. 의심은 해소해주면 확신이 되거든."

황유석의 해석에 의하면 누구나 그럴듯한 제안이 들어오면 의심을 한다. 거래에서 안전하지 않거나 위험한 일에 대해서도 몸을 사린다. 이는 동물적인 생존 본능에 더 가깝다. 하지만 그 의심을 제거해주면 갑자기 경계가 허물어진다는 것이다. 의심에서 안심으로 바뀌는 순간이다.

기획부동산에 걸려드는 것도 비슷한 과정을 거친다.

"자기 부모도 투자한 땅이라고 해서 그만⋯."

경기도의 개발 예정지에서 기획부동산 직원에게 걸려든 김순남(가명·62) 씨는 만나자마자 눈물을 글썽였다. 김 씨는 노후자금 2억 5,000만 원으로 기획부동산 직원이 권한 1,000㎡(약 330평) 밭을 덜컥 계약했다. 그 직원은 전철이 개통되면 땅값이 2년 이내에 3~5배 치솟을 테니 지금 잡아두라고 유혹했다. 김 씨는 처음에는 믿지 않았고, 속으로 되뇌었다. '나한테 바가지 씌우려고? 내가 걸려들 줄 알아?' 기획부동산 직원은 김 씨의 생각을 알고 있는 듯 "안 사도 좋으니 부담 없이 저녁 식사나 하러 나오시라"라고 했다.

김 씨는 망설이다 밥이나 얻어먹자는 생각에 길을 나섰다. 약속한 레스토랑에 가서 식사하면서 들어보니 전철 개통 계획은 사실이었다. 전철이 개통되면 땅값이 주변의 일반 주거 지역 수준으로 올라갈 것도 같았다. 기획부동산 직원은 나중에 언제든지 되팔아줄 테니 안심하고 계약하라고 했다. '지금 이 나이에 땅을 사서 뭘 해?'라는 생각으로 대답을 미루자, 기획부동산 직원은 "제 어머님 같아 절호의 투자 기회를 드리니 놓치지 마세요"라고 말했다.

그러고도 한동안 망설이자 기획부동산 직원은 최후의 카드를 꺼냈다. "6필지 중 2필지는 제 부모님이 투자하신 땅이에요. 부모님께 나쁜 땅을 드리는 불효자식 보셨습니까?" 또 다른 2필지는 땅을 잘 아는 대기업 건설회사 임원이 샀다고 귀띔했다. 다른 무엇보다도 자신의 부모가 샀다는 기획부동산 직원의 말은 화룡점정이 되었고, 결국 그는 넘어가고 말았다. 이성적인 설득보다 감성 공격에 인간의 의심은 눈 녹듯 사라졌다. 결국 2필지 매매 계약서에 도장을 찍었다.

하지만 잔금을 치르고 1년 뒤 그 직원에게 전화를 걸어봤지만 연락이 닿지 않았다. 나중에 알아보니 그가 산 땅은 주변 시세보다 3배 이상 비싸 일종의 바가지를 쓴 것이었다. 게다가 혼자서 개발이나 매각할 수도 없는 공동지분 등기 형태의 땅이었다. 그는 후회했지만 이미 엎질러진 물이었다.

이처럼 기획부동산은 부모나 전문가, 유명 인사를 내세워 땅을 파는 교묘한 '감성 마케팅'에 나서는 경우가 많다. 그 마케팅에 자신의 학창시절 은사를 동원하기도 한다. 사실 부모나 은사를 대상으로 땅 사기를 치지 않을 것이라는 상식의 허점을 파고드는 수법이다.

이런 상상을 해본다. 같은 상황이 주어졌을 때 나는 그 유혹에서 빠져나올 수 있을까? 걱정스러운 점은 생각보다 많은 사람이 너무나도 쉽게 '욕망의 그물'에 걸려든다는 것이다.

마지막 남은 로열층을 준다고 속삭이면…

"최종 마감분, 파격 할인 아파트 선착순 분양" 만약 당신이 미분양이 넘쳐나는 동네의 길거리에서 이런 플래카드를 봤다면 상당수가 '조직 분양' 광고일 가능성이 크다. '벌떼 분양'으로도 불리는 이 분양 수법은 벌떼처럼 100~300명의 외부 임시 마케팅 조직을 통해 아파트를 판다고 해서 붙여진 이름이다.

건설업체들은 처음에는 정상적으로 분양을 하지만 자금 사정이 안 좋아지거나 너무 많이 미분양이 쌓이면 이런 유혹에 빠진다. 미분양을 타개하는 데 이만한 효과가 있는 마케팅 수법이 없기 때문이다. 조직 분양의 성적이 좋은 것은 높은 분양 수수료가 절대적인 요인이다. 아파트를 판 조직원은 본부장 등에게 건네야 하는 운영 비용을 제외하고도 한 채를 팔면 적게는 수백만 원, 많게는 1,000만 원 이상을 번다. 아파트 한 채만 팔면 거의 한 달 월급을 받으니 '죽자사자' 영업에 나서는 것이다.

혹시 조직 분양을 하는 모델하우스에 가본 적이 있는가? 분양을 시작한 지 3~4개월 이상 지난 모델하우스에서 상담원들이 여기저기 진을 치고 있다면 조직 분양 현장일 가능성이 크다. 보통 분양 현장에선 모델하우스 개관, 청약, 계약까지 한 달 정도 걸리는데, 그 이후에는 필수 인력만 놔두고 철수해 한산하다. 그런데 조직 분양을 하는 곳에서는 정신이 없을 정도로 많은 사람으로 북적인다. 무차별적으로 전화를 돌리는 사람들, 온갖 호재로 포장된 개발 계획을 브리핑하는 직원들, 계약서를 바삐 쓰는 고객들…. 흥행을 위해 고용된 가짜 고객이 동원되는 것은 물론이다. 모델하우스 내 북적임 속의 긴박한 분위기는 '더 늦기 전에 계약하라'는 심리적 압박으로 다가온다.

조직 분양 현장에서 계약을 한 40대 여성은 자신이 귀신에 홀린 것 같았다고 했다. 그 여성은 "로열층은 이제 동났는데 겨우 구해 오늘 당신에게만 특별히 주는 것이라는 말에 덜컥 서명했다"라고 털어놨다. 분양 직원의 달콤한 말에 넘어간 것은 이 여성이 바로 심리적으로 '희소성 편향'에 빠졌기 때문이다.

우리는 '오늘만 한정 판매' '마감 임박' '마지막 찬스'라는 말에 쉽게 움직인다. 희소성에 마음의 평정을 잃는다. 그래서 지금 사지 않으면 더 이상 기회가 없을 것 같은 조급함에 쫓겨 결국 나중에 후회할 결정을 하고 만다.

작정하고 치는 사기에는 속수무책

'눈 뜨고 코 베이는 세상'이라는 말이 무색하게 요즘 부동산시장에서 사기는 갈수록 교묘하게 진화하는 것 같다. 최근 서울과 수도권 주택가에서 기승을 부린 사기를 보자. 공문서나 신분증을 정교하게 위조한 부동산 사기 유형이었다. 이는 사기 판별 기준을 조작하거나 검증할 방법이 없어 누구나 걸려들 수밖에 없다.

사기 순서는 이렇다. 먼저 가짜 부동산 중개업자와 사기꾼이 진짜 주인으로부터 주택을 월세로 빌린다. 사기꾼은 서류를 조작해 가짜 집주인으로 변신한다. 그다음 전세물건은 주변 시세보다 상당히 낮게 내놓는데, 자금력이 부족해 싼 매물을 찾는 젊은 층 세입자의 심리를 악용한 것이다. 세입자가 찾아오면 월세가 아닌 전세로 계약을 한 뒤 보증금을 받아 도주하는 식이다.

이 과정에서 건물 등기부등본, 중개업소 개설 등록증, 집주인의 주민등록증과 인감증명서 등 거래에 필요한 서류를 거의 완벽하게 위조한다. 게다가 가짜 집주인이 진짜 집주인인 것처럼 위장해 태연하게 테이블 맞은편에 앉아 있다면 어지간한 법률 전문가라도 걸려든다. 사실 사회에서 통용되는 믿음을 악용해 사기를 치는 경우 피하기 쉽지 않다.

그동안 대리계약을 하더라도 사기당하지 않는 최후의 체크 방법은 이런 것이었다. 즉 '등기부등본 소유자와 직접 통화를 한 뒤 그 소유자 명의의 은행 통장 계좌로 송금하면 안전하다'라는 것이다. 진짜 소유자에게 돈이 입금되었으니 나중에 문제가 되어도 찾을 수 있다는 이유에서다.

하지만 최근 가짜 신분증을 활용해 집주인 명의의 은행 통장을 만든 뒤 송금받은 돈을 가로채 달아나는 신종 수법이 등장하고 있다. 진짜 주인 몰래 은행 통장이 하나 더 만들어지는 셈이다. 이처럼 '마지막 보루'인 은행 통장까지 위조해 주인행세를 하면 속수무책으로 당할 수밖에 없다. 법률 지식이 많은 변호사나 금융 지식이 많은 경제학 박사라도 예외가 없다. 현재 우리나라 은행 창구에선 주민등록증 진위를 100% 판별하기 어려운 게 현실이다. 대한민국 신원 확인 시스템을 바꾸지 않는 한 사기 문제를 완벽히 해결하기 힘들다.

한국은 경제협력개발기구(OECD) 회원국 중 사기 범죄율 1위다. 사실 작정하고 상대방을 속이는 사기는 걸러내는 데 한계가 있다. 그래도 현실적인 방법은 사기당할 확률을 줄이는 것이다. 중개업자나 집주인이 생면부지인 내게 너무 친절하거나, 전셋값이 주변 시세보다 너무 싸다면 일단 의심하는 것이 좋다.

한 지역에서 오랫동안 신뢰를 쌓은 토박이 중개업소를 활용하는 것도 위험을 줄이는 방법이다. 지역사회의 평판 조회라는 필터링을 활용하라는 이야기다. 따라서 사기 피해자가 되지 않으려면 신뢰할 만한 중개업자를 통해 계약하되, 대리인은 피하고 진짜 집주인 얼굴을 보고 난 뒤 서명하는 것이 좋다.

'안심 마케팅'에 속지 말라

국민의 공분을 사고 있는 전세 사기는 인간의 안전 추구 심리를 파고든다. 전세 세입자들은 사실상 전 재산인 보증금을 빌라 집주인에게 맡기니 본능적으로 불안해했을 것이다. 빌라 매매가격이 아파트처럼 자주 거래되지 않아 시세를 알기 힘든 데다 전세가격과 차이도 크지 않아서다. 이때 세입자의 의심을 와해하기 위한 집주인과 중개업자의 심리적 공작이 들어간다.

"집주인이 재력가라 걱정 안 해도 된다." "한 번도 이 집에서 보증금 사고가 난 적이 없다."

중개업자는 주저하는 세입자를 꺾을 더 강한 무기를 동원한다. "전세보증금을 되돌려 받지 못하면 내가 대신 돌려주겠다. 이행보증 각서를 써주면 될 것 아니냐."

이런 확언에 법률적 지식이 약한 젊은 층은 쉽게 휘둘린다. 하지만 국가나 공공기관이라면 모를까, 개인이 써준 이행보증각서는 사고가 터지면 효력을 전혀 발휘하지 못한다. 그나마 재산이 있어야 민사소송이라도 해서 돈을 받아낼 수 있다. 중개업자와 일부 집주인이 짜고 친 '안심 마케팅' 앞에 의외로 많은 사람이 경계심을 허문다.

나는 교묘한 술수에 말려들지 않을 것이라고 장담하지 말라. 막상 당사자가 되면 분위기에 휩쓸려 사기극에 걸려들 가능성이 있다. 깡통전세의 안타까운 비극은 앞에서 언급했듯 남의 이야기를 들으면 일단 진실로 받아들이는 '진실 편향'이 일부 영향을 미치지 않았을까? 그러니 사기를 당하지 않기 위해서는 무조건적인 믿음보다 합리적 의심이 필요하다.

분양을 받을 때도 달콤한 '안심 마케팅'에 걸려들지 않도록 조심하라. 수익 보장 등 '안심'을 지나치게 강조하는 투자상품은 때로는 함정이 있을 수 있다. 막상 상품의 내용에는 도자기보다 쉽게 깨지기 쉬운 '위험'이 들어 있는 경우가 많을 수 있다는 이야기다.

얼굴이 험상궂은 사기꾼은 없더라

속임수를 써서 내 재물을 가져가는 사람들은 어떻게 생겼을까? 일반적으로 인상이 험악한 근육질 남자를 떠올리겠지만, 그동안의 관찰과 경험으로 볼 때 부끄러움을 많이 타는 소심한 남자들이었다. 의

외로 사기꾼은 '샤이 보이(shy boy)'다. 법 없이도 살 수 있을 것 같은 순박한 생김새가 많았다.

사기를 치는 사람 중에 얼굴에 칼자국이 있는 험상궂은 인상의 사람은 거의 없다. 이들은 근육을 동원해 남의 재물을 빼앗으면 되기에 굳이 속임수를 쓰지 않는다.

관상가들은 얼굴을 통해 사람을 알 수 있다고 하지만 일반인은 여간 어려운 일이 아니다. 악마는 천사의 얼굴로 다가오는 경우가 많기 때문이다. 사기에 당하지 않으려면 사슴처럼 순수한 눈망울로 나긋이 속삭이는 사람을 조심해야 한다. 그 달콤한 귓속말이 당신을 패가망신의 늪에 빠트린다. 일종의 위장술일 수 있으니 겉으로 매력적인 사람을 경계하라. '피상적 매력(superficial charm)'에 현혹되어선 안 된다. 사기는 달콤함이라는 외피를 쓰고 등장했다가 번개처럼 사라진다.

너무 자신감에 찬 표정으로 짧게 말하는 사람도 위험하다. '반드시' '결단코' '절대로' '분명히' '확실히' '단언컨대'라는 말을 자주 쓰는 사람은 조심하라. 지나치게 논리가 단순하면 사기에 가깝다. 마치 구세주인 양 부동산 대박 꿈을 실현해줄 것처럼 떠벌리는 사람 역시 피해야 한다.

나를 따르면 대박을 터뜨린다고 장담하는 카리스마형 인간은 또 다른 사기꾼 유형이다. 그럴 때는 영화 〈친구〉(2001)의 동수(장동건 분) 대사를 흉내 내서 "너나 사라, 그 부동산"이라고 말하라. 그렇게 좋은 부동산이면 다른 사람에게 팔지 않고 자신이 독차지할 것이다.

이 세상에 공짜로 대박의 기회를 안겨주는 착한 자선 사업가는 없다. 지금 계약하지 않으면 영원히 기회가 오지 않을 것처럼 결정을 재촉하는 사람도 사기꾼일 가능성이 크다.

마지막으로, 기획부동산이나 조직분양업자에게 걸려들더라도 그 자리에서 급하게 도장만은 찍지 마라. 딱 이틀만 지난 뒤 결정하라. 가만히 있는 부동산은 도망가지 않는다. 그 정도 시간이 지나면 당신의 마음도 '뜨거운 감성' 시스템보다 '차가운 이성' 시스템이 작동될 것이다.

그래서 합리적 의심을 너무 빨리 풀지 말라고 말하고 싶다. 의심하고 또 의심하라. 그 의심이 완전히 해소될 때까지 결정을 서두르지 말라. 적어도 하루 이틀만이라도 계약을 더 늦춰 제삼자의 관점에서 다시 의심하라. 덜컥 계약하지 말고 주위 사람들에게 물어보고 천천히 판단하라는 이야기다.

주변에 의심을 검증해줄 사람이 없다고? 요즘 사회문제화되고 있는 깡통전세의 경우 공공기관에서 운영하는 '깡통전세 피해 예방 상담센터'만 활용해도 큰 실수를 막을 수 있다.

어쩌다 찾아온
행운에 속지 마라

MZ세대의 투자 방식은 너무 모험적이다. 주식이나 부동산, 코인 투자의
시작 시점이 상승기였다 보니 이런 투자 방식이 자리 잡은 게 아닌가 싶다.
초심자의 행운이라는 마법에 걸리기 딱 좋다.

◆

운은 두 얼굴이다. 세상의 모든 일을 운이라고 생각하면 운명에 무력한 체념주의자가 되기 쉽다. 오히려 운명에 맞서 자신의 노력으로 성공을 일구려는 굳건한 의지는 미덕이 된다. 반대로 운을 무시할 때에는 큰 낭패를 당한다.

옛 속담에 "서푼짜리 장사도 운이 좋아야 해 먹는다"라고 했다. 그렇지만 많은 사람은 자신의 잔재주를 과신하고 운을 과소평가하려는 경향이 있다. 사람들은 한두 번 작은 성공을 거두면 공을 자신의 실력으로 돌리면서 쉽게 자만에 빠진다. 하지만 운이 뒷받침되지 않고서는 연속해서 성공을 이룰 수 없다.

우리는 어처구니없는 단 한 번의 실수로 모든 것을 잃는다. 운이란 일어날 수 있는 모든 우연성의 집합체다. 모든 발생 가능성을 겸허히 받아들이는 것, 섣불리 예측하지 않는 것은 변동성이 강한 불확실한 시대에 생존을 위한 필수조건이다.

요즘은 복칠운삼이라는데…

"역시 부동산뿐이라니까요." 부동산 투자로 재미를 봤지만, 주식형 ETF 투자에서는 쓴맛을 본 직장인 황수명(가명·49) 씨는 부동산 예찬론자다. 황 씨가 자신이 사는 서울 아파트 외에 수도권 재건축·재개발 구역 소형 빌라 등 총 3채에 투자해 얻은 잠재 수익은 10억 원이다. 그나마 집값이 하락해서 그 정도 수익이다. 2년 전에는 잠재 수익이 13억 원에 달했다. 하지만 ETF에 투자했더니 1억 3,000만 원 손실을 봤다.

그래서 황 씨는 개인적인 경험을 바탕으로 '부동산은 좋은 투자처이고, 금융상품은 위험한 투자 수단'이라는 인식을 하고 있다. 황 씨는 투자의 시기를 고려하지 않은 채 주관적 경험을 지나치게 확대해석하는 실수를 하는 것이다.

황 씨가 부동산을 산 시점은 2014~2017년이다. 사실 당시 수도권 아파트는 폭풍 상승하고 있었기에 어느 부동산을 샀든 모두 큰돈을 벌었다. 황 씨가 돈을 번 것은 마침 시기를 잘 선택했기 때문이다. 말하자면 대세 흐름을 잘 타서다. 아니, 당시 그만큼 아파트를 살 돈을 보유하고 있었기에 성공을 했을지 모른다. 많은 사람이 아파트를 사고 싶어도 돈이 없어 꿈도 못 꿨다. 무슨 일이나 기회를 잘 만나고 조건이 좋아야 잘되는 법이다.

그러던 그가 2021년 주식 열풍에 휩쓸려 주식형 ETF에 투자했지만, 고금리 태풍이 불자 큰 손해를 봤다. 그가 주식형 ETF로 손실을 본 것은 전문가급 실력을 갖추지 못해서가 아니다. 결국 그가 손실을 본 것은 너무 고점에서 매입한 게 가장 큰 이유다. 비전문가인 황 씨가 주가의 적정성 여부를 판단하기는 어렵다.

주가가 거품이었다는 것은 지나고 나서야 알 수 있는 법이다. 결과적으로 황 씨가 부동산과 주식형 ETF에서 엇갈린 성적을 낸 것은 실력이라기보다는 때를 잘 만났다는 것, 말하자면 운의 결과에 가깝다. 사실 현재의 부동산이나 주식이 미래에 어떻게 움직일지 정확히 아는 사람은 없다. 빈 깡통이 요란한 것처럼 자신만 안다고 떠벌리는 것은 그만큼 모른다는 반증이다.

많은 사람이 실력과 운을 구분하지 못한다. 잔재주를 통해 한두 번은 성공할 수 있지만 큰 성공은 운이 좌우한다. 하늘이 도와야 한다. 그래서 옛 성현들은 '운칠기삼'을 이야기했다. 100%의 성과물에서 운이 70%를 차지하고 기술(재주)이 30% 차지한다는 말이다. 요즘은 한발 더 나아가 '복칠운삼(福七運三)', 즉 복이 70%, 운이 30%라는 말도 나온다. 거칠게 말해 100%가 운의 결과물이라는 것이다. 우스갯소리로 들릴 수 있겠지만 복칠운삼은 자그마한 자기 실력에 취해 오만에 빠지지 말라는 경고이리라.

"딴 날은 있어도 딴 놈은 없더라"

독일의 유명한 투자전략가 롤프 도벨리는 "초심자의 행운을 경계하라"라고 주문한다. 첫 도박에서 수익을 올린 사람들은 자신이 비범한 능력과 행운을 갖고 있다고 맹신한다. 그래서 점차 판돈을 키우고 결국 패가망신의 길로 접어든다. 도벨리에 따르면 나폴레옹도 초기 전투에서 몇 차례 승리하지 않았다면 그를 결정적인 파멸로 몰고 간 러시아 원정을 감행하지 않았을 것이다.[55] 한두 차례의 성공이 자기과신과 오만을 낳고 그것이 곧 몰락을 자초하는 원인이 된다는 이야기다.

"딴 날은 있어도 딴 놈은 없더라." 한 도박꾼의 이야기다. 운이 좋아 한두 번 돈을 딸 수는 있을 것이다. 하지만 장기적으로는 결국 대부분 털린다. 흥미로운 것은 처음 도박을 할 땐 돈을 따는 경우가 많다는 것이다. 이러다 보니 자신이 대단한 실력이 있는 것처럼, 대단한 운을 타고난 것처럼 착각한다. 이른바 '초심자의 행운'에 빠지는 것이다.

최근 주식 투자에 실패했던 30대 이진경(가명) 씨는 이런 말을 했다. "처음 30만 원, 두 번째 40만 원, 세 번째는 150만 원 땄지만 투자를 늘린 끝에 1,200만 원 손해 봤어요." 초기에 성공하자 판돈을 자꾸 키우게 되었고, 그러다 보니 결국은 참패를 당한 것이다. 잠시 성공에 취해 위험을 고려하지 않은 초심자 행운의 오류에 빠진 결과다.

특히 요즘 MZ세대는 투자 방식이 너무 모험적이다. MZ세대의 주식이나 부동산, 코인 투자는 그 시작 시점이 상승기였다 보니 이런 투자 방식이 자리 잡은 게 아닌가 싶다. 초심자의 행운이라는 마법에 걸리기 딱 좋았다. 물론 단박에 돈을 불려 기성세대를 뛰어넘겠다는 조급증도 한몫했다.

'모 아니면 도'식의 투자는 장기적으로 승자가 될 수 없다. 그것은 투자보다는 도박에 더 가깝다. 투자 방식에 대한 각성이 있어야 하지 않을까 싶다. 어느 투자전문가의 말이 생각난다. "투자는 계속 시도하라. 그러나 도박은 하지 마라."

어처구니없는 실수로 무너진다

가끔 마라톤 선수가 달리는 도중에 넘어지는 경우를 본다. 과연 다른 선수가 다리를 걸어서 넘어지는 걸까, 아니면 제 발에 걸려 넘어지는 걸까? 개인적인 생각으로는 후자가 더 많을 것 같다.

정치인, 연예인 같은 유명 인사들이 하루아침에 추락하는 보도가 잇따른다. 다른 사람들이 유명 인사의 비리를 폭로하기보다는 자기 관리를 제대로 하지 못해 스스로 무너지는 경우가 더 많다. 도박이나 대마초에 한 번 손을 댔다가 재기 불능 상태가 되는 것은 비근한 예다. 이처럼 우리는 다른 사람이 아닌 우리 자신이 저지른 어처구니없는 실수로 순식간에 무너진다.

주식을 거래할 때 주문 가격과 거래량을 잘못 입력해 손실을 보는 경우도 부지기수다. 온라인으로 주식을 거래하는 25년 주식 베테랑 김순환(가명·54) 씨는 황당했던 과거 경험담을 털어놓았다. "사려는 회사의 주가가 갑자기 올라가는 거예요. 깜짝 놀랐죠. 무슨 일인가 알아보니 제가 주문 가격과 거래량을 뒤바꿔 입력한 겁니다." 그날은 10,000주를 9,500원에 매수 주문을 내야 하는데, 9,500주를 10,000원에 사는 것으로 잘못 입력했다. 이 바람에 주가가 잠시 껑충 뛰었으나 곧 내렸다. 결국 그는 주식 평가손실을 봤다. 그는 주식을 오래 거래하다 보면 주문 단가뿐만 아니라 매도를 매수로 잘못 주문해 손실을 보는 경우도 많다고 말했다.

법원 경매에서도 웃지 못할 일들이 수시로 일어난다. 입찰가에 '0'을 하나 더 붙이거나 평과 제곱미터(m²)를 혼동해 잘못 기재하는 것이다. 이런 실수로 재매각되는 경매 건수가 전체의 5~6%에 달한다.[56] 이런 실수를 하는 사람들은 초보자만이 아니다. 한 경매 전문가는 "경매 입찰이 빈번할 경우 어처구니없는 실수를 하기 마련"이라며 "경매 베테랑들도 간단한 숫자 입력 실수로 손실을 보는 경우가 있다"라고 말했다.

주식이든 부동산이든 재산을 크게 잃는 경우는 일상적인 평범한 상황에서는 드물다. 평소에 잔재주로 약간 벌었다가 어처구니없는 일이나 극단적인 상황이 닥쳤을 때 모든 것을 잃어버린다. 바로 '두꺼운 꼬리(fat tail)' 위험이다. 충분한 위험 통제 범위인 종 모양의 정규분포곡선에서 벗어나 이례적이고 극단적인 일(두꺼운 꼬리)이 너무 자주 발생한다는 뜻이다.

가령 한국인 성인 남자의 평균 키는 172.5cm(2020~2021년 기준)인데, 주변에서 작은 사람이라고 해봐야 120cm 미만은 거의 없을 것이고, 큰 사람이라고 해도 210cm를 넘지 않을 것이다. 종 모양의 정규분포에서 벗어나지 않는다. 이렇듯 일상적인 삶에서 이례적이고 극단적인 일은 자주 일어나지 않는다(가는 꼬리). 하지만 자산시장에서는 투기적 금융이 넘쳐나면서 정규분포를 벗어나는 극단적인 일이 불규칙적으로 생긴다.

두꺼운 꼬리의 출현은 마치 키 210cm의 성인 남자들이 길거리에 쏟아져 나온 장면으로 비유할 수 있을 것이다. 고니(오릿과의 물새)는 모두 흰색인 백조라고 생각했던 유럽 사람들이 호주에서 전혀 상상하지 못했던 '검은 백조'를 발견하고 놀란 것처럼 말이다.

외환위기나 글로벌 금융위기, 미국발 고금리 쇼크처럼 예기치 못한 우연적 사건이 우리의 생사를 가르는 경우가 많다. 앞으로의 부동산시장은 금융 상품화와 투자 자산화 현상에 빠른 정보의 유통 속도가 겹치면서 극단 값이 언제든지 나타날 수 있다. 극단 값은 우연의 모습으로 나타난다. 그러니 미래를 함부로 예측하지 말고, 함부로 전망하지 말라.

예측이나 전망대로 세상이 움직이지 않는다. 전문가의 전망에 관심은 갖되 그 전망에 목숨을 걸지 말라. 전망은 그냥 봄날 옷깃에 스치는 바람처럼 지나가는 것이다. 전망보다 우연적 사건이 터졌을 때 어떻게 대응할 것인지를 고민하라. 무엇보다 우연의 가치를 높게 새겨라.

소유하는 순간,
내 마음도 그곳으로 향한다

아파트를 사용가치보다는 교환가치 대상으로 받아들이는 사람들이 많다.
교환가치를 추구하는 부동산에서는 소유 효과가 잘 생기지 않는다.
자본 이득을 염두에 둔 갭투자라면 더욱 그럴 것이다.

◆

　"일단 한번 써보시죠. 그런 뒤 물건을 사시든 안 사시든 그것은 당
신의 자유입니다." 오래전 페르시아의 카펫 상인이 자주 활용했던 마
케팅 수법이다. 일정 기간 카펫을 무료로 빌려주는, 당시로서는 파격
적인 마케팅을 펼치자 카펫을 거들떠보지도 않았던 사람들의 마음이
움직였다. 상인의 마케팅 수법은 고단수였다. 상인은 경험을 통해 잠
재 고객들이 카펫을 집으로 가져가 바닥에 깔기만 하면 쉽게 물건이
팔린다는 사실을 알아차렸다. 카펫은 한번 깔면 걷어내 반납하는 일
이 여간 번잡하고 힘든 게 아니어서 '현상 유지 편향'이 발동한다는
점을 겨냥한 것이다. 그뿐만 아니라 고객들이 카펫에 친숙해지면 애
착 감정을 갖게 된다는 점까지 상인은 알고 있었다.[57]

페르시아 카펫 상인의 이야기가 아니더라도 값싼 머그잔을 통해 실험한 결과로도 이런 소유 효과는 입증된다. 5달러짜리 머그잔을 나눠주고, 시간이 흐른 뒤 "얼마면 되팔겠느냐?"라고 질문을 던졌을 때 피실험자가 제시한 호가는 평균 9달러였다. 9달러에서 5달러를 뺀 나머지 4달러는 피실험자가 물건을 소유하면서 느끼게 된 '정서적 가치(emotional value)'로 볼 수 있다.[58]

일반적으로 인간은 변화를 꺼린다. 한 번 선택한 것을 쉽게 바꾸지 않으려는 것은 변화에 대한 두려움의 반증이다. 내 것은 소중하고, 내가 가진 것을 객관적으로 평가하기보다 더 많은 가치를 부여하려고 하는 것, 이러한 현상을 행동경제학에서는 '소유 효과'라고 말한다.[59]

일단 내 수중에 들어오면 그것이 값비싼 물건이 아니더라도 애착이 생긴다. 내 손 안의 작은 새 한 마리가 숲속의 수십 마리 새보다 값어치 있다. 특히 단순하게 소유하고 있는 것이 아니라 내가 땀 흘려 가꾼 것이라면 시장 가격 이상의 가치를 지닌다. 바로 인간의 소유 감정이라는 별도의 가치가 부여되기 때문이다.

이러한 인간의 감정을 활용한 판매 마케팅은 주위에서 흔하게 볼 수 있다. 체험 마케팅이라는 이름으로 화장품, 정수기, 카펫, 자동차, 심지어 부동산 분야에까지 다양하게 활용된다. 그러나 페르시아 카펫처럼 때로는 물건을 팔기 위한 교묘한 상술일 수 있으니 조심하는 것이 좋다.

시장 가격보다 비싼 정서적 가치

....

"이 집을 사고 싶습니다. 2,500만 원 드릴게요. 아래층 집은 2,000만 원에 나왔더군요. 이사 한 번 하시면 500만 원 버시는 겁니다."

제5공화국 초기인 1981년 부림사건을 다룬 영화 〈변호인〉(2013)에서 주인공 송우석(송강호 분) 변호사는 파인애플을 들고 찾아간 아파트 주인에게 대뜸 웃돈을 줄 테니 집을 팔 것을 종용한다. 그에게 무슨 일이 생긴 걸까?

'빽 없고, 돈 없고, 가방끈도 짧았던' 그는 사법고시에 합격한 뒤 부동산 등기와 세무 업무에 수완을 발휘해 승승장구한다. 어느 정도 돈을 벌자 언젠가는 꼭 사겠다고 마음먹었던 '그 아파트'를 사러 간다. 그러나 송 변호사가 사려는 아파트 1003호는 주인이 팔 계획이 없다. 그는 중개업소에 매물로 나와 있는 803호보다 500만 원(25%) 비싸게 가격을 넉넉히 쳐줄 테니 팔고 이사하는 게 경제적으로 이득이지 않겠느냐고 주인을 설득한다.

송 변호사에 따르면 1003호 아파트는 앞이 탁 트여 있어 바다가 잘 보이고 정남향이라 햇볕도 잘 들어올 뿐만 아니라 골조도 튼튼해서 야무지게 잘 지었다. 1003호는 803호보다 바다 조망에 다소 유리할 수 있겠으나 일반 매매시장에서 그 정도의 가격 차가 벌어지지는 않는다.

송 변호사가 1003호의 가치를 시장 가격보다 높게 책정하는 것은 남다른 사연이 있어서다. 젊은 날 사법고시 공부를 계속하고 싶었지만, 돈이 없어 잠시 막노동을 해야 했던 곳이 바로 1003호였다. 그는 아들 건우가 태어난 날 이 아파트의 시멘트벽에 "절대 포기하지 말자"라는 글귀를 새긴다. 어떤 일이 있더라도 인생의 목표를 포기하지 않겠다는 절박함의 표현이다. 이 글귀는 그가 준비하던 사법고시 책에도 적혀 있다. 시간이 흘러 그토록 원하던 1003호 아파트에 입주하던 날 그는 자식들에게 감회 어린 표정으로 이런 말을 한다. "이 아파트는 건우랑 연우(딸)랑 살려고 아빠가 벽돌을 한 장 한 장 올려 지은 집이란다."

1003호 아파트는 그에게 시장에서 사고파는 아파트를 넘어 특별한 존재 가치, 즉 젊은 날의 고난과 극복의 상징이었다. 송 변호사가 선뜻 시장 가격보다 25% 비싸게 1003호 가격을 제시했지만, 이런 프리미엄 지불 행위는 이례적인 경우다. 그래서 1003호 주인은 횡재를 만난 듯 송 변호사의 제의를 받아들인다.

1003호 주인에게 그 아파트는 특별한 애착 없이 사는 평범한 공간에 불과하다. 하지만 같은 아파트라도 송 변호사에게는 다른 존재다. 송 변호사가 집주인에게 지불한 추가 500만 원은 정서적 가치에 해당한다. 자신만의 경험과 애착이 포함된 정서적 가치는 시장 가격보다 비쌀 것이다. 즉 송 변호사 자신이 직접 땀을 흘리고 고생해서 지은 집에 대한 특별한 애착, 이것이 바로 웃돈으로 지불한 정서 자본이다.

내가 지은 빌딩에 애착이 가는 이유

"소프트웨어 업계에서는 알아주는 건실한 업체더군요. CEO가 젊 긴 하지만 듬직하고 나름대로 감각도 있고요. 아마도 잘 보살필 겁니 다." 여성 CEO 김경자(가명·65) 씨의 말에서 마치 옛날 보릿고개 시 절, 찢어지게 가난하던 집안 사정으로 부잣집에 양자를 보내는 어머 니의 마음이 느껴진다. 어쩔 수 없이 아들을 양자로 떠나보내지만, 부잣집에서 부디 잘 먹고 잘 자라주길 바라는 가난한 부모의 안쓰러 움 말이다.

이쯤 읽고 당신은 얼핏 무슨 애써 키운 애견을 남에게 보내는 사람 이야기인가 생각했을 것이다. 단번에 이해가 되지 않겠지만, 수백억 대 건물을 판 빌딩 주인의 이야기다. 비싼 값을 쳐주는 사람에게 팔 기만 하면 되는 것 아닌가? 콘크리트와 철근 같은 무생물로 지어진 빌딩에 무슨 감정이입이란 말인가?

사정을 알고 보니 그럴 만한 이유가 있었다. 빌딩이 들어선 땅은 선 친이 물려준 유산이었다. 김 씨는 이곳에 15층짜리 빌딩을 짓는 데 지 난 3년 동안 혼을 쏟아부었다. 기념비적인 빌딩을 짓고 싶은 마음에 유명 건축가를 찾기도 했고, 외국에도 수차례 빌딩 견학을 다녀왔다. 물결 모양의 독특한 외관이나 편의성 중심의 내부 마감재는 그의 아 이디어가 많이 반영된 것이다.

그런데 빌딩을 팔아야 하는 돌발변수가 생겼다. 사업을 확장하기 위해 공장 용지를 매입하려니 자금이 모자라서다. 직접 지은 거나 다름없는 빌딩이라 너무 아까웠지만, 고민 끝에 빌딩을 팔기로 했다. 빌딩을 내놓자 사겠다는 사람들이 생각보다 많았다. 교통이 편리한 대로변에 있는 데다 편의시설이 잘 갖춰진 최신 건물이었기 때문이었다.

소프트웨어 업체의 젊은 CEO가 제시한 빌딩 가격은 다른 업체보다 1억 원 낮았지만, 그에게 팔기로 했다. 다른 투자자는 대부분 임대 이익을 얻기 위한 목적으로 매입하려고 했지만, 이 젊은 CEO는 건물을 직접 사용하기 위한 목적으로 산다고 했다. 그는 "주위의 만류도 있었지만 젊은 CEO가 건물을 내 집처럼 잘 관리해나갈 것 같았다"라고 말했다. 빌딩 주인은 시멘트 덩어리에 불과한 건물에 가진 애착 감정이 남달랐다.

이는 소유 효과의 또 다른 표현인 '이케아 효과'로 쉽게 설명이 된다. 이케아는 스웨덴의 세계 최대 가구업체로 국내에도 진출해 있다. 이케아 효과는 반조립 형태로 미리 만든 후에 현장에서 조립하는 방식의 가구를 파는 이케아의 특성을 본따 지은 것이다. 자신이 직접 조립하는 노동을 하면 자부심도 생기고, 결과물에 대한 애정이 듬뿍 들어간다는 것이다.[60]

예컨대 당신이 멋진 반조립 형태로 집으로 배달된 50만 원짜리 책상을 조립하는 데 1시간이 걸렸다고 하자. 일하다 보면 자신도 모르게 탁자에 애착이 생긴다. 같은 품질의 기성품 책상의 값도 50만 원이다. 만약 다른 사람으로부터 당신이 만든 책상과 기성품 책상을 교환하자는 제의를 받으면 "어떻게 만든 책상인데" 하고 거절할 가능성이 크다. 당신이 만든 책상을 되팔라는 또 다른 제의를 받았을 때도 50만 원을 더 달라고 할 가능성이 있다. 하지만 완성되어 배달되는 기성품 책상에 대해서는 이렇다 할 감정을 느끼지 못한다.

집을 꾸미다 보니 '집 사랑꾼'

"호텔같이 꾸민 집, 어디 한번 구경해볼까?" 한 유명 연예인의 집 꾸미기를 화보로 다룬 한 월간 여성지 기사 제목이다. 여성 잡지는 물론 TV에는 연예인 집 실내장식이 빠짐없이 나온다. 연예인들은 집을 유난히 사랑한다. 그들에게 집은 단순히 잠자는 공간이 아니라, 자신을 드러내는 또 하나의 신분재다. 연예인들은 동네보다는 집 안 내부 공간을 드러내면서 자기 자신을 알린다. 집 밖보다는 집 안에 신경을 많이 쓴다.

방송을 자주 본 사람들은 알겠지만, 연예인들은 "도곡동 타워팰리스에 산다"라는 식으로 자신들이 거주하는 구체적인 동네와 아파트의 이름을 알리지 않는다. 위화감을 조성할 수 있기 때문이다. 오히려 카메라는 집 안 거실의 커튼 색깔부터 욕조, 서재, 침대까지 내부 곳곳을 비춘다. 연예인들이 어디에 사는지보다 어떻게 꾸미고 사는지가 초점이다. 이는 연예인들이 사는 공간의 속살을 보고 싶어 하는 대중들의 '엿보기 심리'를 만족시키려는 것이다.

인테리어는 시청자가 사는 곳이 부촌이든 서민촌이든 관계없이 누구나 따라 할 수 있는 욕망의 대상이다. 연예인처럼 집을 꾸밀 수 있는 여건이 되지는 않더라도 스위트 홈을 꿈꾸는 것만으로 잠시 행복을 맛본다. 연예인은 자신이 사는 집 안 곳곳이 카메라에 자주 찍힌다면, 특별히 신경을 쓸 수밖에 없을 것이다. 콘크리트 집을 스위트 홈으로 가꾸려면 시간과 돈이 많이 든다. 그래서 땀 흘려 가꾼 집은 애써 키운 자식처럼 애정이 듬뿍 간다.

이는 집을 '올수리' 하면 시장에 내다 팔기 싫은 것과 유사하다. 집을 수리하면서 겪은 온갖 고생이 떠올라 아깝기도 하지만 집 내부의 콘크리트에 마음을 줬기 때문일 수 있다. 자신의 소유물 가치를 높이 평가하는 '소유 효과'가 크게 나타난다. 소유 효과는 집이라는 공간을 사랑한 마음의 가치를 드러낸 것이다. 연예인들이 '집 사랑꾼'이 되는 것은 이런 이유에서다. 흥미로운 것은 소유 효과는 투입한 시간과 비용에 비례해서 커진다는 점이다. 그래서 집을 직접 짓거나 꾸민 연예인을 만나면 집에 관한 이야기는 단골 화젯거리가 된다.

또한 연예인에게 집의 소유 효과가 강하게 나타나는 데는 직업의 특수성도 한 요인이 된다. 연예인들은 밖에서는 사생활이 쉽게 노출되므로 집 안에 머무는 시간이 많아서 집에 많이 투자한다. 일부 연예인은 집 안에 오락 기구, 헬스 기구, 농구장, 칵테일 바 등 다양한 놀거리와 쉼터를 만들어놓는다. 집은 대중들로부터 독립된 유일한 안식처이자 사생활 공간이다. 대중의 시선을 겁내지 않는다면 연예인들이 집에 그토록 투자하지 않을 것이고, 집에 대한 애정도 크지 않을지도 모른다.

재건축 아파트는 부동산의 '상품 쿠폰'

일반적으로 단독주택보다는 아파트에 정서적 가치인 소유 효과가 덜 나타난다. 단독주택은 입주하면 정원을 가꾸거나 칠하기 같은 간단한 집수리는 집주인이 직접 한다. 그만큼 주택과 '동고동락'하는 시간이 길어 소유 효과가 생긴다. 그래서 오래 산 단독주택을 팔고 떠날 때는 정든 사람과 이별하듯 눈물을 글썽인다. 하지만 아파트를 팔고 떠날 때는 별다른 감정이 없다. 설사 눈물을 흘린다고 하더라도 그 이유가 아파트에 있기보다는 이웃과 정이 들어서일 것이다. 아파트는 정서적 교감을 나누는 곳이기보다는 잠자는 공간에 불과했기 때문이다. 아파트는 입주 후에 전등 같은 간단한 소모품을 가는 게 전부고, 가격이 오르면 팔고 나오는 콘크리트에 불과하다.

대체로 아파트에 사는 사람들은 단독주택 거주자보다 이사를 자주 한다. 상대적으로 아파트는 단독주택보다 사용가치보다는 교환가치 대상으로 받아들인다는 것이다. 교환가치를 추구하는 부동산에서는 소유 효과가 잘 생기지 않는다. 특히 자본 이득을 예상하고 투자하는 재건축 아파트는 더욱 그런 경향이 강할 것이다.

실제 실험 결과, 재산 이용 없이 재판매하거나 현금으로 교환할 목적일 때 소유 효과가 없는 것으로 나타났다. 토큰이나 교환권, 상품 쿠폰과 같이 금세 다른 것과 바꾸려는 목적이 강한 것에는 소유 감정이 생기지 않는다.[61] 시세 차익을 대상으로 재건축 아파트를 산다면 그 아파트는 다른 일반 주택보다 상품 쿠폰에 더 가까울 것이다.

소유 효과를 노린 "일단 살아보세요"

한때 주택건설 업계에서 활용한 '애프터 리빙 제도'는 일종의 소유 효과를 활용한 마케팅이다. 애프터 리빙은 일단 2~3년간 전세처럼 살면서 충분히 가치를 평가한 뒤 분양을 받을 것인지 말 것인지 선택하는 제도다. 거주자에게 일종의 '옵션'을 제공하는 셈이다. 그러나 주택건설사들의 속내는 아파트에 들어가 살게 되면 정 붙일 이웃도 생기고, 콘크리트에도 애착을 느껴 분양을 받을 것이라는 계산이다.

우리는 한번 무언가에 친숙해지거나 익숙해지면 이별하기가 쉽지 않다. 여기에 2~3년이 지나면 시장 여건이 개선될 것이라는 희망도 이 제도를 받아들이는 데 한몫했다.

하지만 이러한 기발한 아이디어는 그다지 성공하지 못했다. 부동산 현장에서 소유 효과 마케팅의 대상이 정상적인 물건이 아니라 악성 미분양 물건이기 때문이다. 말하자면 '애물단지'를 처리하기 위한 묘책으로 이용한 것이니 소유 효과가 나타날 리가 없다. 실제로 주택건설업체들이 애프터 리빙으로 고객을 모집했으나 2~3년이 지나서 다시 가격을 낮춰 재분양하는 수모를 당했다. 건설업체들의 애초 기대와는 달리 상당수 고객이 분양받기를 포기한 것이다. 아파트에 정이 드는 것과 분양을 받는 것은 전혀 다른 문제일 수 있기 때문이다.

모델하우스는 철저히 계산된 심리전의 무대다

모델하우스의 심리전은 평범한 우리가 상상하거나 눈치채지 못할 정도로
은밀하게 진행된다. 널찍한 확장형 발코니나 유난히 밝은 곳곳에
설치된 장식용 거울은 역시 실내를 넓게 보이기 위한 목적이다.

◆

"그곳(모델하우스)은 축제의 날처럼 붐볐다. 흠잡을 데 없이 꾸며
진 3개의 방. 베란다의 실내 정원에는 물을 뿜는 작은 분수까지 있었
다. 식기세척기와 세탁기가 장착된 환한 부엌을 보면서 나는 들떠 있
었다. 저처럼 예쁜 공간에서 차를 마시면 남편과 나의 세계도 그렇게
환해질 것 같았다. 어쩌면 우리는 예쁜 아이를 낳을 수도 있으리라.
내 표정을 읽은 남자가 명함을 건네며 친절하게 말했다. 로열층이 많
이 나와 있습니다. 저희 사무실로 가시죠."[62]

서하진의 단편소설 「모델하우스」는 우리가 모델하우스를 찾았을
때 느끼는 감정을 세밀하게 묘사한다. 우리는 모델하우스에서 내 삶
이 뭔가 달라질 것 같은 욕망을 꿈꾼다. 나도 이 아파트를 사면 일상

의 비루하고 던적스러운 삶에서 벗어나 남들처럼 화려한 삶을 만들어갈 수 있을 것 같다.

모델하우스는 길어야 6개월짜리 임시 가설물이지만, 인간의 꿈과 건설사가 만든 이미지를 맞교환하는 전시장이다. 건설업체들은 한 번 쓰고 버릴 모델하우스를 세우기 위해 수십억 원의 자금을 투입한다. 그런 모델하우스에서 뿜어져 나오는 은은한 조명의 주방, 안락한 거실에서 우리는 평소 꿈꾸던 '스위트 홈'이 금세 눈앞으로 다가올 것 같은 환상에 빠진다. 한동안 모델하우스를 따라 집을 꾸미는 주부들이 생겨났을 정도로 모델하우스는 인테리어의 벤치마킹 대상이었다.

문화평론가 정윤수는 "모델하우스는 꿈을 만져보는 일종의 화려한 연극 무대"라고 했다. 예컨대 우리는 가공의 거실을 걸어보고 간혹 물이 나오지 않을 것을 뻔히 알면서도 싱크대 수도꼭지를 돌려본다. 모델하우스에서 하나의 연극적인 행위가 벌어지는 것이다.[63]

인테리어 업체들이 영업하기 위해 만들어놓은 '구경하는 집'이 아기자기한 소극장이라면, 모델하우스는 대형 연극 무대로 비유된다. 그런 모델하우스에서 연극적인 행위를 하다 보면 나도 모르게 그 아파트에 사는 당당한 주인공이 되어 새로운 삶을 꿈꾸게 된다. 그러나 모델하우스의 내부는 작은 실내화부터 조명, 침대, 가구 등 인테리어가 모두 '분양 마케팅'이라는 상업적 목적으로 만들어진다. 모델하우스에는 소비자를 유인하는 욕망의 이미지가 곳곳에 스며 있다. 무심코 지나칠 공간에도 건설업체들의 고도 심리전에 걸려들 수 있는 함정이 있는 셈이다.

당신의 욕망을 유혹하는 곳

우리나라에서 모델하우스(견본주택)의 역사는 아파트 개발의 역사와 맞물려 있다. 아파트 모델하우스의 기원은 국내 최초 중산층 아파트인 서울 용산구 동부이촌동 한강맨션 아파트다. 강변북로에서 일산 쪽으로 차를 몰고 가다 보면 동작대교를 지나 눈에 띄는 5층짜리 낡은 아파트가 바로 한강맨션이다. 1968년 10월부터 1970년 9월까지 지은 이 아파트는 중대형 중심(88~188m² 5개 평형)의 717가구로 구성되어 있다. 이전에 지어진 마포아파트(현 도화동 삼성아파트)처럼 임대아파트가 아니라 어느 정도 재산을 가진 사람들을 위한 분양 아파트다. 이미 많이 알려졌듯 한강맨션 1호 계약자는 탤런트 강부자 씨다.

지금도 그렇지만 우리나라에서는 아직 완공되지 않은 아파트를 2~3년 앞당겨 파는 입도선매식 분양을 한다. '선 분양 후 입주' 방식을 택하는 우리나라에서 모델하우스를 짓는 것은 어찌 보면 자연스러웠을 것이다. 당시 대한주택공사는 한강맨션 모델하우스를 짓는 데 200만 원을 들였고 광고비로 800만 원을 지출했다.[64]

그 모델하우스는 지금과 같은 호화판이 아니라 분양 현황판, 지역 안내도, 모형 등을 보여주는 정도에 그쳤다.[65] 하지만 그 이후 아파트가 인기를 끌면서 지금과 같은 형태의 실물 모델하우스 건립은 필수가 되었다. 아파트 내부의 마감재와 평면을 똑같이 꾸며놓는 유니트(공간)가 그것이다.

모델하우스가 호화로워진 것은 1999년 분양가 자율화 시대 이후

였다. 분양가가 통제받던 시절에는 지어놓기만 하면 팔렸으므로 모델하우스를 화려하게 장식할 필요가 없었다. 하지만 지금의 모델하우스는 단순한 견본주택을 넘어 고급 인테리어와 마감재를 사용하면서 '꿈의 오아시스'가 되었다.

모델하우스 밖에 걸려 있는 플래카드에는 유명 연예인이 "당신도 아파트를 분양받으면 행복해진다"라며 웃으면서 유혹한다. 우리는 그 연예인이 이 아파트에 살지 않을 것이라는 사실을 안다. 그래도 그 연예인이 광고하는 아파트를 분양받으면 상류 사회에 진입한 것 같은 착각에 빠진다.

모델하우스는 단순히 집을 사려는 소비자와 집을 파는 공급자가 만나는 공간만은 아니다. 각종 공연, 다이어트 요법, 댄스 강습, 명품 가구 전시회 등 소비 지향적인 문화공간으로 탈바꿈하고 있다. 월요일 아침 경제일간지에서 "주말 모델하우스에 ○○만 명 북적, 부동산 시장 꿈틀"이라는 제목의 뉴스를 자주 본다. 모델하우스는 단순히 견본주택을 보는 것에 그치지 않고 주택 경기 흐름을 보여주는 심리적 지표로 인식된다.

심리적 화장술에 우리는 허영을 꿈꾼다

모델하우스는 심리전의 결정체라고 해도 과언이 아니다. 심리전은 평범한 우리가 상상하거나 눈치채지 못할 정도로 은밀하게 진행된다. 막 개관한 모델하우스에 들어갔을 때 1층이 유난히 붐빈다는 느낌이 든 적이 있지 않았는가? 1층 홀을 작게 만든 데다 사은품이나 안내 책자를 한 곳에서만 나눠주고 있기 때문이다. 물론 경품 추첨 등 각종 이벤트 때문에 방문한 사람까지 많아 더욱 그런 느낌이 들 것이다.[66] 많은 인파의 북적임은 늦기 전에 나도 물건을 구매해야겠다는 조바심을 자극한다.

1층 출입구에 배치된 실내화는 유난히 납작하다. 실내화를 신고 부스에 들어서면 키가 큰 여성 도우미를 만난다. 그 도우미의 안내를 받으면 위축되는 기분이다. 천장은 평소에 살던 아파트보다 더 높게 느껴진다. 결국 납작한 실내화는 모델하우스의 아파트 내부가 더 넓고 높게 보이도록 하기 위한 심리 전략이다.[67] 만약 당신이 하이힐이나 키높이 구두를 신고 들어갔다면 모델하우스 내부는 훨씬 좁고 답답하게 느껴졌을 것이다.

전시용으로 비치된 거실의 소파, 주방의 4인용 식탁, 안방의 침대, 자녀 방의 책상은 실제보다 약간 폭이 좁고 길이도 짧다. '넓은 집 효과'를 내기 위해서다. 널찍한 확장형 발코니, 유난히 밝은 조명과 할로겐램프, 베이지색의 은은한 벽지, 곳곳에 설치된 장식용 거울…. 이 것들 역시 실내를 넓게 보이기 위한 전시용이다. 소형 아파트에서는 실내가 좁아 보일 때 소파와 식탁의 크기를 확 줄이거나 아예 빼버리기도 한다.

모델하우스 거실에는 푹신한 카펫을 깔아 따뜻하고 편안한 '드림홈'의 분위기를 연출한다. 가끔 '장식용'이라는 문구가 붙어 있긴 하지만 모델하우스 내의 소품은 사람의 마음을 움직이는 효과가 크다. 모델하우스 내에선 팍팍한 현실이나 힘든 가사노동을 연상시키는 소품은 철저히 배제된다. 가령 모델하우스에 곰국 냄비나 김치 항아리가 등장하는 일은 거의 없다.[68]

이 모든 것이 아파트를 사기만 하면 나도 행복한 삶의 주인공이 될 것 같은 꿈을 꾸게 하는 심리적 화장술이다. 모델하우스 안에서 우리는 일상의 고단한 현실을 잊고 잠시나마 상류 사회에 진입한 것처럼 분수에 넘치는 과시와 허영을 맛본다. 우리는 모델하우스에만 들어서면 곧 계약이라도 할 것처럼, 마치 주인인 것처럼 행세하며 으스대곤 한다.

모델하우스에서 흘러나오는 음악도 그냥 단순한 음악이 아니다. 음악에도 고도의 심리 전략이 녹아 있다. 모델하우스가 사람들로 북적일 때는 비교적 빠른 음악이 흐른다. 빨리 구경을 하고 나가달라는 말 없는 메시지다. 하지만 모델하우스가 한적할 때에는 느린 음악이 들린다. 천천히 구경하라는 배려일 수도 있지만 모델하우스에 막 들어섰을 때 썰렁한 분위기를 느끼지 않도록 하는 감춰진 계산도 없지 않다.

당신은 가끔 모델하우스에서 온종일 왔다 갔다 하는 가짜 방문객을 만날지도 모른다. 북적임을 가장하기 위해 동원된 아르바이트다. 모델하우스를 개관한 첫 주말에 찾았다면 허수 인파가 주는 착시를 조심해야 한다. 건설업체들의 선물 공세로 기념품을 챙기려는 구경 인파일 수도 있다.

건설업체들의 꼼수에 딱 걸리기 쉽다

만약 당신이 모델하우스를 찾았는데 나중에 연락하라며 명함을 나눠주는 떴다방을 봤다고 하자. 그럴 때 당신은 이렇게 생각할지 모른다. '떴다방이 뜬다면 투자해볼 만한 지역이 아닌가? 나도 분양이라도 받아볼까?' 하지만 혹시 떴다방이 자발적으로 온 게 아니라 건설업체나 분양대행사에서 돈을 주고 동원한 사람이라면? 요즘에는 분위기 띄우기용으로 떴다방을 활용하는 경우가 적지 않다.

건설업체들은 떴다방 출현을 은근히 즐긴다. 떴다방이 아파트 판촉 요원으로 이용되기 때문이다. 건설업체와 떴다방은 악어와 악어새처럼 공생 관계다. 모델하우스 주변이 조용한 것보다는 떴다방으로 북적이는 게 구매 자극을 부추기는 데 유리하기 때문이다. 가끔은 건설업체들이 떴다방을 동원해놓고 "모델하우스 주변에 떴다방이 활동하고 있다"라는 보도자료를 버젓이 내는 곳도 있다. 전문가를 능가하는 예민한 촉을 가진 떴다방이 몰려올 정도로 인기 분양 아파트라고 은근히 선전하는 것이다. 이처럼 모델하우스는 가짜 떴다방이 존재할 만큼 위장된 상술이 판친다. 떴다방으로 왜곡된 모델하우스의 허상을 경계해야 한다.

모델하우스는 왜 건설 현장에서 동떨어진 곳에 세워지는 경우가 많을까? 수도권 외곽의 아파트를 분양하면서 모델하우스는 서울 강남이나 대도시 번화가 한복판에 짓는다. 이는 소비자들이 쉽게 접근하도록 편의성을 고려한 측면도 있지만, 입지적 단점을 무마시키려는 전략도 없지 않다. 화려한 마감재에 현혹되면 주변 환경을 주의 깊게 보지 않는 심리적 허점을 노린 것이다.

모델하우스 청약 경쟁률이 주는 착시도 우리가 쉽게 빠지는 함정이다. 1, 2가구 정도 분양을 하는데 청약 경쟁률이 치솟을 수 있다. 하지만 희소성으로 부풀려진 청약 경쟁률일 가능성이 크다. 겉으로 드러난 경쟁률보다 그 내막을 읽어내는 것이 더 중요하다.

간혹 건설업체들의 '회사 보유분' 분양 마케팅도 얄팍한 마케팅 수법일 수 있으므로 주의하는 게 좋다. 단순한 미분양이라고 하면 이미 한 차례 분양에 실패한 것을 의미하므로 소비자들이 외면할 것이다. 하지만 회사 보유분이라고 하면 실제로는 미분양이라도 회사가 몰래 감춰놓은 아파트를 나한테만 파는 듯한 착각에 빠진다. 어쨌든 모델하우스는 꿈을 파는 곳이 아니라 철저하게 계산된 비즈니스의 세계라는 점을 잊지 말자.

남의 성공 스토리에
현혹되지 마라

우리는 이야기에 때로 열광하고, 때로 슬픔에 잠긴다.
하지만 이야기에 취하다 보면 가끔은 판단이 흐려진다.
입소문으로 부풀려진 부동산시장의 성공 이야기를 경계하라.

◆

스타 강사 김미경 아트스피치 원장은 강연 잘하는 법으로 '에피소드(episode, 일화)를 적절하게 쓸 것'을 주문한다. 에피소드의 사전적 의미는 '사건의 줄거리 사이에 끼어든 토막 이야기'다.

김미경 원장은 1시간짜리 강연을 하는 데 무려 20~30개의 에피소드를 준비한다. 이러한 에피소드는 강연자와 청중을 연결할 뿐만 아니라 청중을 공감과 몰입의 세계로 안내하는 가장 강력한 무기라고 보기 때문이다.

에피소드는 딱딱한 지식을 전달하는 데 그치기 쉬운 강의의 단조로움을 벗어나게 하는 윤활유다. 강연의 3박자인 재미, 메시지, 감동을 주기 위해서 에피소드는 필수적이다. 바로 이러한 이야기에서 명강연이 나온다. 명강연자는 훌륭한 지식 전달자보다는 멋진 이야기 배달꾼에 가깝다.

깊은 겨울밤에 잠이 오지 않으면 엄마에게 옛날이야기를 들려달라고 졸랐던 기억이 누구에게나 있을 것이다. 어렸을 적에 들었거나 읽었던 영웅담이나 동화는 훌륭한 이야기다. 중고등학교 시절 우리는 수업 첫 시간이면 으레 "선생님, 첫사랑 이야기해주세요"라고 조른다. 선생님 입에서 우리가 기대하는 간절한 러브스토리가 나오지 않으리라는 것을 잘 안다. 하지만 그것이 어떤 것이든 선생님으로부터 옆자리 친구들과 나누는 이야기와 다른 새로운 세계의 이야기를 듣고 싶은 것이다.

그때나 지금이나 우리는 감동적인 이야기에 목마르다. 그래서 서점에는 이야기를 들려주는 책들이 넘쳐난다. 온라인 교보문고에 따르면 제목(부제 포함)이 '이야기'인 책이 총 4만 8,148가지에 달한다. 이야기의 종류는 생각보다 많다. 우리가 귀담아듣는 비화를 비롯해 우화, 신화, 전설, 설화, 민담, 소설, 심지어 괴담과 음담패설까지 모두 이야기다.

우리는 거짓과 진실을 가리기 전에 그럴듯한 이야기에 일단 귀를 쫑긋 세우고 듣는다. "이야기 장단에 도낏자루가 썩는다"라는 속담처럼 재미있는 이야기에 시간 가는 줄 모른다. 이야기에 울고 이야기에 웃는다. 바로 이야기가 가진 힘이다.

이야기에 귀가 솔깃하는 이유

"한 사람의 죽음은 비극이고, 100만 명의 죽음은 통계에 불과하다." 잔혹한 숙청을 서슴지 않았던 옛 소련의 스탈린은 이렇게 말했다. 추상화된 죽음의 통계는 그냥 숫자일 뿐이다. 하지만 내 앞에서 일어나는 한 사람의 생생한 죽음은 너무나도 큰 슬픔으로 다가온다. 우리는 통계에는 둔감하고 이야기에는 민감하다. 이야기는 아무래도 이성적이기보다는 감성적일 것이다. 이야기는 기쁨과 분노, 슬픔, 고통에 쉽게 움직이는 우리의 본성에 호소한다.

미국 매사추세츠대학교 토머스 키다 교수는 "지적인 사람도 이야기만 들으면 두 눈을 반짝인다. 인간은 근본적으로 통계학자가 아니라 이야기꾼이기 때문"이라고 했다.[69]

우리의 두뇌는 에피소드 같은 이야기를 오래 기억한다. 이야기 방식으로 저장하면 나중에 꺼내기도 쉽다. 단어를 잘 암기하는 사람은 기억을 이야기식으로 엮어 이미지로 저장한다. 딱딱한 플라스틱 물건을 팔 때도 그 물건을 만든 사람들의 이야기가 섞이면 훨씬 잘 팔린다.

요즘 젊은 층 사이에서 인기를 끌고 있는 셰어 하우스(share house)도 '이야기'가 매개된다. 셰어 하우스는 입주자가 한 집에서 거실, 주방, 식당, 욕실을 공유하면서 사는 주택이다. 독신자들의 외로움을 달랠 수 있으면서도 비싼 월세 비용을 서로 나눠 낼 수 있는 것이 매력이다.

셰어 하우스는 원룸 주택에 인기 드라마 〈응답하라 1994〉의 '신촌 하숙'을 섞은 것이다. X세대나 386세대에게 '신촌 하숙'이 그리운 것은 맘껏 먹을 수 있는 밥보다 허물없이 나누던 동료들과의 정겨운 이야기 때문이다. 갈수록 개인화되는 삭막한 도시에서 셰어 하우스에서 나누는 이야기는 고독을 이기는 면역제다. 생면부지의 사람도 밥을 같이 먹고 정을 나누다 보면 한 가족이 된다. 이른바 한솥밥의 힘이다. 셰어 하우스가 급격하게 늘어나는 1인 가구의 주거 불안을 해결할 방안으로 떠오르는 것도 이 때문이다.

우리는 물건을 살 때도 주위 사람들의 이야기에 의존하는 경우가 많다. 현대 차를 살까, 기아 차를 살까, 아니면 외제 차를 살까 고민하는 사람에게 결정적인 정보가 되는 것은 주위 사람들이 건네는 귀띔이다. 수천 명의 구매 고객을 대상으로 조사한 만족도 통계는 참고 자료일 뿐이다. 만약 옆자리에 앉아 있는 동료로부터 내가 사려는 차량의 서비스가 형편없다든가, 에어컨 기능이 약하다든가 하는 말을 들으면 이내 포기하고 만다.

인간이 주변의 주관적인 경험담에 쉽게 움직이는 것은 그만큼 비합리적인 구석을 많이 갖고 있다는 증거다. 어찌 보면 그런 모습이 인간적인 면모라 할 수 있다. 우리는 이야기에 때로 열광하고, 때로 절망해 눈물을 흘린다. 하지만 이야기에 취하다 보면 가끔은 판단이 흐려진다. 즉 이야기에만 너무 쏠릴 때 왜곡된 의사결정을 할 수 있다.

부동산시장을 쥐락펴락, 단톡방의 힘

　최근 미국 실리콘밸리은행(SVB)에서 뱅크런(예금 인출)이 갑작스럽게 일어난 것은 스마트폰이 결정적인 요인이 되었다. 스마트폰의 SNS를 타고 "그 은행이 위험하다더라"는 소문이 나돌면서 사고는 전광석화처럼 일어났다. 온종일 스마트폰만 보고 있는 '스마트폰 좀비 사회'에선 소문이나 불안이 빠르게 번져나간다. 40년 역사에 미국 내 자산 기준 16위 규모인 은행이 파산하는 데 이틀이 채 걸리지 않았다. 이번 뱅크런을 '스마트폰 뱅크런'으로 부른다.

　'디지털 바이럴(디지털 입소문)'이 세상을 쥐락펴락하는 시대가 되었다. 거대한 디지털 바이럴의 힘, 한마디로 무서운 세상이다. 2008년 글로벌 금융위기 당시만 해도 SNS는 큰 변수가 아니었다. 불안을 느낀 고객들이 점포 앞에서 진을 치고 예금을 찾았지만, 그 속도는 늦었다. 은행이나 금융당국 입장에서도 어느 정도 대응할 수 있는 시간이 있었다. 하지만 지금은 상황이 완전히 딴판이다. 겁에 질린 고객이 스마트폰 몇 번 조작만으로 돈을 빼내기 시작하면 은행 측에서는 '아닌 밤중에 홍두깨' 식으로 당하기 마련이다. 비행기, 크루즈선, 호텔 안 등 어디에서나 스마트폰을 활용하면 24시간 인출이 가능하기 때문이다.

　문명과 혁신의 상징인 스마트폰이 더 위기를 증폭시키는 요인으로 작용한다. 사람들이 빠른 속도로 떼를 지어 움직이면서 변동성을 확대한다는 것이다.

부동산시장에서도 순식간에 퍼지는 '디지털 입소문'이 큰 힘을 발휘한다. 과거 친인척이나 가족, 중개업소로부터 얻던 정보를 이제는 카페, 블로그, 유튜브 등의 SNS에서 찾는다. 의사결정 때 SNS가 더 큰 영향력을 행사한다.

최근 국내 최대 재건축 단지인 올림픽파크 포레온(둔촌주공)이 선방한 것은 SNS를 타고 '분양가가 싸지 않지만 괜찮다더라' '1년 뒤 전매하면 돈을 벌 수 있다더라'라는 소문이 돈 것도 큰 영향을 미쳤다. '집값이 더 내려간다더라' '집값이 바닥이라더라' '어디가 좋다더라'라는 소문이 돌면 실제 시장이 움직이는 힘으로 작용할 수 있다. SNS에서 인플루언서는 막강파워를 자랑한다. 인플루언서를 쫓는 사람들은 그의 말 한마디에 이리저리 움직인다. 온라인과 모바일의 권력자인 인플루언서는 과거 가족이나 친인척보다 더 막강한 힘을 발휘한다.

요즘은 카페, 블로그, 유튜브보다 더 빨리 움직이는 게 '단톡방'이다. 단톡방은 단체 카카오톡 방의 줄임말이다. 부동산에서 단톡방은 여러 형태가 있지만 자주 활용하는 게 오픈 채팅이다. 비밀번호가 걸린 방도 있지만 대체로 공개하는 편이다. 단톡방은 내가 뉴스를 검색하거나 카페, 블로그, 유튜브에 들어가지 않더라도 자동으로 정보가 올라온다. 일하다가도, 누구랑 통화하다가도 손가락 움직임만으로 정보를 실시간으로 얻을 수 있다. 그러니 정보 전달 속도가 기존 SNS보다 더 빠를 수밖에 없다.

요즘 부동산시장이 기민하게 움직이는 것은 단톡방이 적지 않은 영향을 주는 것 같다. 그래서인가, '아파트 시세는 단톡방이 결정한다'라는 우스갯소리까지 들린다.

이처럼 광속의 시대에는 부동산시장도 생각보다 빨리 움직인다. 데이터를 모아 분석하는 순간 구버전이 될 수 있다. 그래서 속자생존(速者生存)이라는 신조어까지 나왔나 보다. 변화하는 환경에 빠르게 적응하는 사람만이 살아남는다는 말이다.

시장은 저 앞서 달아나고 있는데 나는 지난 통계를 갖고 현재 시장을 분석하는 게 아닌지 되짚어봐야 한다. 단기 흐름은 통계보다 시시각각 변하는 장바닥의 움직임을 주시하는 게 더 빠르고 정확하다.

다만 정보를 걸러낼 수 있는 지적 능력도 그만큼 뒤따라야 한다. 검증되지 않은 정보는 사실이 아니라 괴담이 될 수 있다. '정보 전염병(infodemic)'을 경계해야 한다는 이야기다. 잘못된 정보나 악성루머가 퍼지면서 사회 혼란을 초래할 수 있고, 나 자신도 피해를 볼 수 있기 때문이다.

영웅이 탄생하면 그 시장은 버블이다

주식시장이나 부동산시장에선 일정 주기로 영웅이 탄생한다. 투자해서 큰돈을 번 성공신화의 주인공이다. 그 영웅은 가만히 집에 앉아 있지 않는다. 매스컴, SNS에 등장해서 '나처럼 투자하면 당신도 큰돈을 벌 수 있다'라며 대중에게 모방 심리를 자극한다.

심지어 지상파 TV 예능프로그램에까지 등장해 사람들의 욕망을 부추긴다. 사회적으로 돈을 벌고 싶다는 자본 욕망이 극에 달할 때 재테크 전문가들이 평소 잘 나오지 않던 TV 예능프로그램에 얼굴을 비춘다. 시청률에 민감한 방송사로서는 사회적 분위기를 고려해 '핫 이슈' 출연자를 섭외하기 때문일 것이다. 가령 주식 전문가 A씨, B씨가 TV 화면에 자주 보였던 때가 코스피지수가 3,300꼭지를 찍었던 2021년 6월 전후다. 부동산 고수 C씨가 예능프로그램에 출연한 시기 역시 2021년 10월인데, 공교롭게도 이때는 전국 아파트 실거래가격지수가 상투였다.

TV에 나온 전문가는 많은 사람들이 따르고 싶은 영웅이다. 나도 전문가나 고수처럼 투자해서 돈을 벌겠다는 꿈을 꾼다. 투자하지 않는 나만 바보 같다. 흐름을 놓치거나 소외되는 것에 대한 불안 증상인 '포모 증후군(FOMO syndrome)'이 일반 정서가 된다. 투자세계에 군중심리가 작동한다. 서점가에 재테크 책이 베스트셀러 상위를 휩쓴다. 재테크 스터디 모임도 많이 늘어난다. 재테크 붐이 일어나는 것이다.

이 분위기에 휩쓸려 많은 사람이 주식이나 부동산 투자에 뒤늦게 뛰어든다. 투자세계에 대한 온갖 미사여구가 등장하고, 장밋빛 세상이 펼쳐진다. 그런데 지나고 보니 그때가 상투였다. 개미들만 그 시장의 거품만 잔뜩 떠안은 꼴이다. 동학 개미와 영끌 푸어의 수난은 이렇게 탄생하는 것이다. 주식이나 부동산 가격의 상승기에 재테크를 배우기 시작하면 비극은 잉태될 수밖에 없다.

하지만 영웅 따라 하기로 영웅이 될 수는 없다. 영웅이 탄생한 것은 본인의 실력보다 시황이 받쳐주었기 때문이다. 주식이나 부동산 가격의 우상향이 있었기에 영웅도 탄생할 수 있다. 가격의 우하향기에는 영웅이 탄생하기 어렵다. 가끔 선물이나 옵션 매도로 성공하는 사람이 나타나긴 하지만 가뭄에 콩 나듯 드물다.

영웅 따라 하기 붐이 불 때는 역발상이 필요하다. 즉 그 시장에서 영웅 탄생은 살 때가 아니라 팔 때라는 것을 알려주는 '인간지표'다. 그때가 비이성적 과열의 정점일 가능성이 크니까. 시장에서 영웅이 나타날 때쯤에선 발을 빼야 할 시기라는 점을 잊지 말자. 시장에서의 영웅 탄생을 항상 경계하라.

SNS로 번지는 왜곡된 성공신화

자영업자 박진수(가명·49) 씨는 부동산카페의 고수를 따라 부동산 투자에 나섰다가 심한 속앓이를 하고 있다. 2020년 말 고수의 추천으로 지방 도시의 재개발 지분을 자신도 매입한 것이다. 고수는 수차례 재개발 지분을 사서 돈을 벌었다고 했다. 박 씨는 시세보다 다소 비싸게 샀지만, 고수를 따라 투자했다는 사실에 묘한 안도감을 느꼈다. 하지만 재개발 지분값이 매입했을 때보다 1억 원 이상 하락하면서 그는 자신의 투자 방식이 잘못되었다는 것을 깨달았다. 지분 쪼개기가 많아 재개발 사업이 진행되기 어렵다는 사실도 뒤늦게 알았다.

고수가 '투자의 신'이 아닌 한 '따라 하기 투자'는 결국 또 다른 '묻지마 투자'나 다름없다.

　SNS를 통해 전해지는 이야기는 지식이나 정보를 공유하는 의사소통의 일환이다. 누가 부동산을 사서 큰돈을 벌었다는 이야기를 들으면 귀가 솔깃해진다. 이야기는 벌과 개미의 페로몬이라는 화학물질만큼 전염력이 빠르다. 한국인은 유독 고립 속의 불안을 못 견딘다. 자기도 일단 따라 해야 마음이 놓인다. 더 오르기 전에 사야겠다는 조급증도 생긴다. 성공한 이야기에 심취해 사람들이 벌떼처럼 사재기에 나선다. 이처럼 이야기는 부동산 투기 붐을 일으키는 원인이 된다.

　일반적으로 거품이 형성되기 위해서는 3가지 요건이 있어야 한다. 가격이 계속 오를 것이라는 '지속성', 해당 상품이 무한대로 공급되기 어려울 것이라는 '희소성', 그리고 시장 참여자들 사이에서 지속성과 희소성에 대한 '공감대'가 형성되어야 한다. 공감대가 이야기를 통해 번질 때 거품의 크기는 걷잡을 수 없을 만큼 커질 것이다.

　부동산시장이 침체되어 있을 때도 비슷한 양상이 나타난다. SNS에서 "지금은 집을 사지 않고 전월세로 사는 게 낫다"라는 대화가 오간다. 그런 대화들이 모여 공감대를 형성할 때 하나의 집단적 힘으로 작용한다. 바로 시장 침체의 쏠림 현상을 가속하는 것이다.

　미국 경제학자 로버트 실러 교수의 말처럼 이야기는 '양성 피드백(positive feedback)' 효과를 낸다. 양성 피드백은 어떤 현상이 나타나면 진정되지 않고 오히려 증폭되는 현상이 나타나는 것이다. 양성 피드백 시스템하에서는 사소한 일도 시간이 지날수록 엄청나게 커진다. 마치 산 위에서 작은 눈덩이를 굴리면 아래로 굴러가면서 눈덩이가 기하급수적으로 커지는 것처럼 말이다. 이야기는 온도 자동조절 장치 같은 '음성 피드백(negative feedback)' 기능을 하기보다는 그 반대의 결과로 이어지는 경우가 많다.[70]

그러니 SNS에서 성공 투자 이야기를 들었다면 일단 주의해야 한다. 실제보다 과장된 자화자찬 성공담일 가능성이 있기 때문이다. 투자 과정이 적법하고 윤리적이지 않다면 성공 이야기는 더욱 벤치마킹 대상이 아니다. 또한 SNS 고수가 제공하는 귀띔 정보 역시 정제되지 않은 거친 정보일 가능성이 크다. 이른바 '카더라 통신'의 한계일 수 있다.

당신에게까지 그 성공 이야기가 들리기까지는 시간이 많이 흘렀다. 이미 오를 대로 올라 새로 투자하기에 늦었을 수 있다. 오히려 상투를 잡는 일이 될 수도 있다는 이야기다. 그래서 남의 재테크 성공은 당신의 성공으로 이어지지 않는다. 입소문으로 부풀려진 성공 이야기의 함정을 경계하자.

왜 믿고 싶은 것만
믿으려 하는가?

이해관계에서 자유로운 사람의 이야기를 들어야 판단을 정확하게 할 수 있다.
이해 당사자에게 묻느니 멀리 사는 이모에게 물어보는 게 낫다.
오히려 그게 훨씬 더 객관적이다.

◆

영화 〈마들렌〉(2003)에서 여주인공 이희진(신민아 분)은 대학교에
가지 않고 고등학교를 나와 미장원을 한다. 어느 날 그녀에게 자신을
차버리고 떠난 '잘난' 옛 연인이 찾아온다. 옛 연인은 선심 쓰듯 이야
기를 건넨다. "너, 나를 다시 만나고 싶지? 네가 원한다면 다시 만나
줄 수도 있어." 하지만 희진은 싸늘하게 대답한다. "너는 그게 문제
야. 철없는 여자 몇 명이 너한테 목매니까 세상 모든 여자가 너 없이
는 못 산다고 생각하나 본데, 그것을 뭐라고 하는 줄 알아? '과잉 일
반화의 오류'라고 하는 거야." 소수의 행동을 모두의 행동이라고 착
각하지 말라는 이야기다. 특수한 사례를 누구에게나 일반적으로 적
용되는 사례인 것으로 뻥튀기하는 오류를 범하지 말라는 경고다.

팩트 3개가 있으면 기사를 만든다

일선 신문 기자들이 쓰는 기사(논설위원이 쓰는 사설과는 다르다)는 보통 한 사람의 일방적인 주장이 아니다. 뭔가 확실한 근거가 있어야 한다. 그래서 기사를 쓰기 위해서는 관찰한 팩트(fact, 사실)가 있어야 한다. 기자들이 팩트에 유난히 집착하는 이유다. 기사를 쓰기 위해선 3개 이상의 팩트가 필요하다. 그 정도의 팩트 없이 기사를 작성했다가는 데스크(기사의 취재와 편집을 지휘하는 간부)로부터 "일기 쓰느냐?"며 야단을 맞을 것이다. 하지만 3개 이상의 팩트를 이용해서 기사를 작성하기만 하면 과연 문제가 없을까?

예를 하나 들어보자. 중견 건설업체 A가 호텔 사업에 진출했다는 이야기를 들은 기자는 이런 생각을 한다. '호텔 사업에 진출한 다른 업체들은 없을까?' 기자는 추가 팩트를 얻기 위해 취재에 나선다. 그 결과 호텔 사업에 나섰거나 검토하고 있다는 중견 건설업체 2곳이 더 있다는 사실을 알고 기사를 작성한다. 다음 날 신문에는 "중견 건설업체, 호텔 사업 진출 활발"이라는 제목의 기사가 실릴 것이다.

그러나 대한건설협회에 따르면 2023년 5월 현재 전국 건설업체는 1만 9,114개에 달한다. 이 많은 업체 중에서 불과 3곳이 호텔 사업에 나선다고 해서 '활발하다'라고 할 수 있을까? 나중에 확인한 결과 진짜 호텔 사업에 나선 업체가 3곳이 전부라면 어떻게 될까? 그야말로 〈마들렌〉의 여주인공 이희진이 말한 '과잉 일반화의 오류'에 빠진 것이다. 일부 건설업체의 움직임을 보고 마치 전국의 건설업체들이 다

그런 경향이 있는 것으로 간주하는 오류다. 가령 저녁 식사 무렵 한 시골 마을을 찾았는데 첫째 집, 둘째 집, 셋째 집에서 닭고기 요리를 먹는 것을 보고, "이 마을은 닭고기만 즐겨 먹는구나" 하고 단정하는 것과 같다.

세상은 규칙적이지 않고 랜덤하다

제2차 세계대전 당시 영국 런던은 독일군으로부터 숱한 폭격을 받았다. 런던 시민들은 폭격 때마다 공포에 떨었다. 폭격이 반복되자 사람들은 독일군이 투하하는 폭탄에 일정한 패턴이 있을 것이라고 믿었다. 그 패턴을 읽어내면 폭격 안전지대를 찾아내 피해를 줄일 수 있다고 기대했다. 유난히 런던 동쪽에 폭격이 집중되니 그쪽을 방어해야 한다고 주장하는 사람들도 있었다. 여러 흉흉한 소문이 나돌았다.

전쟁이 끝난 뒤 폭격을 받은 면적을 쪼개 분석해보니 패턴은 발견되지 않았다. 예상과는 달리 폭격 지점이 랜덤(random, 무작위)으로 나타났는데[71] 당시 독일군의 폭격 기술이 발달하지 않아서 생긴 일인지도 모른다. 어쨌든 이 해프닝은 일련의 사건에서 어떻게 해서든 패턴을 만들고 싶어 하는 인간의 심리를 단적으로 보여준다.

세상이 어지러울수록 사람들은 연속되는 사건에서 패턴을 찾아내려는 습성이 있다. 사건에서 규칙성이라는 그럴듯한 연쇄 고리를 발견하려는 것이다. 이처럼 이미 일어난 현상을 조리 있게 해석하고 불안한 미래를 대비하고 싶은 심리는 인간의 기본적인 속성이다.

가령 우리는 첫 번째와 두 번째에서 네모 도형이 나타나면 그다음에는 어떤 모형이 나타날 것으로 생각하게 될까? 우리 뇌는 다음에는 임의로 나타날 것이라는 점을 알면서도 네모를 연상한다. 아직 일정한 패턴이 되기에는 적은 사례인데도 불구하고 패턴으로 단정을 지으려는 편향이 나타나는 것이다.[72] 오죽하면 '패턴을 추종하는 인간'이라는 뜻의 호모 포르마페텐스(homo formapetens)라는 말이 나왔을까.[73]

사람들은 세상이 불규칙하기보다는 규칙적인 질서에 의해 움직이길 바란다. 그것은 불확실성보다 '예측할 수 있고 확실한 것'을 본능적으로 좋아하기 때문이다. 하지만 세상은 질서정연하기보다는 우연과 불규칙성이 뒤섞여 나타날 때가 더 많다.

집 안에 망아지의 고삐를 풀어놓았다고 하자. 망아지가 한두 번 부엌으로 먼저 갔다고 해서 다음번에 또 부엌으로 간다는 보장은 없다. 뒷마당이나 창고 쪽으로 갈지 알 수 없는 노릇이다. 한 번 일어난 사건이 같은 패턴으로 반복되는 일은 흔치 않다. 그런데도 인간은 패턴에 집착한다. 이는 '과거에 이러했으니 앞으로도 이에 따라 움직이면 문제가 없을 것'이라는 잘못된 믿음으로 이어지기 쉽다.

예컨대 주식의 기술적 분석은 과거의 패턴 연구를 통해 미래를 예측하고자 하는 것이다. 하지만 현실은 녹록지 않다. 주가는 비연속적이면서 비규칙적으로 움직인다. 주식의 기술적 분석에 대한 맹목적인 믿음은 그래서 위험하다.

부동산시장에서도 가격과 거래량을 토대로 만든 '벌집 순환 모형'이나 '거미집 이론'이 있다. 이런 분석의 도구로 과거 시장의 흐름을 읽을 수 있으나, 미래 예측에는 유용성이 떨어진다. 지금처럼 변화무쌍한 부동산시장 환경에서는 설사 패턴을 발견했다고 하더라도 가용 기간은 잠시일 뿐이다. 회자되는 투자 공식은 모든 시기, 모든 조건에 통용되지 않는다.

결국 일련의 사례는 어떤 환경에도 두루 적용되는 일반화된 성공 패턴은 없다는 점을 일깨워준다. 환경이 급격히 바뀌면 사회·경제적으로 회자되던 성공 방정식도 하루아침에 무용지물이 된다.

패턴과 규칙성에 대한 어설픈 집착은 사막의 신기루를 좇는 것과 같다. 오히려 일어날 수 있는 모든 가능성을 염두에 두고 적절히 대응하는 열린 자세가 훨씬 낫다. 미래는 여전히 불확실할 뿐만 아니라 우리가 개척해야 할 미지의 세계이기 때문이다.

뻔한 답이 나올 질문을 애써 하지 마라

타는 차가 10년 이상 되다 보니 자동차 정비 센터를 찾을 때가 많다. 여름 휴가를 앞둔 어느 날 대형 할인점에 있는 정비 센터를 찾아 직원에게 타이어, 엔진 오일, 브레이크 라이닝을 갈 때가 되었느냐고 물었다. 직원은 이것저것 살펴보더니 "먼 길 갈 텐데 사고 나면 어떻게 하느냐?"라며 전부 교체할 것을 권했다. 교체 비용으로 150만 원 이상 들었다.

집에 와서 생각해보니 타이어는 앞뒤를 바꾸면 1년 이상 쓸 수 있었는데 괜히 교체했다는 후회가 들었다. '차를 팔아도 수리비 가격을 못 받을 텐데….' 그때야 알았다. 자동차 정비 센터에 가서는 "○○ 부품을 갈아주세요"라고 지시형 주문을 해야 한다는 사실을 말이다.

월가 투자전문가 나심 니콜라스 탈레브는 "이발사에게 이발할 때가 되었느냐고 묻지 말고, 학자에게 당신의 연구가 의미 있느냐고 묻지 마라"고 했다.[74] 이발사는 당연히 머리를 자르라고 이야기할 것이고, 학자는 자신의 연구가 이정표를 세울 대단한 저작이라고 의미를 부여할 것이다. 음식점 주인에게 메뉴판을 가리키며 어느 음식이 맛있냐고 물으면 다 맛있다고 대답할 것이다. 뻔한 답이 나올 질문은 애써 하지 마라. 식당에서는 어느 음식이 가장 많이 팔리냐고 묻는 게 선택의 실패를 줄이는 방법이다.

평소 친분이 없는 부동산 중개업소에 가서 "지금 아파트를 사야 할 때냐"라고 묻지 마라. 십중팔구 매수를 권할 것이기 때문이다. 시장 침체기에는 "급매물을 잡을 수 있는 지금이 구입 적기"라고 할 것이고, 시장 호황기에는 "내일 가격이 더 오를 테니 서둘러 계약하라"라는 답이 되돌아올 것이다.

부동산 중개업소는 거래를 해야 먹고사는 유기체다. 장삿속이 아닌 진심으로 당신을 위해 조언해줄 중개업소 사장을 찾는 것이 실패를 줄이는 길이다.

모델하우스에 가서 "이 아파트를 분양받아도 되느냐?"라고 묻지 마라. 아마도 "지역의 최고 랜드마크인 이 아파트를 분양받지 않으면 평생 후회할 것"이라는 답변이 되돌아올 것이다. 지나치게 친절하고 과도한 장점만 늘어놓는 모델하우스는 파는 물건이 변변치 않다는 반증이다.

자화자찬은 열등감의 또 다른 표현이다. 좋은 물건은 애써 마케팅을 하지 않아도 잘 팔린다. 이해관계에서 자유로운 사람의 이야기를 들어야 판단을 정확하게 할 수 있는 법이다. 평소 잘 모르는 중개업소나 모델하우스 직원에게 묻느니 저 멀리 제주도에 있는 이모에게 물어보는 게 낫다. 그게 훨씬 객관적이다.

집값 급락을 예측했다는 사람들

가끔 집값 급락을 예측했다는 사람들을 본다. "내가 전망을 맞혔다"라는 영웅담이다. 하지만 적중했더라도 과학적인 근거를 갖기보다는 우연이 크게 작용하지 않았나 싶다.

2022년 우리나라 집값이 급락했다. 상반기까지만 해도 약보합세(弱保合勢)를 띠었지만 하반기 들어 곤두박질쳤다. 미국발 고금리 태풍이 우리나라에 상륙하면서 가뜩이나 부풀려진 주택시장을 강타해 하루아침에 쑥대밭으로 만들었다. 집값 폭락의 가장 큰 원인은 기습적으로 오른 미국 기준금리였다. 그렇다면 과연 국내 부동산 전문가들이 미국 금리 인상을 알았을까?

미국 연방공개시장위원회(FOMC)의 홈페이지를 찾아봤다. 연준 위원들이 2021년 12월 예상한 기준금리 점도표가 눈에 띄었다. 점도표는 FOMC 위원들이 생각하는 적절한 금리 전망치를 취합한 지표다. 점도표상 2022년 기준금리 전망치는 연 0.9% 정도였다. 2021년 12월 기준금리는 상단으로 0.25%이었으니 다음 해에 금리를 올려봐야 베이비스텝을 예상한 것이다. 하지만 예상은 완전히 틀렸다. 2022년 말에 4.5%에 달했다. 그사이 인플레이션 압박이 엄청나게 높아져 불가피하게 잇따른 금리 인상을 단행한 것이다.

글로벌 금융시장은 실타래처럼 서로 얽혀 있다. 한국은행이 금리를 올리고 싶지 않더라도 미국이 올리면 우리는 어쩔 수 없이 보조를 맞춰야 한다. 우리나라 기준금리도 2022년 7월 연 2%를 돌파한 데 이어 10월엔 3%를 넘어섰다. 만약 이때 금리가 급등하지 않았다면 집값은 어땠을까? 아마도 표본조사 통계 수치로 보합세나 약세를 유지했을 것이다. 아무리 부동산 가격이 부풀려져도 내부적인 수급 불균형으로 급락하지는 않는다. 외환위기나 글로벌 금융위기처럼 외부적인 충격으로 바닥 모르게 흘러내리는 것이다.

미국 FOMC 위원들도 틀린 금리예측을 극동의 한국에서, 그것도 금융전문가가 아닌 부동산 전문가가 정확하게 예측했다고? 일부 예지력이 뛰어난 사람은 가능했을지 모른다. 하지만 대부분 맞혔다고 해도 그것은 과학적인 전망이 아니라 점술에 가깝다. 과거로 회귀해 미래를 다 알고 있는 드라마 〈재벌집 막내아들〉의 진도준(송중기 분)

이 아닌 이상 딱 맞히기 힘들다.

집값이 급등하면 사람들은 대체로 추가로 오른다고 전망하기보다는 경계심을 드러낸다. 시장을 보는 사람들의 안목은 비슷하다. 사람들이 직접적인 하락을 예측하지 않더라도 "산이 높으면 골도 깊을 것"이라는 우회적 표현으로 약세를 예측한다. 전문가들도 미국 금리가 크게 오르면 경제에 충격을 줄 것이라고 예상했다. 그 충격이 언제부터 닥칠지, 어느 정도 강할지 몰랐을 뿐이다. 대부분 "지레짐작은 했지만 그렇게 급박하게 닥치리라고는 생각하지 못했다"라고 털어놓는다.

예측이 적중했다고 자랑하는 사람은 그렇게 믿을 게 못 된다. 맞힌게 우연이었을 가능성이 큰 데다 다음번에도 맞힌다는 보장이 없기 때문이다. 혹시 그 사람은 원래부터 대세 하락론자가 아니었을까? 아마도 대세 상승기에도 가계부채 등을 내세워 잿빛 전망을 했을 가능성이 높다.

한 방향만 계속 이야기하는 사람의 곁에 가지 말라. 부동산시장은 한쪽으로만 움직이는 게 아니라 오르락내리락한다. 한쪽만 이야기하는 사람은 다른 쪽으로 시장 흐름이 나타나면 데이터를 왜곡해서 자신의 주장을 합리화한다. 분석보다 각색을 하는 셈이다. 결국 자기 함정에 빠져 시장 흐름과 맞지 않는 억지 논리를 펴게 된다. 시장을 있는 그대로 보는 것이 중요한 데도 말이다. 그러니 잘 맞지도 않는 전망을 팔아먹는 사람을 반드시 경계하라.

부지런한 사람은 타이밍만 재지 않는다

'쌀사 비파', 즉 싸게 사고 비싸게 파는 것은 누구나 바라는 바다. 생각대로 잘 안되니 문제다. 시장 상황이 어느 정도 무르익어야 하고, 내 형편도 받쳐줘야 한다. 태풍이 불어올 때는 몸을 피하는 게 맞다. 역행하지 말고 큰 흐름은 함께 타라는 이야기다. 아무리 부지런해도 폭풍우가 치는 날 들녘에서 일하는 것은 어리석은 일이다.

이제 폭풍우가 걷혔다면 어떻게 해야 할까? 그렇다면 타이밍을 재는 것은 의미가 없을 수 있다. 꼭 집을 사야 하는 실수요자라면 가격 메리트를 보고 구매 여부를 결정해야 한다. 즉 가격을 최우선으로 고려해야 한다는 것이다.

어찌 보면 타이밍 재기를 즐기는 사람은 게으른 사람이다. 마치 감나무 밑에서 누워 입을 벌리고 익은 감이 떨어지길 기다리는 사람과 같다. 하지만 부지런한 사람은 온 동네 여러 감나무 아래를 샅샅이 뒤져 상한 감인지, 성한 감인지 골라낼 것이다. 이 과정을 통해 원하는 좋은 감을 얻는다.

타이밍을 잰다고 해서 맞힌다는 보장이 없다. 그러니 집을 꼭 사야겠다면 타이밍보다 가격 경쟁력을 찾아라. 타이밍 잴 시간에 어떻게 하면 싸게 살까 고민하고, 또 고민하라.

안전한 고수익 상품은
이 세상에 없다

물건이 안 좋을수록 포장은 화려한 법이다.
화려한 마감재보다는 아파트가 들어설 입지나 가격 경쟁력을 보고 결정하라.
분양 조건보다도 해당 부동산의 본질적인 가치를 보고 판단하는 게 좋다.

◆

"세상에 공짜 점심은 없다." 노벨경제학상 수상자 밀턴 프리드먼 교수가 자주 언급하면서 명성을 얻은 말이다. '공짜 점심'이라는 말은 미국 서부의 어느 술집에서 술을 일정량 마시는 고객에게 점심을 공짜로 준 데서 나온 것이다. 그러나 점심 비용은 술값에 포함되어 있었다. 즉 어떤 것을 얻기 위해서는 대가를 치러야 한다는 것, 공짜로 얻을 수 있는 것은 없다는 이야기다. 여행 작가 빌리 앤 로페즈는 "살아 있을 때, 인간은 모든 일에 돈을 지불해야 한다. 오직 죽음만이 공짜다"라고 했다.[75]

수익에는 위험이 따른다. 달리 말하면 위험이 없으면 보상도 없다. 이것은 시장에서 통용되는 기본 법칙이다. 하지만 인간이 그렇게 똑

똑하고 이성적인가. 사람들은 여전히 '안전한 고수익' 상품만을 찾는
다. 그러니 이런 이율배반적인 심리를 파고드는 상혼도 기승을 부리
기 마련이다.

5년간 세입자 확보, 안심해도 될까?

3년 전 서울 강북에서 20억 원짜리 근린상가 3층을 분양받았던 황
진숙(가명·56) 씨는 요즘 밤잠을 설친다. 황 씨는 임차인을 먼저 확보
해 분양하는 '선임대 후 분양' 상가를 분양받았다. 계약기간 5년에,
임대수익률이 연 5.5%에 달하는 알짜 상가였다. 월세도 계약 즉시 곧
바로 받을 수 있어 여러모로 안심이 되었다.

하지만 문제는 세입자인 병원이 불황으로 계약 3년 만에 나간다는
통보를 해오면서 시작되었다. 깜짝 놀라 계약서를 꺼내봤다. 중간에
나가더라도 세입자는 아무런 불이익이 없게 되어 있었다.

황 씨는 세입자를 구하기 위해 사방팔방 뛰어봤지만, 소용이 없었
다. 인근 부동산 중개업자는 임대료를 30% 이상 낮춰야 세입자가 관
심이라도 두지 않겠느냐고 했다. 하지만 그 정도로 낮추면 임대수익
률이 연 3%대로 하락해 상가 가치가 떨어진다. 임대료를 그대로 두
자니 세입자가 들어오지 않고, 임대료를 내리자니 상가가 제값 받기
어려워지는 딜레마에 빠졌다.

아무리 내수 경기가 침체되었다고 해도 어떻게 3년 만에 임대료가

곤두박질친단 말인가. 황 씨는 상가 시행사와 세입자인 병원이 서로 짜고 수익률 부풀리기 식의 계약을 한 것은 아닐지 의심하고 있다. 시행사가 표면적인 수익률을 올리기 위해 세입자에게 임대료를 지원하지 않았을까 하는 의구심이다. 황 씨는 "심증일 뿐 구체적인 물증이 없어 맘고생만 하고 있다"라고 말했다.

물론 모든 '선임대 후 분양' 상가가 문제가 있는 것은 아니다. 세입자를 구해야 하는 비어 있는 상가보다 나을 것이다. 그러나 이미 세입자를 구해놓았다는 것은 안정적인 수익이 지속해서 발생하는 것과는 차원이 다른 이야기다. 황 씨처럼 세입자가 계약기간을 제대로 채우지 못하고 나가는 경우 새 세입자 구하기가 여의치 않을 수 있다.

'선임대 후 분양' 상가가 계약기간 중 세입자의 중간 이탈이 문제라면 '상가 임대료 보장제'는 보장 기간이 끝나고 난 후가 문제다. 수도권에서 복합쇼핑몰 상가를 분양받은 박민선(가명·56) 씨 역시 요즘 밤잠을 설친다. 3년간 연 10%의 임대 수익을 보장한다는 조건으로 분양받았지만, 보장 기간이 끝나자 임대료 지원은 끊어졌다. 그랬더니 임대수익률이 연 2%로 뚝 떨어졌다. 세입자가 장사가 잘 안된다는 이유로 임대료를 낮춰달라고 요구했기 때문이다.

세입자는 조건을 들어주지 않는다면 나가겠다고 했다. 어쩔 수 없이 요청을 받아들였지만, 이 세입자도 언제 나갈지 알 수 없어 불안하기만 하다. 박 씨는 "상가를 노후 생활의 로망으로 생각하고 분양을 받았는데 애물단지로 전락했다"라고 말했다.

박 씨는 그나마 3년 동안 10%의 임대 수익이라도 챙길 수 있었지만, 세상에는 더 낭패를 당한 사람들이 부지기수다. 임대 수익을 보장했던 업체가 부도나거나 자금난에 빠지면서 약속을 이행하지 못한 것이다. 불과 1~2년 임대 수익을 보장하면서도 영원히 보장할 것처럼 허위 광고를 하는 경우도 많다. 광고는 그 상가를 분양받기만 하면 평생 노후의 든든한 언덕이 될 거라고 하지만, 현실은 정반대다.

요즘 분양형 호텔 사업에 노후자금을 넣었다가 날린 노년층이 적지 않다. 부산 해안가의 A 호텔은 연 7%씩 수익금을 받기로 하고 사람들이 많게는 3억 원까지 투자했다. 하지만 운영사로부터 2년 동안 한 푼도 받지 못했다. 코로나19 때문에 나눠줄 수익금이 없다는 이유에서다. A 호텔 사례처럼 분양형 호텔 투자 피해자는 집계된 것만 5만 명, 피해 금액은 10조 원에 이른다.[76] 문제는 분양형 호텔을 분양받은 사람들이 확정수익을 보장한다는 광고만 믿고 계약을 한 경우가 많다는 것이다.

맹신은 위험천만한 일이다. 수익을 보장하는 시행사가 믿을 만한지, 자금력이 있는지도 꼼꼼히 따져야 한다. 시행사가 부도가 나면 수익 지급 보증서는 휴지조각이 된다. 아무리 굳은 약속도 호주머니가 비면 언제든지 물거품이 될 수 있으니 스스로 방어책을 마련해야 한다.

가끔은 합리적 상상력도 필요하다. 나중에 자금이 필요할 때 되팔 수 있는지, 그것을 팔아줄 공인중개사가 있는지도 따져보고 결정해야 한다. 대부분 분양형 호텔 같은 틈새 상품은 이를 취급하는 중개업자가 거의 없다. 팔고 싶어도 퇴로가 없어 더 막막할 수 있다.

공짜 마케팅의 덫에 걸리지 말라

세상 어디에도 공짜 싫어할 사람은 없다. 뭔가를 공짜로 얻으면 왠지 기분이 좋고, 때로는 흥분된다. "공짜라면 양잿물도 마신다"라는 속담처럼 공짜는 사람의 이성을 마비시킨다. 슈퍼마켓에서 원래 살생각이 없는 물건도 '1+1' 행사를 하면 장바구니에 넣게 된다. 공짜는 사람을 구매로 끌어당기는 마법이다. 덤으로 준다고 하면 사야 직성이 풀린다.[77]

부동산시장에서도 소비자들이 공짜에 쉽게 넘어가는 심리를 활용한다. 주로 계약자를 대상으로 파격적인 물건을 추첨을 통해 공짜로 주는 경품 마케팅이 그것이다. 경품으로 외제 승용차, 호텔 피트니스클럽 회원권, 금반지 등을 내건다. 경품 공세는 비인기 지역 아파트에서 미분양 털어내기 방법으로 많이 사용된다. 여기서 우리가 알아둬야 할 점은 분양 사업장마다 다를 수 있지만, 대체로 경품은 공짜가 아니라 분양가에 포함된 마케팅 비용이라는 것이다. 비용 부담은 고스란히 분양을 받는 소비자 몫이지만 건설사는 마치 공짜인 것처럼 생색을 낸다.

요즘 분양 때마다 단골 메뉴로 등장하는 '중도금 무이자 대출' 역시 공짜의 함정이다. 중도금 무이자 대출 메커니즘에 대해 정확히 이해할 필요가 있다.

중도금 무이자 대출에 따른 금융 비용은 대체로 분양가의 4~6%를 차지한다. 이 대출을 적용하는 아파트 단지에서는 미적용하는 아파트보다 분양가가 올라갈 게 뻔하다. 그러나 무이자 유혹은 강력해서 공짜에 초점이 맞춰지면 분양가를 따지는 감각은 무뎌진다. 더욱이 분양가가 낮은 아파트일수록 일반 소비자들은 대출이자를 얹어 분양가를 책정해도 큰 차이를 못 느낀다. 이러다 보니 중도금 무이자 대출은 서울 강남의 고가 주택보다는 외곽의 저가 아파트에서 많이 이뤄진다.

중도금 무이자 대출은 분양 계약자 명의로 중도금을 빌리고 이자만 건설사가 대납해주는 구조다. 따라서 아파트 중도금을 무이자로 대출받았다가 시공사가 부도나면 무이자 혜택도 끝난다. 부도에 따른 공사 중단 이후에 발생하는 이자는 분양 계약자가 부담해야 하기 때문이다.[78] 그러므로 자금력이 튼튼하지 않은 건설업체가 제공하는 중도금 무이자 혜택만 보고 덜컥 계약하는 것은 재고해봐야 한다.

물건이 안 좋을수록 포장은 화려하더라

중국의 고사성어 '화이부실(華而不實)'을 기억하는가? 꽃은 화려하지만 열매를 맺지 못한다는 뜻으로, 겉모습은 화려하지만 실속이 없음을 비유하는 말이다. 분양 조건이 파격적일수록 '빛 좋은 개살구'가 될 수 있음을 경계해야 한다.

입장을 바꿔보자. 만약 당신이 상가를 사는 사람이 아니라 파는 사람이라면 장사가 잘되는 상가를 위해 파격적인 마케팅 기법을 쓸까?

당신은 '뻔한 질문을 왜 하느냐'는 표정을 지을 것이다.

물건이 안 좋을수록 포장은 화려한 법이다. 모델하우스의 화려한 마감재보다는 아파트가 들어설 입지나 가격을 보고 결정하라. 분양조건보다도 해당 부동산의 본질적인 가치를 보고 판단하는 게 좋다는 이야기다. 겉만 번지르르한 포장에 속지 마라.

특히 유명 연예인이 출연하는 광고만 보고 계약하면 안 된다. 그 아파트나 상가를 분양받으면 연예인처럼 멋지고 여유 있게 살 수 있을 것 같은 착각에 빠지게 되지만 연예인과 아파트나 상가는 아무런 관계가 없다. 십중팔구, 그 연예인은 그 아파트를 분양받거나 그 상가에 쇼핑하러 오지 않을 것이다. 모델값으로 돈을 받고 분양 때 잠시 얼굴을 내밀 뿐이다. 분양받은 지 2~3년이 지나 입주할 때쯤이면 그 연예인은 그 아파트 광고를 했는지도 기억하지 못할 수 있다. 광고라는 포장보다는 집의 가치를 볼 수 있는 안목을 기르는 것이 필요하다.

같은 부동산 투자 결과를 놓고도 '나'와 '타인'에 대한 평가 잣대는 다르다. 이기적 편향이 작동하기 때문이다. 우리는 왜 부동산 전문가가 부자일 것이라 짐작하며, 때로 부동산업계에 삐딱한 시선을 보낼까? 이는 유형화 오류의 결과다. 부동산을 인식하는 의제와 틀을 제공하는 언론의 이야기는 행간에 가려진 뉘앙스를 잘 읽어야만 진의를 파악할 수 있다. 앞날이 불안할수록 대중은 전문가의 예측에 의존하지만 예측으로 투자해 부를 일군 사람은 드물다. 부동산 투자에서 때로는 뭉치면 망하고 흩어지면 산다. 여러 사람이 모이면 책임 지지 않으려는 회피심리 때문에 소신주의자도 회의주의자로 바뀐다. 이전 정보가 기준점이 되어 그다음 판단에도 영향을 주는 닻내림 효과로 인해 사람들은 착시를 겪기도 한다.

4장

한국 부동산은
일본 부동산의 복사판이 될까?

"고정관념이 형성되면 객관적인 정보마저도
고정관념을 위해 각색된다."

사람은 누구나
이기적 편향으로 살아간다

내가 투자해서 망한 이유는 순전히 운이 닿지 않아서라고 환경을 탓한다.
하지만 다른 사람이 실패하면 능력이 모자라기 때문이라고 생각한다.
나와 다른 사람의 평가 잣대는 이처럼 다르다.

◆

요즘도 임대주택 건립 예정지역에선 주민들의 반발로 몸살을 앓
고 있다. 이 현상을 과연 어떻게 봐야 할까? 이기적 행동인가, 재산을
지키기 위한 자구(自救) 본능인가? 서민들의 주거 안정을 위해 공공
임대주택을 짓는 것은 시급한 국가사업으로 이를 반대할 명분이 없
다. 그래서 가끔 공공임대주택 건립을 반대한다는 뉴스를 들으면 일
단 지역이기주의라고 몰아붙이기 일쑤다.

하지만 막상 이해당사자가 되면 관점이 달라진다. '취지는 공감,
우리 동네는 사절'로 압축된다. 공공임대주택을 짓는 것은 좋은 일이
지만 왜 하필 우리 동네냐 하는 이중성이다. 관련 정책 담당 공무원
도 공공임대주택이 막상 자신의 마당 앞에 들어선다면 막연한 불안

감을 느낄 것이다. 그래서 이 계획을 반대하는 사람을 무조건 비난만 할 수 없는 일이다.

이처럼 같은 현상이라도 보는 사람의 시각에 따라 세상일은 천차 만별이다. 이는 투명 렌즈가 아니라 자신에게 유리한 쪽으로 만들어 진 컬러 렌즈로 세상을 바라보기 때문이다. 같은 돈을 거래하면서도 빌릴 때와 갚을 때 태도가 달라진다. '내가 하면 로맨스, 남이 하면 불륜' '내가 하면 절세, 남이 하면 탈세' '내가 하면 생존권 투쟁, 남이 하면 님비 현상' 등 인간의 겉 다르고 속 다른 모습을 지적하는 표현 이 많다.

이런 심리적 특징을 '이기적 편향(self-serving bias)'이라 부른다. 이는 자신에게 유리하게 사고하는 방식인데, 자신의 자존감을 높이 거나 방어하려는 욕구 때문에 생겨난다.[79]

다시 부동산으로 돌아오자. 우리가 자주 듣는 '내가 하면 투자, 남이 하면 투기'라는 말도 이기적 편향이다. 사실 투자와 투기를 무 자르듯 분명하게 구분하기는 쉽지 않다. 이론적으로 볼 때 투기는 부동산에서 취득·운용·매각이라는 3단계에서 운용이 빠진 것이다. 말하자면 운용 과정 없이 시세 차익만 노리고 투자하는 것을 말한다.

전세보증금이라는 지렛대를 활용해 집을 사는 행위가 대표적인 투기행위다. 안정적인 월세를 받을 목적으로 집을 매입했다면 투자 행위가 된다. 하지만 목적은 상황에 따라 변할 수 있다. 월세를 놓기 위해 집을 샀지만 세입자를 구하지 못해 전세로 돌렸다면 이는 투기 인가, 투자인가?

이처럼 투기와 투자의 구분은 질풍노도기인 10대 때의 욕정과 이성에 대한 호기심을 구분하는 것처럼 모호한 영역이다. 오죽하면 '투자는 성공한 투기, 투기는 실패한 투자'라는 말이 있을까.

나는 능력, 남은 도덕으로 평가한다

같은 부동산 투자 결과를 놓고서도 '나'와 '남'에 대한 평가 잣대는 서로 다르다. 우선 투자에 성공했다고 생각해보자. 자신의 행위는 능력 차원에서 보지만, 남에 대한 평가는 도덕성 차원에서 평가한다.[80] 내가 부동산에 투자해서 돈을 벌었다면 순전히 나의 실력 때문이다. 투자의 성공은 부동산 흐름을 정확하게 읽는 안목이 있었기에 가능했다고 생각한다. 최적의 투자처를 찾기 위해 밤늦게까지 공부하고, 다리품을 팔았던 기억이 되살아나며, 성공은 땀과 탁월한 감각의 당연한 결과라고 여긴다. 즉 수행 업적이나 결과를 중시한다.

하지만 다른 사람에 대해선 도덕이나 윤리라는 잣대를 들이댄다. 도덕과 윤리 잣대가 나보다 남을 향하니 이율배반적이다. 이러다 보니 남에 대해선 결과보다 의도나 절차, 과정을 더욱 중요시한다. 다시 말하자면 투자 과정에서 불법은 없었는지, 세금은 제대로 냈는지를 따진다.

또 하나, 나는 실적으로 나타나는 '현재'로만 평가하려고 한다. 투자 과정이 어떻게 되었든 지금의 투자 성적만 좋으면 스스로 만족하고 자부심을 느낀다. 출세를 한 사람일수록 남들이 오로지 현재 모습으로 평가해주기를 바란다.

하지만 남에 대해서는 현재 모습만을 평가하지 않고 과거부터 현재까지의 모습을 통틀어 평가하려고 한다. 과거에 티끌만 한 흠결이 있어도 마치 현재 부정을 저지른 사람인 것처럼 매도한다. 또한 어떤 사람이 부동산 투자로 돈을 벌었다면 일단 부러워하면서도 투기라는 색안경을 끼고 보려고 한다. 이처럼 남의 성공, 특히 부동산 투자의 성공에 대한 평가는 가혹하다.

반대로 실패할 경우 성공과 정반대의 평가를 한다. 내가 투자해서 망한 이유는 순전히 운이 닿지 않아서다. '그 부동산 중개업소 근처를 지나가지 않았다면 충동구매를 하지 않았을 텐데, 운이 나빴어'라고 생각한다. 자신의 능력 부족과 판단 착오는 애써 무시한다. 자신의 내부 상황보다는 외부의 불가피한 상황 탓으로 돌리는 것이다. 그러나 상대방의 실패는 운이 아니라 능력 때문이라 간주하며 실패한 사람의 이야기를 패자의 변명이나 핑계에 불과하다고 생각한다.

이처럼 문제가 된 나의 행동은 환경적 요인에서, 남의 행동은 내부 요인에서 찾으려는 경향을 심리학적으로 '근본적 귀인 오류'라고 한다. 귀인(歸因)은 원인을 어떤 탓으로 돌린다는 뜻이다. '근본적 귀인 오류' 현상이 나타나는 것은 자신과 타인의 행위에 대한 평가와 판단의 무게 중심이 서로 다르기 때문이다.[81]

'산 집'과 '판 집'에 대한 생각의 차이

어느 날 당신은 서울 외곽에 위치한 아파트를 산다. 하지만 얼마 가지 않아 그 선택을 후회한다. 바로 앞이 초등학교라 시끄럽고, 개별난방인 보일러도 오래된 탓에 고장이 잦다. 이미 잔금을 치러 엎질러진 물처럼 되돌릴 수 없는 노릇이다. 이제 생각을 무한긍정으로 바꾼다. 이왕 산 집, 장점이 많다고 자신을 설득한다. 아침저녁으로 초등학교 운동장에서 운동하기에는 이 집만 한 곳이 없다고 선택을 합리화한다. 상대적으로 물가도 싸서 월급봉투가 얇은 월급쟁이에게 더할 나위 없이 적합한 곳인 것 같다.

하지만 그 집을 팔았을 때는 생각이 다르다. 이제는 팔았으므로 좋지 않은 점만 생각한다. 이미 판 아파트는 지금 사는 집보다 산이 멀어 주말에 등산하기가 어렵다. 고층이라 재건축도 하기 어려워 계속 보유해봐야 메리트가 없다. 관리비는 왜 그렇게 많이 나오던지…. 생각해보니 엘리베이터 고장도 너무 잦았던 것 같다. 잔금을 받아 내 품을 벗어난 그 아파트의 시세는 이제 다시 보려고도 하지 않는다.

이런 행위가 우리가 잘 아는 '인지 부조화 이론'이다. 인지 부조화는 행위와 믿음의 불일치에서 비롯된다. 행위와 믿음이 충돌하면 한쪽으로 일치시켜 모순을 해소하려 한다. 행동으로 이미 옮겼으므로 자신의 믿음을 바꿔 불일치를 해소하는 게 나을 것이다. 자기 합리화를 통해 마음의 불편을 해소하려는 것이다.[82]

부동산 전문가들은 다 부자일까?

"부동산에 투자해서 큰돈을 번 줄 안다니까요."

부동산 전문가를 만나보면 이런 볼멘소리를 자주 한다. 부동산 전문가 하면 강남에 집이 몇 채, 수백억 원짜리 빌딩을 소유한 '찐 부자'라고 지레짐작한다. 하지만 제도권에 있거나 언론에 나오는 부동산 전문가일수록 부자는 드물다. 한 부동산 전문가는 내게 이런 말을 했다.

"아들 친구가 너희 집에는 가정부가 몇 명이냐고 물었대요. 가정부는커녕 맞벌이하느라 헉헉대는데…."

그 역시 일반인처럼 집을 살 때 빌린 대출이자를 내느라 쪼들리면서 산다. 주변에 아는 부동산 전문가 중에서 강남에 고가 아파트를 보유한 사람은 드물다. 가뭄에 콩 나듯 가끔 찾아볼 수 있을 뿐이다. 은행에서 부동산 상담 업무를 맡는 후배는 40대 중반인데도 아직도 무주택자다.

그런데도 많은 이들이 부동산 전문가는 다주택자에 투기를 부추기는 집단이라는 색안경을 쓰고 본다. 혹은 집값 오르기를 인디언 기우제 지내듯 기도하고 다주택자를 위한 '집비어천가'를 부른다고 생각한다.

부동산 전문가는 의사결정을 내릴 수 있는 정보를 자주 접할 수 있을 것이다. 하지만 그 정보는 일반인도 흔히 접할 수 있는 시황정보 수준이다. 더구나 요즘은 시황정보도 SNS를 통해 빠르게 전달되어 전문가가 더 빨리 얻는다는 보장도 없다. 진정한 정보는 시장 흐름을 읽을 수 있는 시황정보보다 투자정보보.

전문가들이 대박을 터뜨릴 수 있는 개발정보를 얻어 투자한다는 것은 투기행위가 아니라 범죄행위다. 이런 투자정보를 책상에 앉아 있는 제도권 전문가들이 입수하기란 현실적으로 어렵다. 팔자를 고칠만한 국지적 개발정보를 귀띔해줄 공무원도 없다. 공무원 사회의 윤리 의식이 많이 높아져서다.

요컨대 전문가에게 이렇다 할 차별적 정보가 없다는 이야기다. 설사 정보를 갖고 있다고 해도 투자를 결정하는 문제는 또 다른 영역이다. 돈과 결단력이 뒤따라야 한다. 그런데도 대중의 선입견과 실제는 왜 이렇게 차이가 날까? 심리학에서 이를 '유형화 오류(stereotyping error)'라고 부른다. 어떤 집단에 속한 사람을 볼 때 무조건 같은 부류로 인식하는 지각의 오류다. 그 업무에 종사하면 비슷한 범주의 사람으로 생각한다는 것이다. 이는 사회적으로 형성된 고정관념이 큰 영향을 끼쳤을 것이다.

외국인에게 한국은 '태권도의 나라'로 널리 알려져 있다. 그래서 외국인들은 건장한 한국인 남성을 보면 태권도 유단자인 줄 알고 긴장한다고 한다. 우리가 키 큰 중국인 남성을 만나면 쿵후 유단자를 떠올리는 것과 유사하다. 마찬가지로 서울 사람들은 시골에서 상경한 대학생을 보고 농사꾼 자식이라고 생각한다. 하지만 시골에서도 농사를 짓기보다 의사이거나 공무원인 사람도 부지기수다. 그런데도 우리는 고정관념이라는 인식의 틀로 사람을 판단한다. 고정관념이 형성되면 객관적인 정보마저도 고정관념을 지지하는 쪽으로 각색 처리된다.[83] 기존의 생각을 더욱 공고히 하는 자기 합리화다.

가끔 SNS에 심리나 철학과 관련된 글을 올리면 일부 사람들은 생뚱맞다는 반응을 보인다. 부동산 전문가는 온종일 부동산만 생각하고 살 것이라는 선입견 때문일까? 이런 고정관념은 사람의 활동을 제약시키는 요인으로 작용한다. 또 다른 유형화의 오류다. 정형화된 생각이 형성되면 결국 사회적으로 오해나 편견을 부르기 쉽다.

집값이 크게 오르기라도 하면 전문가들이 집값을 부추겼기 때문이라고 삐딱한 시선을 보낸다. 부동산 전문가들을 집을 많이 사놓고 값만 오르길 염원하는 사람으로 생각해서다. 이는 부동산 전문가를 균형적인 견해를 가진 사람보다 이해당사자로 보기 때문일 것이다. 이런 이미지 형성에는 일부 부동산 전문가나 고수의 일탈 행위도 영향을 미쳤을 것이다. 하지만 유형화의 오류는 여전히 강력한 힘으로 작용한다. 그래서 부동산 기사나 유튜브에 악성 댓글이 넘쳐난다. 그런 집단적 오해에서 벗어나는 날이 올까? 쉽지는 않을 것 같다.

부동산업계가 사회적으로 제대로 대접받으려면 확 달라져야 한다. 일반인들의 왜곡된 시선을 탓할 게 아니다. 부동산업계가 일부 자초한 측면이 있기 때문이다. 지금 필요한 것은 윤리 혁명이다. 매입·보유·매도 단계에서 세금이나 절차 등의 모든 과정이 투명하지 않고서는 부동산은 음습한 밀실 비즈니스에서 벗어나지 못할 것이다.

부동산 뉴스가 없으면
집값도 조용할까?

부동산 뉴스나 광고는 행간에 가려진 뉘앙스를 잘 읽어야 진의를 파악할 수 있다.
정말 무슨 이야기를 하는 것인지 말이다. 공급자가 아닌 수요자 관점에서
정보를 꿰뚫어 볼 수 있는 지혜도 필요하다.

◆

"내가 자충수를 두고 있구나." 경제일간지 부동산 담당 기자 박병인(가명·36) 씨는 아파트값이 다시 오른다는 경제면 톱기사를 송고해 놓고 혼자 되뇌었다. 자충수는 '스스로 행한 행동이 결국에는 자신에게 불리한 결과를 가져오게 됨을 비유적으로 이르는 말'이다.

박 기자는 수도권 한 아파트에서 5억 원짜리 전세에 사는 무주택자다. 전세가 만기되는 6개월 뒤 전세보증금에 대출을 내서 인근 아파트를 구입할 예정이다. 사실 박 기자 개인을 위한다면 집값은 더 내려가는 게 좋다. 하지만 박 기자는 자신에게 불리해져도 집값 상승 소식을 전할 수밖에 없다는 사실 또한 잘 안다. 그것이 기자의 사명이자 책무라고 믿기 때문이다.

'무주택 스트레스'를 겪는 사람을 꼽으라면 부동산 기자들도 빠질 수 없다. 일반인들은 '부동산 기자들은 집을 여러 채 갖고 있을 테니 집값을 부추기는 기사나 쓰지 않을까?' 하고 생각하기 쉽다. 하지만 현실은 그렇지 않다. 신문사 편집국에서 부동산 기자들은 젊은 층이라 월급봉투가 얇은 데다 모아놓은 돈도 많지 않다. 그래서 집값이 크게 오를 때 그 사실을 전하는 무주택 기자들은 무척 고통스럽다.

"모르는 게 약" "무소식이 희소식"이라는 속담은 이럴 때 잘 맞아떨어진다. 집값이 상승했더라도 차라리 그 사실을 모르면 마음은 덜 고통스럽다. 그 사실을 인지하는 순간 고통은 커질 수밖에 없다. 부동산 기자들은 매일 그 사실을 인지하고 독자들에게 전달까지 해야 하니 고통의 강도는 일반인보다 몇 배 더 클 것이다.[84]

부동산 기자들은 좋은 소리보다는 나쁜 소리를 더 많이 듣는다. 한 부동산 기자는 험악하게 달린 댓글을 볼 때면 직업에 회의를 느낀다고 했다. 아이러니하게도 부동산 기자들은 박 기자처럼 가끔 자신이 쓴 기사의 유탄을 맞는다. 직업 때문에 집값이 오른다는 기사를 쓰지만, 그것이 부메랑이 되어 무주택자인 자신을 겨냥하기 때문이다.

미디어의 핵심 기능, 의제와 틀

부동산시장에서 언론의 역할은 지대하다. 무엇보다도 언론이 시장에 참여하고 있는 인간의 심리를 직접 건드리기 때문일 것이다. 그래서 '언론 때문에 집값이 오르고, 언론이 집값을 떨어뜨린다'는 말도 나온다. 이는 다소 억측이지만 그래도 믿는 사람들이 많다. 집값을 띄우기 위한 의도적인 보도가 아니더라도 언론의 선정적이고 자극적인 보도는 부동산시장을 들쑤시는 기폭제가 된다. 어떨 때는 집값이 오른다는 유력 일간지 보도나 공중파 방송 뉴스가 나온 다음 날 집주인이 호가를 올리거나 매물을 거둬들인다.

요즘은 부동산 뉴스가 스마트폰이나 SNS에서 야구 경기 생중계되듯 실시간으로 보도되면서 부동산 가격에 미치는 영향력이 더욱 커졌다. 언론은 시장 참여자에게 부동산을 인식하는 의제와 틀을 제공한다. 특정한 이슈에 대중의 관심을 끄는 능력이 바로 언론의 의제 설정 기능이다.[85]

평소 집값에 관심이 없거나 잘 알지 못했던 사람들도 언론의 집값 보도에 관심을 둔다. 어느 한쪽에서 웅성거리는 소리가 들리면 자기도 모르게 '무슨 일이 일어났나?' 하는 궁금증 속에 눈길이 가는 것처럼 말이다. 심리학적으로 봤을 때, 계속 강한 자극을 주면 그 자극이 대단한 것처럼 받아들이는 '현저성 편향(salience bias)'이 나타난다.[86]

어떤 이슈가 연일 신문이나 방송에서 톱뉴스로 다뤄지면 진짜 중요한 사건인 것처럼 느껴지고, 다른 뉴스는 관심사 밖으로 밀려난다. 당연히 언론 보도 건수와 대중의 관심은 비례할 것이다.[87] 결국 계속된 부동산 가격 상승 보도로 말미암아 부동산시장의 이슈나 상황을 파악하는 강력한 틀이 만들어지고, 시장 참여자들은 그 틀에 따라 해석하는 것이다.

가격 변동을 더 부채질하더라

언론 보도가 부동산 투기를 부추기는 걸까, 아니면 가격이 오른 사실을 사후 보고하는 중계 기능에 그치는 걸까? 이를 연구한 결과는 다양하지만 분명한 점은 언론이 어떠한 형태로든 부동산시장에 영향을 주는 것은 맞는 것 같다. 바로 가격과 거래량의 진폭(변동성)을 확대하는 기능을 한다.

언론이란 옆 사람에게 하는 속삭임이 아니라 마이크에 대고 소리치는 외침 같은 것이다. 대중에게 획일적 사고를 통한 무리 짓기를 유도한다. 시장 참여자들은 미래가 불안하면 언론 보도에 따라 움직이는 것이 낫다고 판단하는 경향이 있어서 언론이 대중을 한 방향으로 쏠리도록 유도한다는 이야기다. 그래서 언론은 집값이나 전셋값이 오를 때는 더 오르게 하고, 내릴 때는 더 내리게 한다.

구독자나 시청자의 시선을 사로잡기 위한 자극적인 부동산 뉴스는 불안감을 더 가중시킨다. 언론은 역전세난을 걱정하지만, 실제로 이런 걱정이 오히려 전셋값을 더 떨어뜨리는 역풍을 일으킨다. 일부만 알고 있던 전셋값 급락 소식을 언론 보도로 모든 사람이 알게 되는 확산 효과가 나타나기 때문이다.

하지만 언론사들은 집값 불안을 자신들의 탓으로 돌리려는 분위기에 불만이 많다. 요즘은 오히려 SNS에서 나도는 정보가 시장 참여자들에게 더 영향을 미친다는 것이다. 한 언론사 부동산 기자는 "요즘 언론사의 시장 영향력이 예전 같지 않은데도 투기를 조장한다는 선입견에서 벗어나지 못하고 있다"며 한숨을 내쉬었다.

물론 언론이 부동산시장 안정에 부정적인 역할만 하는 것은 아니다. 정보를 신속하게 전달함으로써 부동산시장이 균형을 찾는 데 도움을 준다. 부산에 사는 자영업자 김형숙(가명·66) 씨는 2023년 초 서울 강동구 아파트값이 급락했다는 인터넷 뉴스를 보고 해당 지역 중개업소를 찾았다. 가격이 많이 내려간 시점이 큰아들에게 집을 사주기에 좋을 때라는 생각에서다. 김 씨는 "뉴스가 아니었다면 부산에서 서울 아파트값 소식을 어떻게 알겠느냐?"라고 말했다.

"○○아파트 가격 폭락"이라는 기사가 나오면 해당 주민들은 동요한다. 하지만 김 씨처럼 외지에서 시세를 지켜보던 대기 매수자들이 적기라고 판단하고 저가 매수세에 나선다. 효율적 시장 가설에서 이야기하는 시장의 자율 조정 기능이 작동하는 것이다. 그런데 저점 매수 움직임은 가격이 한참 떨어지고 난 뒤에나 일어난다. 말하자면 언론의 정보 전달에 의한 자율 조정 기능이 작동하기까지는 시간이 너무 많이 걸린다. 언젠가는 제자리로 되돌아가겠지만, 시장은 그사이에 큰 비용을 치른다.

틀 짓기에 걸려들지 말라

"암 수술 성공 확률이 95%입니다." "암 수술 실패 확률이 5%입니다." 한 의사가 두 환자에게 수술을 제의하면서 이같이 말했다. 누가 수술에 동의할 가능성이 클까? 당연히 전자일 것이다. 왜냐하면 환자들은 수술의 실패보다 성공에 초점을 더 두기 때문이다.

사실 환자가 생존할 확률은 동일하지만 받아들이는 어감이 다르다. 이처럼 똑같은 사안이라도 어떻게 표현하는가에 따라 전혀 다른 느낌을 준다. 이를 심리학 용어로 '틀 짓기 효과(framing effect)'라고 부른다.

언론도 단순히 정보만 전달하는 것이 아니라 사건의 의미를 이해하는 틀(프레임)을 제공한다. 같은 뉴스라도 신문이나 방송마다 색깔이 다르다. 어떤 뉴스는 정반대의 시각을 드러낸다. 뉴스에 대한 틀 짓기를 어떻게 하느냐에 따라 시청자나 독자들의 시각이 달라질 수 있는 것이다.

가령 어떤 뉴스에서는 부동산 세금을 무겁게 매기는 정책이라는 중립적인 표현 대신 세금 폭탄 정책이나 징벌적 중과세 정책이라고 쓴다. '폭탄'이나 '징벌' 같은 표현은 당사자의 거친 감정적인 반응을 유발하기 마련이다. 집값 동향을 전하는 뉴스에서도 '폭등'과 '폭락'이라는 어휘를 쓰면 시장 참여자들이 심리적 동요를 일으킨다.

문장 속으로 좀 더 들어가보자. '○○지역에서 분양하는 아파트는 실수요자에게 적합하다'라는 부동산 뉴스를 흔히 볼 것이다. 이 기사는 좀 더 노골적으로 표현하면 투자자에게는 적합하지 않은 아파트라는 이야기다. 만약에 ○○지역이 투자자에게 적합하지 않은 곳이라는 뉴스가 나가면 해당 지역 주민들은 "근거를 대라"며 항의할 것이다. 그래도 투자하지 말라는 조언을 하긴 해야 하는데, 직설적으로 표현하면 반발이 많으니 실수요자에게 적합하다는 식으로 우회적인 표현을 쓰는 것이다. 또한 '보수적으로 판단하라' '신중하게 생각하라'같은 표현 역시 기자의 솔직한 심정은 어지간하면 행동으로 옮기지 말라는 이야기다. 그래서 '○○지역부동산에 대한 투자는 신중하라'는 조언은 투자했다가는 골치를 앓을 수 있으니 사지 말라는 또 다른 표현이다. 일반적으로 부모가 사회생활을 시작한 아들에게 '항상 신중하게 처신하라'고 말하는 조언과는 다른 것이다. 부모의 말은 섣불리 행동하지 말라는 것이지, 행동 그 자체를 하지 말라는 뜻은 아니기 때문이다.

언론에서는 '집값 하락'을 '집값 조정'으로 바꿔 표현하기도 한다. 하락은 가격이 내려가는 그 자체를 의미하지만, 조정은 지금은 떨어지지만 언젠가는 다시 오를 것이라는 뜻을 내포하고 있다. 조정은 미래의 기대가 어느 정도 섞인 단어라고 볼 수 있는 셈이다. '부동산시장의 미래가 불확실하다'라는 표현은 거칠게 말하면 어떻게 될지 잘 모르겠다는 것이다.

또한 뉴스에서 '부동산시장이 불안하다'라고 할 때 '불안'은 2가지 이상의 뜻으로 해석될 수 있는 중의적인 표현이기에 조심하는 게 좋다. 부동산 가격이 많이 내려도 불안, 부동산 가격이 많이 올라도 불안이라고 표현할 수 있기 때문이다. 그리고 상품 가격이 변동하는 정도를 뜻하는 변동성은 상승보다 하락을 경계하기 위한 말로 자주 사용된다. 가령 전망보고서의 '변동성 위험'이라는 말은 하락할 수 있으니 조심하라는 이야기다. 이처럼 우리는 순전히 말의 어감 차이로 진실을 못 볼 때가 의외로 많다.

일상생활에서 흔히 보는 부동산 광고도 수요자 측면에서 보면 해석이 달라진다. 가령 '가성비 최고'라는 표현은 살기 불편한데 가격만 싼 집일 수 있다. 즉 집주인 처지에서는 '실속 있는 집'일 수 있으나 세입자 측면에서 보면 '싼 게 비지떡인 집'일 수도 있다. 광고문구에 '마을버스'라는 말이 있을 때는 지하철에서 멀다는 것을 에둘러 표현한 것이다. 또한 '동네마트에서 가깝다'는 표현도 주위에 편의점이나 할인점이 없다는 말일 수도 있다. 단점을 감추려는 언어 프레임일 수 있으니 조심하라는 것이다.

따라서 부동산 뉴스나 광고를 볼 때 단어의 행간에 가려진 뉘앙스를 잘 읽어야 진의를 파악할 수 있다. 정말 무슨 이야기를 하는 것인지를 말이다. 아울러 공급자가 아닌 수요자 관점에서 정보를 꿰뚫어 볼 수 있는 지혜도 필요한 것 같다.

부동산시장은 1차 방정식이 아니다

"집값 상승과 집값 상승 요인을 구분하십니까?" 이런 질문을 하면 많은 사람이 당연한 것을 왜 묻느냐고 한다. 하지만 막상 부동산 뉴스를 읽을 때 상승과 상승 요인, 하락과 하락 요인을 구분하지 못하는 경우가 많다. 어찌 보면 비슷한 것 같지만 실제로는 엄청나게 큰 차이다. 이 사소한 차이를 구분하지 못해 오판한다.

예를 들어보자. 양도소득세율을 인하하면 집값이 상승하는 것이 아니라 상승 요인으로 작용한다. 그런데도 사람들은 무의식적으로 '양도세율 인하 = 집값 상승'으로 무리하게 연결 고리를 만들려고 한다. 즉 '양도세율을 인하하면 세 부담이 낮아져 부동산 수익률이 올라갈 것이고, 그만큼 집값이 오를 거야'라고 생각한다. 하지만 양도세율 인하에 즈음해 금리가 올라가거나 금융시장이 경색되는 상황이 오면 어떻게 될까? 이 경우 양도세율 인하에도 집값이 오히려 떨어질 수 있다. 말하자면 하락 요인의 힘이 상승 요인을 압도하는 것이다. 양도세율 인하는 집값을 끌어올리는 상승 요인일 뿐, 그 자체가 상승으로 연결되는 것은 아니다. 그러니 양도세율이 인하된다는 소식만 듣고 집을 덜컥 샀다가는 낭패를 당할 수 있는 셈이다.

대체로 어떤 정책 변화가 부동산시장에 미치는 영향을 설명할 때에는 다른 변수는 고정되어 있다는 전제하에 이뤄진다. 경제학 원론에서 봤던 '세테리스 파리부스(ceteris paribus)'라는 구절을 떠올려보자. 이는 '다른 조건이 같을 경우'라는 뜻의 라틴어다.[88] 시장에 미치는 변수가 너무 많아 이를 모두 포함하면 갈피를 잡을 수 없다. 그래서 한 변수만 움직이고 나머지는 고정변수로 가정하고 설명하는 것이다. 한 변수만 보고 시장을 분석하는 것이니 1차 방정식($y=ax+b$) 해석법이다.

세상일이 변수 하나로만 움직인다면 얼마나 예측하기 쉬울까? 복잡하게 생각할 게 없어 마음도 편할 것이다. 프랑스에서 몇 년 전 〈세테리스 파리부스〉라는 코미디 영화까지 나온 것을 보면 사람들은 뭔가 단순명료한 것을 확실히 선호하는 것 같다. 하지만 세상만사가 어디 그런가. 나머지 변수들이 가만히 있는 게 아니라 이리저리 움직인다. 한 변수에만 집착할 경우 애초 예측과는 전혀 다른 엉뚱한 방향으로 갈 수 있다.

가령 정부의 규제 완화는 다른 변수가 고정변수라는 전제하에서는 효과가 나타난다. 하지만 다른 변수가 움직이면 집값은 어떻게 될지 알 수 없다. 규제 완화는 시장 활성화의 한 요인에 불과한 것이다.

한 변수의 비중을 지나치게 높여 시장을 보는 것은 위험하다. 따라서 객관적으로 시장을 보기 위해서는 한 변수에만 집착하는 습관은 버려야 한다. 그 변수 아래 다른 변수들이 잠복하고 있다는 것을 아는 것이 중요하다. 그래야 판단에 실수가 생기지 않는다.

예측으로 부를 일군 사람은
시장에 드물다

세상이 어지러울수록 대중은 절대자를 찾는다.
자신의 희망을 대신 이야기해주는 대역을 찾고 있는지 모른다.
시장은 꿈으로 움직이지 않는다. 한쪽의 주장만 늘어놓는 사람은 경계하라.

◆

"경제 예측을 하는 사람은 사시(斜視)의 투창 선수와 같다. 그는 정확성을 다투는 시합에서는 잘 이기지 못한다. 그러나 군중의 이목은 계속 받을 것이다."[89] 미국의 저명한 도시경제학자 아서 오설리반은 대중이 예측에 실패하는 전문가에게 실망하면서도 또 찾게 되는 역설을 이같이 말한다. 사시는 한쪽 눈의 시선이 나머지 한쪽 눈의 시선과 서로 달라 물체의 위치를 정확히 맞추기 힘들다.

눈에 결함이 있는 사시 투창 선수가 창을 던지면 엉뚱한 방향으로 날아갈 것이다. 아무리 똑바로 창을 던지려고 해도 숙명적으로 표적을 맞히기 힘든 사시 투창 선수처럼 경제 예측 전문가도 비슷한 처지다.

그런데 사람들은 앞날이 불안할수록 전문가의 예측에 귀를 쫑긋 세운다. 전문가로 포장된 권위에 자신을 맡겨버리려 한다. 같은 전망 보고서라도 외국계 유명 금융기관, 연구소 타이틀만 붙으면 더 주눅이 든다. 그 보고서를 작성한 사람이 한국인이라는 것을 알면서도 그 타이틀에 압도당한다.

그러나 실상은 내로라하는 전문가들도 미래를 정확히 내다볼 수 없다. 전문가들의 예측도 번번이 틀린다. 그래도 전문가들의 미래 예측은 여전히 계속된다. 미래를 전망하는 것이 그들의 역할이기 때문이다. 오죽하면 '예측은 틀리기 위해서 하는 것'이라는 자조 섞인 말까지 나올까?

실제로 앙드레 코스톨라니는 "경제 전문가란 두 눈을 가리고 싸우는 검투사와 같다"라고 했다.[90] 자신의 실력을 과신하는 일부 경제 전문가에게 경종을 울리는 메시지다. 겨울이 지나면 봄이 오듯 사계절의 자연적 현상에 대한 예측은 비교적 쉽다. 하지만 복잡다단한 경제 현상처럼 수십 개의 변수가 모여 울리는 변주곡을 알아맞히는 것은 녹록지 않다.

국내에 많은 주식 전문가, 경제 전문가들이 있지만 그렇게 자신의 예측으로 투자해 부를 일군 사람들은 많지 않다. 대부분 아침 일찍 출근하고 저녁 늦게 퇴근하며 남의 밑에서 월급을 받으며 산다. 한두 번의 성과는 가능하지만, 영광은 오래가지 않는다.

왜 '셀프 족쇄'를 채울까?

2000년대 초 여의도 증권가에 족집게 애널리스트가 혜성처럼 등장했다. 지금의 코스피지수(옛 종합주가지수) 상승·하락을 몇 개월 앞서 알아맞혔다. 그것도 한두 번이 아니라 연달아 맞추는 것이 아닌가. 이 족집게는 증권가의 영웅이 되었다. 모두 족집게 입만 쳐다봤다. 하지만 어느 날부터 그의 예측은 빗나가기 시작했다. 주가가 내려간다고 예측했지만, 오히려 천정부지로 올랐다. 그에게 돈을 믿고 맡겼던 사람들은 하나둘씩 떠나갔다.

족집게에게 도대체 무슨 일이 있었던 걸까? 족집게가 코스피지수의 향방을 예측할 수 있었던 비결은 당시에는 생소했던 경제협력개발기구(OECD) 경기 선행지수를 눈여겨본 덕이다. 즉 선진국의 실물 경기 흐름을 미리 내다볼 수 있는 OECD 경기 선행지수가 코스피지수에 앞서 움직인다는 것을 발견해낸 것이다. 선진국 경기가 좋아지는 징후가 나타나면 OECD 선행지수가 상승하고, 수출 의존도가 높은 한국 주가도 뒤따라 올라갈 것은 자연스러운 수순이었다.

하지만 중국이라는 복병이 나타났다. 지금도 OECD 미가입국인 중국은 '세계의 공장'으로 당시 초고속 성장을 했다. 인근 국가인 우리나라 제조업은 OECD 경기 위축을 상쇄할 만큼 중국 특수(特需)를 톡톡히 누렸다. 이러다 보니 OECD 선행지수가 하락해도 중국 시장의 훈풍으로 코스피지수는 오히려 급등했다.

족집게의 영광과 좌절은 도식화된 지식의 위험성을 말해준다. 전문가들은 이미 해당 분야에서 나름대로 경험과 지식을 쌓았으므로 인식의 틀을 가진 경우가 많다. 따라서 하루하루 판에 박힌 일상에서 무슨 일이 일어나면 이해나 판단 능력이 일반인보다 훨씬 빠르고 정확하다. 기존에 만들어진 인식의 틀에 맞춰 기계적으로 정보처리를 하면 되기 때문이다. 하지만 예측 범위를 넘어가는 갑작스러운 일이 터지면 오히려 문제를 더 꼬이게 한다. 잘 학습된 사고방식은 안정된 상황에서는 도움이 되겠지만 가변적이고 복잡한 상황에서는 치명적인 약점이 되는 것이다.[91]

일부 예측 전문가들은 기존의 사고나 행동 패턴에서 벗어나지 못한다. 과거에 어떤 결정을 내리고 결과가 좋았다고 하자. 그러면 나중에 유사한 상황이 나타나면 되풀이하려는 경향이 있다. 이를 심리학적으로 '자기 무리 짓기(self herding)' 현상이라고 한다.[92]

부동산 개발 사업도 평균 이상 실적을 올리기 쉽지 않다. 오히려 날고 긴다는 전문가들이 대거 포진한 업체들이 장기적으로는 낙제점 수준인 경우가 많다. 화려하게 등장했다가 흔적 없이 사라지는 업체도 수두룩하다. 실패의 원인은 여러 가지가 있지만, 수시로 변하는 부동산시장을 있는 그대로 겸허하게 받아들이지 않고 선입견으로 무리하게 사업을 진행했기 때문이다. 한두 번 성공한 방식을 그다음 번에도 그대로 재활용하려는 고지식한 행동 패턴이 사고를 부르는 것이다. 이른바 '전문가의 자기 함정'에 빠진 것이다.

실제로 많은 부동산 개발업체들이 특정 지역에서 성공한 개발 방식을 다른 곳에서도 그대로 적용하다가 고배를 마셨다. 서울의 대형

개발업체들이 서울에서 한 방식대로 부산과 대구 등 지방 광역시 재개발시장에 뛰어들었다가 홍역을 치렀다. 일부 업체들은 아직도 수렁에서 벗어나지 못하고 있다. 지역별 주택 보급률이나 소비자 취향 등을 제대로 고려하지 않은 채 덤벼들었다가 낭패를 당한 것이다.

초심을 잃지 말라? 변심을 잘해야 성공한다

우리는 "초심을 잃지 말라(Don't forget where you started)"라는 말을 자주 듣는다. 그런데 가능할까? 상황이 바뀌는데 과연 인간은 초심을 유지할 수 있을까? 개인적으로 거의 불가능하다고 본다. 아무리 겸손한 사람도 지위가 높아지면 조금은 어깨에 힘이 들어간다. 나는 그렇게 하지 않을 것이라고? 자기 자신을 너무 믿는 것 같다.

환경이 달라지면 사람도 달라진다. 자리가 사람을 만든다고 했던가. 많은 사람이 초심을 잃으니까, 역설적으로 초심을 잃지 말라고 하는 것 아닐까? 초심은 아마도 일을 처음 시작할 때의 순수, 긴장, 열정, 겸손한 태도를 말할 것이다. 하지만 실제 인생을 살다 보면 "초심을 잃지말라"라는 말은 매우 비현실적이다. 로봇이 아닌 이상 처음 먹었던 생각을 그대로 유지하기 어렵다.

"초심을 잃지 말라"라는 말은 주로 윗사람이 아랫사람에게 하는 훈시에서 많이 등장하는 말이다. 생각해보니 이런 말은 중고등학교 졸업식이나 조례 때 많이 들어본 것 같다.

환경이 달라지면 변심은 필요하다. 변해야 산다. 다만 그 변심이 안 좋은 쪽이냐, 좋은 쪽이냐가 중요한 게 아닐까? 그러니까 초심을 유지하기보다는 좋은 쪽으로 변심을 해야 한다. 어찌 보면 긍정적인 변심은 더 좋은 쪽으로의 자기 성장을 뜻하는 것이니까. 마음이 변해야 몸도 변한다. 자기 발전은 초심 유지가 아니라 긍정적 변심에서 나온다.

소망적 사고와 당위적 사고는 위험하다

"경제 예측 전문가로 성공하려면 2가지만 지켜라. 자주 예측하고, 그다음 기록을 남기지 마라."[93] 이는 엉터리 경제 예측 전문가를 비꼬는 표현일 수 있지만, 달리 생각해보면 예측이 그만큼 어려운 영역이라는 이야기다. 사실 6개월이나 1년 단위가 아니라 하루 단위로 부동산시장을 예측하는 경우 누구나 전문가가 될 수 있을 것이다. 확률적으로 내일은 오늘과 크게 달라지는 게 없을 것이기 때문이다. 예측은 시점을 멀리할수록 틀릴 가능성이 커진다. 그만큼 예측하지 못하는 가변적이고 돌발적인 내용이 많아진다.

기록조차 남기지 않는다면 누군가의 발언에 대한 네티즌들의 '신상털기'도 없을 것이다. 인간은 누구나 지우고 싶은 뼈아픈 실수가 있는 법이다. 하지만 기록이 남아 있으니 어쩌랴. 요컨대 예측 기간이 짧고 기록이 없다면 누구든지 '행복한 경제 전문가'가 될 수 있다.

나심 니콜라스 탈레브는 변화하지 않는 분야에서는 전문가로 입증받을 수 있지만, 변화하는 분야에서는 어렵다고 했다. 가령 병아리 감별사, 수학자, 물리학자는 시시각각으로 달라질 게 없어 전문가 영역에 들어갈 수 있다. 하지만 금융 예측 전문가, 경제학자, 주식 중개인, 개인 금융상담사는 예측이 거의 불가능하다는 이유에서 입증 가능한 전문가 영역에서 제외되었다.[94] 그래서 "경제 예측은 과학이라기보다는 예술"이라는 말이 나온다. 과학은 통계지만 예술은 주관적 감정에 가깝다.

냉철하고 객관적으로 시장을 전망하기란 말처럼 쉽지 않다. 전망에는 의식하든 의식하지 않든 자신만의 색깔이 들어가기 때문이다. 특히 양극단의 전망에는 색깔이 더욱 짙을 수밖에 없다. 같은 전망이라도 '꿈'이나 '주장'이라는 양념이 들어가기도 한다.

가령 일반 경제, 주식시장, 부동산시장을 지나치게 긍정적으로 전망하는 전문가들은 '전망'에다 '꿈'을 섞는 경우가 많다. 예컨대 향후 주가나 집값 전망에 관해 물어오면 객관적인 의견을 내놔야 하지만 많은 경우 주가나 집값 전망에 '가격이 올랐으면' 하는 소망이라는 양념을 버무린다. 자신이 소망하는 대로 세상을 보는 일종의 '소망적 사고(wishful thinking)'다.[95]

일반 경제, 주식시장, 부동산시장 전망에서 상반기보다 하반기에 좋아질 것이라는 '상저하고(上低下高)' 식 전망도 소망이 섞인 경우가 많다. 많은 사람이 하반기에 좋아질 것이라는 전망을 믿었다가 번번이 실망한다. 오히려 상반기보다 하반기에 시장 여건이 더 악화된 해도 적지 않았다. 그런 과거의 전례에도 불구하고 요즘도 연말에는 다음 해 전망에서 '상저하고'가 단골 메뉴처럼 나온다. 전망하는 전문가들 사이에 낙관주의적 편견이 어느 정도 들어 있지 않나 생각된다.

반대로 시장을 어둡게 보는 전문가들은 대체로 전망에 '당위(當爲)'나 '주장'을 섞거나 혹은 둘을 구분하지 못한다. 당위란 마땅히 그렇게 되어야 한다. 평생 집 한 채 장만하느라 고생하는 서민들의 팍팍한 삶을 고려할 때 집값의 거품은 빠지는 게 바람직하다. 월급 받아 언제 집 사느냐는 한숨 소리를 들어보면 더욱 그렇다. 너무 비싼 집값은 서민의 주거 안정을 위협한다. 그런데 극단적인 비관론자들은 집값은 크게 떨어져야 한다고 목소리를 높인다. 그렇게 자신의 주장을 반복하다 보면 어느새 주장이 전망으로 둔갑한다. 서민의 주거 안정을 위해 '집값은 크게 떨어져야 한다'가 '집값은 크게 떨어질 것이다'로 바뀐다.

세상이 어지러울수록 대중은 영웅이나 절대자를 찾는다. 대중은 중용의 철학자보다 자신의 전망이나 희망을 대신 이야기해주는 '대역 스타'를 찾고 있는지 모른다. 그래서 모바일 카페나 블로그, 단톡방에서도 같은 생각을 하는 사람들만 지식 공유가 허용된다. 다른 생각을 하는 사람들은 처음부터 가입을 막거나 쫓아낸다.

그러나 시장은 일방적인 꿈이나 도덕으로 움직이지 않는다. 객관적인 안목과 균형 잡힌 시각을 갖기 위해서는 한쪽의 주장만 늘어놓는 SNS는 탈퇴하는 게 낫다.

왜 경제 극단론자는 자주 등장하는 걸까?

경제 전문가들은 왜 극단적인 전망을 즐겨할까? 큰소리를 치면 사람들이 자신을 바라보듯, 극단론을 내세우면 그만큼 많이 주목하기 때문일까? 어떤 이는 우리 경제가 곧 망할 것처럼, 곧 경제위기가 닥칠 것이라고 극단적 전망을 한다.

물론 그럴 가능성은 있다. 미래는 우리가 가보지 않은 미지의 영역이니까. 문제는 확률이다. 가능성이 크지 않은 최악의 시나리오일 뿐이다. 그런 경제위기는 국내외 경제 상황이 꼬일 대로 꼬여 임계점을 지날 때 나타날 수 있다.

경제위기설은 항상 잘 먹히는 테마다. 경제가 조금만 불안하거나 침체 기미를 보여도 경제위기설은 도돌이표처럼 등장한다. 경제위기설이 퍼져 가끔은 진짜 위기로 치닫기도 하지만 대부분 기우에 그친다. 경제 주체들이 조심하기도 하고, 정부나 금융당국도 대응책을 마련해 수습하기 때문이다.

어디까지 나빠져야 경제위기일까? 제2금융권 한두 곳 부도가 나도 경제위기일까? 그것은 금융시장의 일시적 혼란 정도일 텐데 말이다. 금융시장 불안이 실물경제 위기로 번지거나 역성장을 하지 않는다면 경제위기로 볼 수 없다. 이런 금융시장의 일시적 혼란까지 경제위기로 본다면 경제위기설을 주창하는 사람은 매번 적중하는 탁월한 예측가가 된다. 일부 전문가들은 극단론을 내놓았다가 조용히 지나가도 아무런 해명이 없다. 최근 금융시장에서 미국 국가부도설이 한창 나돌았다. 국가부도가 현실화되면 엄청난 글로벌 금융위기가 올 것처럼 떠들었던 전문가가 기억난다. 하지만 해프닝으로 끝났다. 미국 대통령과 하원 의장이 정부의 부채 한도를 상향조정하면서 쉽게 마무리되었다. 경제를 잘 모르는 사람들은 미국 국가부도를 신흥국의 국가부도와 동일시하면서 공포에 사로잡힌다.

극단론은 대체로 책과 함께 등장한다. SNS나 매스컴에서 이슈화할 테니 책 판매에 적지 않은 도움이 될 것이다. 그리고 잊힐 만하면 또 극단론을 내세워 이목 끌기에 나선다. '모 아니면 도' 식의 도박적 전망은 사람을 놀라게 할 뿐 유용성이 떨어진다.

극단론은 경제의 한쪽만 뻥튀기한다. 먼저 경제위기라는 결론을 내놓고 이에 부합하는 팩트를 동원한다. 주변에 팩트는 널려 있다. 저성장, 저출산, 고령화, 심각한 가계부채…. 여러 변수 가운데 자신의 주장에 도움이 되는 것만 받아들이고 나머지는 외면하는 '확정 편향'에 빠진 꼴이다.

극단론은 균형감각이 떨어지는 단순화의 함정 가능성이 매우 크다. 그리고 과학적 근거도 빈약한 경우가 많은데, 어찌 보면 종합적 사고능력 결여의 산물이다. 생활철학자 이호건 박사는 "극단론은 결정장애와 합리적 판단력 부족을 감추기 위해 펼치는 경향이 있다"라고 진단했다.

문제는 요즘 이런 비관적인 극단론에 많은 사람들이 빠져든다는 점이다. 세상살이가 너무 팍팍해서 그런가. 내 삶이 힘드니 경제위기설에 쉽게 현혹되는 것 같다.

하지만 세상일이 어찌 그렇게 단순한가. 극단론의 마술에 걸리지 않기 위해서는 어떻게 해야 할까? 해답은 2가지다. 세상을 냉철하게 생각하는 균형추를 갖기 위해 지적 훈련을 하고, 확률적으로 바라볼 수 있도록 통계적 사고를 하는 것이다.

권위자의 말이라도 비판적으로 수용하라

일반적으로 많이 배운 사람이 세상 이치를 더 잘 알 것이다. 국내외 좋은 대학에서 박사학위를 받은 사람은 더 많이 알 것이다. 오랫동안 그 분야에서 공부했으니까. 문제는 우리 사회에서 너무 뺑튀기 인식된다는 데 있다. 이것은 학벌 사회의 어두운 풍경이다.

박사는 전공 분야의 전문가일 뿐 모든 영역에서 전문가는 아니다. 부동산 학위 논문 분야만 해도 개발, 분양, 임대, 중개, 시세, 국공유지, 경매 등 100여 가지가 넘을 것이다. 자신이 전공한 해당 분야만 잘 알지, 나머지는 그냥 일반인 수준의 지식만 갖고 있다. 그리고 자신이 전공한 그 분야 지식도 세월이 흐르면 희미해진다. 공부도 업데이트하지 않으면 어느새 구닥다리가 되어버린다. 그러니 SKY대학 박사, 해외 유명대학 박사라는 후광에 휘둘리지 말라.

박사학위 논문 쓰기가 좀 어렵긴 하지만 누구나 시간만 들이면 할 수 있다. 엉덩이가 좀 무거워야 하지만 '넘사벽'은 아니다. 박사는 스승의 도움 없이도 스스로 공부할 수 있는 자격을 갖춘 사람이라는 이야기를 들었다. 해당 학문의 공부를 다 끝낸 사람이 아니라는 이야기다. 종합적인 사고능력, 글쓰기 훈련을 받은 사람이라고나 할까. 열심히 공부해서 높은 점수로 운전면허시험을 통과했다고 해서 바로 운전을 잘하는 고수는 아니다.

박사는 그 분야에서 대성한 사람이 아니다. 해외 명문대학 박사 출신의 유명 소설가나 기업인을 별로 본 적이 없다. 이런데도 우리는 학문 통과의례에 불과한 박사라는 후광에 쉽게 현혹된다. 특히 해외 유명박사는 그 정도가 심하다. 그 박사학위를 받았으니 대단한 학식과 권위를 갖고 있다고 생각한다. 하지만 현장에서 꾸준히 공부하고 경험을 쌓은 사람이 오히려 더 많이 알고 정확할 수 있다.

아무리 유명한 박사의 말이라도 가려서 들어야 한다. 해외 유명대학 출신 박사나 외국 유명대학 교수라고 다 현자가 아니다. 오히려 국내 사정을 다 모를 수 있다.

최근 유럽 대학 경제학과의 한국인 교수가 경제, 정치, 사회, 복지 문제를 두루 다룬 책을 냈다. 사람들은 박사의 개인적 견해인데도 유명대학 교수 후광에 마치 복음처럼 받아들이는 것을 보고 난 솔직히 놀랐다. 그 많은 분야를 조언할 정도로 지식의 깊이가 있을까? 그리고 진단과 처방이 우리 현실에 맞는 것일까? 개인적으로 여러 의구심이 들었다. 그 사람의 명함만 보고 판단해선 안 된다. 가장 위험한 것은 타이틀 후광에 휘둘려 그 사람의 이야기를 비판 없이 수용한다는 점이다. 철학자 프랜시스 베이컨이 말한 '극장의 우상(idols of the theatre)'이라는 함정에 빠지는 것이다. 극장의 우상은 극장의 무대 위에서 권위자가 하는 이야기를 맹목적으로 믿는 선입견이다. 그누구든 완벽할 수 없다. 그런데도 사람들은 권위자 앞에만 서면 자기도 모르게 작아진다. 권위에 대한 맹목적인 믿음이 냉철한 사고와 판단력을 흐리게 한다. 다만 그 분야에서 나름대로 학문의 금자탑을 쌓은 사람을 존중하라. 그러나 무조건 따르지는 말라. 세상에 맹신만큼위험한 것은 없다. 그러니 어떤 사람의 말이든 냉철한 시각에서 선별수용하는 지적인 힘이 필요하다.

평론가가 될 것인가, 실수요자가 될 것인가?

요즘 이런저런 부동산 뉴스가 넘쳐난다. 긍정적인 뉴스보다 부정적인 뉴스가 우리의 시선을 항상 더 사로잡는다. 이는 좋은 것보다나쁜 것에 더 민감하게 반응하는 '부정성 편향(negativity bias)' 때문으로, 위험과 손실을 회피하고 싶은 인간 본성에 기인한다. 폭락, 깡통주택, 깡통전세, 집거지, 갭거지 등 각종 거친 용어를 섞은 비관적인 뉴스를 접하면 덜컥 겁도 난다. 이러다가 큰일이 나는 게 아닌지…. 비관적 전망을 해서는 안 된다는 게 아니다. 시장의 앞날이 안좋으니 안 좋다고 하는 것이다.

문제는 대체로 평론가나 학자들은 일정한 경향성을 띤다는 것이다. 이들이 세상을 보는 창은 당위론이라는 렌즈다. 집값이 내릴 때나 오를 때나 부동산시장은 투기적 거품이 가득한 비합리적 존재다.

인구는 줄어드는데, 젊은 층은 집도 못 사는데, 언제나 집값은 정상이 아니라는 논조를 편다. 상승과 하락을 반복하는 시장 그 자체를 인정하지 않고 한쪽의 이야기만을 꺼낸다. 부정적인 담론을 꺼낼수록 사람들의 관심을 끌고, 덩달아 명성도 높아진다.

하지만 부동산시장은 담론으로만 움직이지 않는다. 당신이 만약 부동산학자나 부동산 평론가가 될 것이라면 그 담론에 충실해도 된다. 그렇지 않다면 그 담론에 지나치게 함몰되지 말라.

물론 시장의 큰 흐름은 받아들여야 한다. 하지만 단기적으로는 책상에서 앉아서 떠드는 이야기는 현실과 동떨어지기 쉽다. 주로 거론하는 근거는 표본조사 통계다. 통계는 시장에서 거래된 것을 집계하므로 기본적으로 후행적인 특성을 갖는다.

가령 한국부동산원에서 발표하는 서울 기준 아파트 표본조사 통계(월간)는 아파트 실거래가격지수보다 짧게는 1개월, 길게는 8개월 늦다. 가령 서울 아파트 실거래가격지수는 2023년 1월부터 상승세로 돌아섰지만, 표본조사 통계는 4개월 뒤인 5월 들어 상승세로 접어들었다. 우리 동네 아파트는 싼 게 다 팔리고 가격이 올랐는데도 여전히 전문가들이 집값이 떨어진다고 하는 것은 표본조사 통계를 쓰기 때문이다. 이 통계에는 사전에 정해둔 3만 6,000개(아파트 기준)의 표본이 있다. 표본조사 통계는 우리나라 국가 공식 통계로 활용된다.

하지만 표본조사 통계를 보고 집을 사고팔면 이미 늦다. 그럴듯한 분석으로 명성을 얻고 싶지 않은, 그냥 평범한 내 집 마련 실수요자는 아파트 실거래가를 보는 게 낫다. 아파트 실거래가격지수는 한국부동산원의 '부동산통계정보시스템(R-ONE)'이나 모바일 앱 '부동산정보'를 다운로드하면 누구나 볼 수 있다. 거래되는 아파트를 모두 전수 조사해 만들어 바닥지수에 더 가깝다. 실거래가격지수는 거래량이 적거나 특정 단지 위주로 거래량이 많을 때 전체시장과 따로 노는 착시현상이 나타난다. 이런 단점에도 불구하고 표본조사 통계보다는 밑바닥 시장 흐름을 정확하게 반영해 개인 입장에서는 유용한 지표다.

아파트 실거래가격지수를 보기 힘들다면 인근 2,000가구 이상 대단지 랜드마크를 보는 것도 좋다. 랜드마크 아파트는 시장 흐름의 풍향계 역할을 하기 때문이다. 국민은행의 KB선도아파트 50지수 역시 실수요자가 활용하기 좋은 지표다. 시가총액 상위 50곳을 모아놓은 지수로 비교적 빠르게 흐름을 포착할 수 있는 바다 지표다.

개인 관점에서 부동산의 답은 통계가 아니라 현장에 있다. 특히 단기적 흐름은 통계에 너무 의존하면 안 된다. 오죽하면 "3대 거짓말은 단순 거짓말, 빨간 거짓말, 그리고 통계"라는 우스갯소리가 있을까.

평론가는 주로 비관론으로 명성을 얻어 유명 인사가 된다. 하지만 실수요자들은 탁상 평론가적 마인드를 가지는 것은 바람직하지 않다. 시장을 있는 그대로 보기보다 프레임으로 접근할 수 있는 데다 현장보다 너무 늦기 때문이다.

인생이든, 투자의 세계에서든 비관론자보다 합리적 낙관론자가 최후의 승자가 된다. 개인이라면 실용적으로 접근하는 게 좋다. 자, 이제 자신에게 한번 물어보라. 그리고 스탠스를 분명히 하라. 나는 부동산 평론가가 될 것인가, 아니면 실수요자가 될 것인가?

약간의 착각 속에서
사는 우리들

집값 바닥 논란 뉴스가 나오면 조급증이 생긴다.
'더 오르기 전에 집을 사야 하는 건가'라는 생각을 갖게 한다.
집값 바닥론은 집 구매 심리를 자극하는 '무언의 압박'이 될 수 있다.

◆

"어? 지나가는 고릴라는 못 봤는데….." 피실험자는 당혹한 표정
이었다. 거듭 물었다. 그래도 피실험자는 "기억에 없다"라고 말했다.
고릴라를 보지 못한 피실험자는 전체의 절반이나 되었다. 그 유명한
'보이지 않는 고릴라' 실험 이야기다.

1999년 어느 날 하버드대학교 심리학과 조교수였던 대니얼 사이
먼스와 대학원생이던 크리스토퍼 차브리스는 검은 티와 흰 티를 입
은 학생들이 3명씩 짝을 이뤄 농구 경기를 하는 경기 장면을 비디오
로 촬영했다. 실험 대상 학생들에게 이 비디오를 보여주며 "흰 티를
입은 학생들의 패스 횟수를 셀 것"을 주문했다. 패스는 15번 오갔다.
하지만 그것은 중요하지 않았다. 목적은 다른 데 있었다.

패스하는 와중에 고릴라가 무대 중앙으로 슬그머니 나타났다. 그러고는 나를 봐달라는 듯 잠시 정면을 향해 선 채 두 주먹으로 자기 가슴을 탕탕 치고 지나갔다. 피실험자들에게 "고릴라를 봤느냐?"라고 질문했지만, 봤다는 답변은 50%에 그쳤다. 그들은 농구 패스 횟수를 세는 데 몰입한 나머지 고릴라를 보지 못했다. 말하자면 주의하지 않은 것에 대해서는 보지 못하는 '주의력 착각'에 빠진 것이다.[96]

'보이지 않는 고릴라' 실험은 많은 사람이 겉으로는 멀쩡하지만 앞을 못 보는 눈뜬장님이 될 수 있음을 보여준다. 자신은 똑똑하다고 생각하지만 실제로는 헛똑똑이인 사람들이 얼마나 많은가. 실제로 모르면서 안다고 착각하고 사는 사람도 부지기수다. 물론 누구나 약간의 착각 속에서 살아간다. 자신을 똑바로 바라보면 너무 비참해지는 느낌, 우리는 안다. 그러나 착각이 지나칠 때 항상 부작용이 뒤따른다. 여러 사람이 모이는 시장은 온갖 편견과 착각으로 넘쳐난다. 부동산시장도 예외일 수 없다.

3가지 유형의 집값 바닥

"이틀 뒤에 좌회전하시오." 중국에서 차를 몰고 가다 행인에게 언제 좌회전하느냐고 물었더니 이같이 답했다. 이틀 뒤에 가서야 좌회전할 만큼 넓은 땅을 자랑할 때 쓰는 중국인의 농담이다.

그런데 부동산시장에서 단골 이슈인 집값 바닥론이 나올 때마다 이상하게 중국 행인의 이 말이 떠오른다. 운전하는 사람은 금세 좌회전 신호등이 나타날 것으로 기대하지만 현실은 이틀 뒤에나 나타나듯, 집값이 바닥을 탈출하기를 바라지만 현실은 계속 바닥에서 벗어나지 못하고 있는 경우도 적지 않다. 시장에서 기대하고 있는 바닥은 'V자형'이지만 실제로는 바닥에서 계속 횡보하는 'L자형'이나 약간의 기울기가 있는 '욕조형'일 수도 있다는 이야기다.

꽁꽁 얼어붙은 부동산 거래에 숨통이 트일 기미가 보이면 집값 바닥론이 고개를 든다. 시장 일각에서 흘러나온 집값 바닥론은 언론을 통해 확대·재생산되는 특성을 보인다. "집값이 이제 바닥이 아닌가?" 하는 의제를 시장 참여자들에게 던지는 것이다.

집값 바닥론에서 '바닥'의 함의는 사회·정치적인 바닥과는 사뭇 다르다. 예컨대 선거에서 어떤 후보의 지지율이 바닥이라고 하면 낮은 지지율을 얻고 있는 그 후보의 '현재' 상태만 보여준다. 앞으로 지지율이 더는 떨어지지 않을지, 곧 올라갈 것인지에 관해서는 생각하지 않는다. 그러나 집값 바닥론은 기대를 함께 담고 있다. 집값이 이제 그만 떨어졌으면, 이제 올라갔으면 하는 소망적 사고가 내포된 표현이라는 이야기다. 집값 하락을 예견하는 사람들은 바닥론을 꺼내지 않으니 말이다.

부동산시장에서 바닥은 3종류가 있는 것 같다. 바닥을 '다진다'는 약보합세, 바닥을 '지난다'는 보합세, 바닥을 '친다'는 강보합세로 나뉜다. 실제 바닥을 이야기할 때에는 바닥을 '다진다'거나 '지난다'보다는 '친다'를 떠올리고, 또 그것을 기대한다. 집값 바닥 논란에 관한 언론 보도가 나오면 '더 오르기 전에 지금이라도 집을 사야 하는 건가' 하는 조급증이 생긴다. 집값 바닥론이 집 구매 심리를 자극하는 '무언의 압박'으로 다가올 수도 있다.

외환위기나 글로벌 금융위기 이후 집값 바닥론이 수차례 나왔다. 하지만 집값은 잠시 바닥에서 반짝 올랐을 뿐 오히려 더 하락한 때도 많았다. 처음 바닥은 진바닥(진짜 바닥)이 아니라 가바닥(가짜 바닥)이었다. 가령 수도권 아파트 실거래가는 글로벌 금융위기 직후인 2008년 12월 1차 바닥을 찍은 뒤 잠시 상승하다가 다시 떨어져서 4년 뒤인 2012년 12월에 가서 2차 바닥을 찍었다. W자형 더블딥 모양새인데, 자세히 보면 2차 바닥 실거래가가 1차 때보다 더 낮았다.

꼭지와 바닥은 지나고 봐야 안다는 말이 있다. 현재를 무리하게 내가 원하는 방식으로 단정 지어 해석하지 말라는 뜻이리라. 실제로 한동안 집값 바닥론은 부동산시장의 양치기 소년이 되었다. 혹시 바닥론은 집값 하락으로 손실을 볼지 모른다는 사람들의 두려움을 제거하는 언어 조작이 아닐까? 수사에 현혹되기보다는 냉철한 안목으로 시장을 내다보는 지혜가 필요할 것 같다.

실패한 사람은 동창회에 나오지 않더라

중견 건설업체 차장 김형수(가명·49) 씨는 대학교 학과 동기 모임에 다녀오면 우울하다. 자신만 동기들보다 뒤처진 것 같은 기분이 들어서다. 모임에 가보니 상당수가 부장급 이상의 간부 명함을 내밀었다. 공인회계사, 변호사, CEO로 출세한 친구들은 어딘가 모르게 목소리에 힘이 들어가 있었다. 김 씨는 의식하지 않으려 했으나 주눅이 드는 것은 어쩔 수 없었다. 자신이 학과 정원 100명 중에서 가장 뒤처지는 것 같았다.

그런데 모임을 끝내고 집으로 돌아오는 버스 안에서 문득 생각이 스쳤다. '동기 모임에 자주 나오는 친구들이 3분의 1밖에 안 된다!' 모임에 나오지 않은 나머지 동기 중에는 출세한 사람도 있지만 그렇지 않은 사람이 더 많았다. 아예 사업에 실패해 낙향하거나 행방불명된 사람도 적지 않았다. 모임에 나오는 친구만 따지면 김 씨는 출세 랭킹에서 중하위급이다.

그렇지만 참석하지 않은 친구 모두를 합치면 적어도 중간 정도는 되지 않을까? 만약 모임에 동기생 전원이 참석했다면 그렇게 우울하지 않았을 것이다. 자주 참석하는 동기생, 다시 말해 사회적으로 어느 정도 자리 잡은 동기생만을 대상으로 비교하니 상대적인 열패감이 드는 것이다. 이처럼 생존한 사람, 즉 성공한 사람에게만 초점을 맞춰 전체 통계를 왜곡시키는 현상을 '생존 편향(survivorship bias)'이라고 한다. 말하자면 잘나가는 사람은 셈법에 넣고 잘나가지 못하는 사람은 셈법에서 제외하는 것이다.[97]

'역사는 승자를 기억한다'는 말이 있다. 승자만 살아남고 패자는 소리 없이 사라진다. 부동산시장에서도 예외는 없다. 한 명의 디벨로퍼의 성공 뒤에는 수백 명의 디벨로퍼의 실패가 있었다. 하지만 우리는 잭팟을 터뜨린 디벨퍼 한두 명의 환호만 기억할 뿐, 실패한 자들의 눈물은 잊는다. 그 디벨퍼의 성공 이야기에만 심취한 나머지 개발 사업에 나서면 쉽게 성공할 것 같은 환상에 빠진다. 한때 부동산업계에 몰아친 디벨퍼의 신기루 같은 욕망은 이렇게 해서 만들어진 것이다. 최근 연예인들이 고금리에 못 이겨 거의 손절매 수준으로 빌딩 매물을 내놓았다. 연예인들의 빌딩 성공 스토리는 많이 과장된 것이다. 이처럼 부동산 투자로 성공한 사람 못지않게 실패한 사람들도 부지기수다. 그런데도 투자 성공담만 전설처럼 나돌 뿐, 실패담은 흔치 않다. 사람들이 자신의 실패를 드러내놓고 이야기하지 않기 때문이다. 부동산 투자에 실패했다고 너무 자책할 필요는 없다. 빙산의 일각처럼 남들에게 알려지지 않은 실패담이 훨씬 더 많을 테니까.

선견지명인가, 후견지명인가?

누구나 중고등학교 시절 수학 문제를 풀다가 끙끙 앓았던 기억이 있을 것이다. 이리저리 궁리해도 답을 찾지 못할 때는 난도가 꽤 높은 문제일 것이라고 지레짐작한다. 하지만 막상 답안지를 보면 피식 웃음이 나온다. '이렇게 쉬운 문제를 못 풀다니'라고 자신의 우둔함을 자책한다. 그러나 막상 비슷한 수학 문제를 만나면 해법을 찾는 데 다시 애를 먹는다. 이 세상에 답안지를 보고 문제를 푸는 것만큼 쉬운 일도 없으리라.

회사원 김진섭(가명·42) 씨는 최근 모처럼 만난 지인 A와 아파트 파는 이야기를 하다가 마음이 상했다. 김 씨는 몇 년 전 서울 양천구 목동 아파트를 팔려고 했으나 시기를 놓쳐 그대로 보유하고 있다. 지나고 보니 집을 팔려고 했던 그 당시가 고점이었다. 당시 거래가 많지 않았으나 급매물 가격으로는 팔 수 있었다. 하지만 '급히 필요한 돈이 없는데, 굳이 싸게 팔 필요가 있나?'라고 머뭇거리다가 실기하고 말았다.

　　이런저런 이야기를 하는 와중에 지인 A는 "그때 아파트값이 분명 거품이었는데 왜 팔지 않았느냐?"라고 핀잔 투로 말하는 게 아닌가. "누가 몰랐느냐?"라고 항변하고 싶었지만, 입안에서만 맴돌았다. 사실 그 당시 집값이 단기간 많이 올라 비싸다는 인식은 하고 있었다. 그래도 집을 팔 기회가 있을 것으로 생각했지, 시장이 갑작스럽게 냉각될 줄은 몰랐다. 지금 돌이켜보면 그때 싸게라도 팔았어야 했지만, 결단을 내리기가 쉬운 일은 아니었다. 김 씨는 지인 A가 당시 정황을 무시한 채 결과만으로 평가하니 속이 상한 것이다.

　　일이 다 벌어지고 난 뒤 옳고 그름을 재단하면 "내 그럴 줄 알았다니까"라는 후견지명(後見之明)에 빠지기 쉽다. 지인 A의 핀잔도 후견지명일 수 있지 않을까? 후견지명은 사후 관점에서 진작부터 결과를 예견하고 있었다고 믿는 심리로, 앞을 내다보는 안목이라는 뜻의 선견지명(先見之明)에 빗대어 나온 말이다. 가령 "MZ세대까지 다투어 빚내서 투자했을 정도니 거품이 꺼질 줄 진작부터 알았다"라는 식으로 사후적으로 해석한다. 하지만 이미 벌어진 일에 관해 설명하지 못할 사람은 없다. 아무런 통찰력이 없는 보통 사람도 약간의 상식만 있으면 사후 설명하는 것은 식은 죽 먹기다.

후견지명은 이미 일이 일어난 결과를 보고 과정을 설명하는 사후 합리화의 또 다른 표현일 수 있다. 코로나19 사태가 터지기 전 한 큰손이 급전이 필요해 우연히 펀드를 해지했다고 하자. 위기가 터진 뒤 시장에서는 큰손이 본능적인 감각으로 돈을 미리 뺐다는 소문이 나돈다. 위기를 예측하고 행동으로 옮긴 예지력이 있는 사람으로 칭송받는다. 하지만 주위에서 미래를 예견해 행동으로 옮기는 사람은 극소수다. 그런데도 사람들은 우연한 행동에도 결과론적으로 큰 의미를 부여한다. 실제 행동 결과보다 지나치게 예측성을 과대하게 포장하는 오류가 생기는 것이다.[98]

당신도 '착각 상관'에 빠질 수 있다

"전령(메신저)에게 화살을 쏘지 마라." 아무리 전쟁 중이더라도 전령을 죽이지 않는 것은 동서고금을 막론하고 일종의 불문율이다. 전령이 패전 소식을 전하든, 승전 소식을 전하든 본인과는 아무런 연관성이 없기 때문이다. 하지만 때로는 패전 소식을 전하는 전령은 목숨이 위태로웠다. 사람들이 나쁜 소식과 전령을 연결해서 생각하기 때문이다.

나쁜 소식을 전하는 전령을 쏘는 일은 심리학적으로 '착각 상관'과 맥락을 같이한다. 착각 상관은 말 그대로 아무런 상관이 없는 사건인

데도 마치 상관이 있는 것처럼 착각하는 것이다.[99]

예를 들어 내가 생중계되는 TV로 축구경기를 보면 우리나라 팀이 진다고 생각하는 것은 대표적인 착각 상관이다. 나의 TV 시청과 선수들의 경기력과는 아무런 연관성이 없다. 하지만 우리나라 팀이 축구에서 지면 TV 시청은 지우기 힘든 징크스로 작용한다. 또한 돈이 많으면 무조건 행복할 것이라는 상상도 일종의 착각 상관이다. 돈은 가난한 사람에게 큰 행복이다. 하지만 이미 많은 것을 보유한 부자에게는 은행 잔고가 불어나도 그만큼 행복이 늘어나지 않는다.

부동산 모바일 앱 회사 직원들은 가끔 곤혹스러운 질문을 받는다고 하소연한다. 대뜸 "어디에 집을 사면 좋으냐"는 질문을 자주 받는다는 것이다. 하지만 이들은 부동산 전문가보다는 데이터, 정보처리, 클라우드 개발 전문가가 주류를 이룬다. 모바일에서 누구나 얻을 수 있는 여러 부동산 정보를 제공하고 돈을 버는 업종 종사자다. 직원들은 대학 때의 전공도 부동산이 아니라 컴퓨터 공학이나 소프트웨어 개발이 더 많다. 그런데도 부동산 정보를 취급하는 데서 근무하므로 많이 알 테니 좋은 곳을 추천해달라는 부탁을 받는다.

부동산시장에서는 이 같은 편견과 착각이 이런저런 정보와 뒤섞여 유통된다. 이야기를 통한 강화 과정을 거치면서 부동산시장의 왜곡된 이미지가 더욱 공고히 만들어지는 것이다. 이 모두 소유 욕망으로서 부동산 재테크 시대가 낳은 후유증이다. 부동산이 소유 욕망을 충족시키는 수단이 아니라 삶의 가치를 증진하는 수단으로 바뀌어나갈 때 이런 왜곡된 시선도 서서히 사라지지 않을까?

겉 따로 속 따로인
인간의 미묘한 심리

여러 사람이 모이면 의사결정 장애 현상이 나타난다.
평소 소신주의자도 회의주의자로 바뀐다. 책임을 지지 않으려는 회피심리다.
그래서 누군가 총대를 메는 사람이 있어야 해결된다.

◆

　"열 길 물 속은 알아도 한 길 사람 속은 모른다"라는 속담처럼 사람의 마음을 이해하는 것은 쉬운 일이 아니다. 우리나라 사람들은 어지간히 친한 사이가 아니고서는 속내를 쉽사리 드러내지 않아 더욱 그렇다. 부동산시장은 가끔 마법 없이는 이해하기 힘들 때가 많다. 워낙 부동산을 둘러싼 인간의 심리가 겉 따로 속 따로인 데다 눈치, 체면, 불안 등이 뒤섞여 드러나기 때문이다.

　겉으로 한 굳건한 약속만 믿었다가는 나중에 낭패를 당하기 일쑤다. 처음에는 이타적으로 행동하다가도 상황이 바뀌면 금세 이기적으로 태도를 바꾼다. 몰랐던 부동산 정보를 알게 되면 되레 마음이 더 불안해지기도 한다. 한마디로 부동산시장은 복잡한 심리 전장이다.

"돈 되는 아파트 하나 찍어주세요"

인간은 대체로 자신이 남보다도 잘났다고 생각한다. 자기 과신은 사람의 천성이다. 다시 말해 자신을 저평가하기보다는 고평가하는 것은 어찌 보면 인간의 본성인지 모른다. 오죽하면 '저 잘난 맛에 산다'는 말이 있을까. 사람들은 남들보다 운전을 잘하고 섹스도 잘한다고 자부한다. 내가 창업하면 사업도 남들보다 성공확률이 높다고 생각한다. 이러한 생각은 자기 우월의식의 발로다.

하지만 사람들은 항상 자신을 높게 치켜세우지는 않는다. 오히려 자기 능력을 일부러 낮추는 전략을 구사할 때도 있다. 만약 실패한다면 그 원인을 외부의 상황 탓으로 돌리고, 성공하면 자신이 땀 흘려 성취한 것으로 인정받으려는 생각에서다. 수험생들은 흔히 "어젯밤 너무 긴장해서 공부를 제대로 못 했어" "오늘은 컨디션이 좀 안 좋은데…" 등의 말을 한다. 공부를 하는데 불리한 여건을 강조해 나중에 실패했을 경우 누군가 그 실패를 질책하지 않도록 유도하는 전략이 숨어 있다. 물론 성공하면 어려운 여건에서도 열심히 공부한 사람으로 칭찬받을 것이다. 미국의 저명한 심리학자 에드워드 존스는 이런 현상을 '자기 열등화 전략'이라고 했다. 일종의 구실 만들기 혹은 평계 만들기 전략으로도 볼 수 있다.

부동산 문제로 돌아오자. 대기업에 근무하는 직장인 김인석(가명·42) 씨는 부동산 상식이 많은 사람으로 소문나 있다. 어느 날 고등학교 동창생 모임에 갔다. 이런저런 이야기를 하다 보니 내 집 마련도

화젯거리가 되었다. 한 동창생으로부터 "부동산에 대해 잘 모르니 돈될 만한 아파트를 하나 찍어달라"는 요청을 받았다. 순간 김 씨는 자신의 부동산 식견을 토대로 "○○지역 ○○아파트가 GTX개통 재료가 있고 저평가되어 있으니 사는 것이 좋다"라고 조언했다.

동창생은 김 씨의 조언에 따라 그 아파트를 샀다. 그러나 갑작스럽게 닥친 미국발 고금리 태풍에 아파트값이 1년 새 20%나 떨어졌다. 동창생은 투자 실패로 엄청 스트레스를 받는다. 그 실패를 모두 자신의 탓으로 돌리면 우울증이라도 걸릴 것 같다. 이런 상황에서 동창생은 "인석이 말만 듣지 않았더라면…"이라고 김 씨를 원망하게 된다. 결국 김 씨의 조언은 투자 실패에 따른 책임을 외부 탓으로 돌리는 데 쓰이는 핑곗거리로 활용되는 것이다. 물론 투자에 성공하면 자신이 땀 흘린 노력의 당연한 대가로 돌릴 것이다.

조금이라도 부동산에 대해 아는 사람이라면 가끔 동료나 지인들로부터 어느 아파트를 사도 좋으냐는 질문을 받을 때가 있을 것이다. 이럴 때는 혹시나 '자기 열등화 전략'이 아닌지 잘 따져보고 대답하라. 그 질문이 자기 열등화 전략 성격이 강하다고 느껴질 때, 대답은 단도직입적이기보다 두루뭉술하게 하는 것이 바람직할 것이다. 진짜 돈될 만한 알짜 부동산이 있었다면 당신에게 물어보지도 않고 이미 계약했을 가능성이 높으니까. "잘 샀느냐?"면서 매수행위의 정당성을 사후적으로 확인받으려고 할 것이다.

그렇지 않고 부동산이 고만고만하니까 당신에게 매수 여부를 사전에 타진했을 가능성이 높다. 그러니 나중에 잘못되었을 때 일종의

'물귀신 작전'의 피해자가 되지 않도록 조심하는 게 좋다. 그래도 정 못살게 굴면 "아파트 사기로 하기 전에 반드시 아내(남편)와 상의하라"라는 다짐을 빠트리지 않는 것이 좋을 것이다. 나중에 투자에 실패하더라도 시쳇말로 '독박'을 쓰지 않고 그 책임이 분산될 테니까 말이다.

뭉치면 망하고, 흩어지면 산다

황민석(가명·56) 씨는 공동 투자라고 하면 고개를 절레절레 흔든다. 지인 2명과 함께 건물 임대 사업에 나섰다가 골치를 앓았기 때문이다. 처음에는 협심 덕에 운영이 잘되었다. 매달 나오는 임대 수익도 투자 금액에 따라 적절히 배분되었다. 분기별로 가족끼리 야유회를 갈 정도로 우의가 돈독했다.

하지만 위탁 경영 방식에서 공동 투자자 1명이 직접 운영하는 방식으로 바꾸면서 삐걱거리기 시작했다. 운영에 직접 참여한 공동 투자자에게 어느 정도의 인센티브를 줘야 하느냐의 문제에 부딪힌 것이다. 직접 운영자는 투자 금액에 따른 수익 배분 이외에 자신의 인건비로 적지 않은 금액을 별도로 배정해달라고 요구했다. 요구대로 들어주다 보니 위탁 경영 때보다 운영비가 15% 더 들었다. 직접 운영자는 "실제로 공실이 크게 줄고 깨끗한 건물 관리로 이미지가 좋아진 점을 고려하면 이득"이라고 주장했다. 그러니 자신의 기여분에 대한 당연한 보상이라는 설명이었다.

그러나 다른 공동 투자자들은 자신에게 돌아오는 수익이 줄어들자 불만이 커졌다. 직접 운영자가 자신의 기여분에 대해 너무 많은 보상을 가져간다고 생각했다. 우의에 금이 가자 사소한 운영 문제를 놓고서도 사사건건 대립했다. 결국 공동 투자 3년 만에 건물을 매각하고 청산했다.

이처럼 주위를 보면 공동 투자자끼리 분쟁이 잦다. 분쟁에는 여러 원인이 있겠지만 자신의 역할은 높이 평가하고 상대방의 역할은 낮게 평가하는 것도 하나의 이유다. 심리학적으로 이를 '자기중심적 귀인'이라고 한다. 말 그대로 사건을 자기중심적으로 해석하는 것이다.

예컨대 한 달에 남편은 쓰레기를 5번, 아내는 3번 버린다고 하자. 이 경우 남편은 쓰레기 버리는 일을 거의 책임지고 있다고 생각하기 쉽다.[100] 나의 기여분은 평가절상하고 남의 기여분은 평가절하하는 것이다. '성공하면 내 탓, 실패하면 상황 탓'도 결국 자기중심적 귀인의 또 다른 표현이다. 내가 성공한 것은 내가 땀 흘린 결과이지만 실패한 것은 상황이 뒷받침되지 않았기 때문이라는 이야기다. 결과를 자신에게 유리한 쪽으로 해석하는 것이다.

요즘도 '기획부동산' 업체에서 관리 지역 땅을 지분등기(여러 명이 한 필지의 땅을 공동으로 소유권 등기하는 방식)로 파는 경우를 많이 본다. 사실 지분등기를 한다는 것은 비자발적인 공동 투자나 다름없다. 개발하거나 매각하기 위해서는 지분 투자자 전원의 동의가 있어야 하기 때문이다.

친한 사람들끼리 한 공동 투자도 곳곳에서 파열음을 내는데, 생면부지의 사람과 공동 투자를 해서 돈을 벌어보겠다는 것은 사막의 신기루를 좇는 일만큼이나 비현실적이다. 터무니없이 땅값이 비싼 '바가지 상혼'에 속는 것은 차치하고서도 말이다. 흔히 '뭉치면 살고, 흩어지면 망한다'고 하지만, 부동산 투자는 그 반대다. 부동산 투자는 각자도생이 훨씬 낫다.

왜 아무도 총대를 메지 않을까?

10년 전 서울 중심부의 100억 원대 빌딩을 삼형제와 함께 상속받는 박진호(가명·62) 씨. 그 자신뿐 아니라 형제들도 공동명의인 빌딩을 처분해 각자 명의의 부동산으로 갈아타고 싶다. 하지만 적극적으로 나서는 사람이 없다. 최근 매수자가 나타나 중개업소를 통해 박 씨에게 연락이 왔지만 박 씨는 형제들에게 빌딩 매각 이야기를 꺼내기 어려웠다. 돈이 필요한 것은 맞지만, 금액을 높게 쳐주는 게 아니기 때문이다. 책임지기도 싫었다. 팔자고 설득했다가 혹시 나중에 빌딩 가격이 크게 오르면 원망만 들을 게 뻔했다. 박 씨는 "개인 명의라면 몇 번이라도 팔았을 것이다. 공동명의는 의사결정 자체가 산 넘어 산"이라고 말했다.

경기도 한 학교 재단에서 빌딩 매입을 추진했지만 2년째 지지부진하다. 빌딩에서 나오는 임대료로 학생들에게 장학금을 지급하려고 했지만, 회의 참석 위원들이 번번이 시비를 걸고 나섰기 때문이다. 최근 매도자가 제시한 빌딩은 가격이나 임대료가 나쁘지 않은 매물이었다. 하지만 한 위원은 건물 설비가 낡아 보수비용이 너무 많이 들 것이라는 이유로 반대했다. 또 다른 위원은 장기 성장성이 떨어진다며 난색을 표명했다. 이럴 땐 재단 이사장이 적극적으로 '사자'며 매수를 독려하면 의사결정이 쉽겠지만 그러지 않았다. 그도 몸을 사리는 듯했다. 회의를 몇 번 더 했지만 결론을 내리지 못했다.

사실 어떤 부동산이든 다 단점이 존재한다. 하지만 회의에 참석한 사람들은 장점보다 단점에 초점을 맞춘다. 결국 회의는 매수 반대쪽으로 기운다. 물론 위원들은 부동산 가치가 높지 않아 그런 견해를 피력할 수 있지만 이보다는 보신주의가 더 크게 작용하는 것 같다. 나중에 잘못되더라도 책임지지 않으려는 면피 심리가 작동하는 것이다.

여러 사람이 모이면 수시로 의사결정 장애 현상이 나타난다. 평소 소신주의자도 막상 모이면 회의주의자로 바뀐다. 그래서 다수가 관련된 일에 대해서는 누군가 총대를 메는 사람이 있어야 해결된다.

다운계약서에 이타주의는 없더라

정부의 강도 높은 단속에도 다운계약서는 여전히 기승을 부린다. 다운계약서는 실제 거래가격보다 낮춰 계약한 뒤 신고하는 변칙 계약 유형이다. 매도자는 양도소득세를, 매수자는 당장 취득세를 낮출 수 있는 장점이 있다. 하지만 매수자는 나중에 자신이 되팔 때 양도세 부담이 더 늘어나 실익이 없을 수 있으므로 다운계약서는 주로 매도자의 요구로 작성된다. 그래서 대부분 매도자는 다운계약서를 받는 대가로 매수자에게 매매 금액을 깎아주는 '당근'을 제시한다. 다운계약서는 엄연한 불법 계약이므로 중개업자는 빠지고 매도자와 매수자 간의 직거래 방식으로 위장된다.

어쨌든 다운계약서는 매수자와 매도자가 신사적인 합의로 작성하는 가짜 계약서다. 다운계약서는 비록 타인이지만 약속을 잘 지킬 것이라는 굳은 믿음 아래 작성된다. 그런데 그 약속은 양도세 부정행위 제척 기간인 10년 동안이나 지켜져야 한다. 만약 그 이전에 매수자의 마음이 변해 사실을 실토하게 되면 약속은 물거품이 된다.

실제로 다운계약서를 썼던 매수자가 국세청의 세무조사 엄포에 약속을 뒤집은 사례가 부지기수다. 어찌 보면 자신의 이익을 위해 상업적인 거래를 하는 상대방이 평생 친구처럼 끝까지 의리를 지킬 것이라 믿는 것은 너무 순진한 생각 아닐까?

다운계약서 효력이 주로 매수자의 '선의'가 유지되어야 성립될 수 있는 것과는 달리 분양권 불법 전매는 그 반대다. 일반적으로 분양권 불법 전매에서 우월적 지위는 매수자가 아니라 매도자(원매자)다. 다운계약서에서 매수자는 매도자가 부담해야 할 취득세, 양도세를 떠안는 조건으로 계약한다. 계약에서 아쉬운 사람은 잃을 게 많은 사람, 즉 매수자다. 매수자는 매도자가 나중에 딴소리하지 않도록 분양권에 각종 공증을 한다. 하지만 입주 때 분양권 가치가 올라 추가로 웃돈이 더 붙으면 매도자의 마음은 변한다. 소유권 이전 등기에 필요한 서류를 넘겨주는 대가로 돈을 추가로 요구하는 것이다. 매도자와 매수자 간의 '신사 협정'은 애초 계약 때와 시세 등 상황이 달라지지 않아야 유지될 수 있다.

좀 더 아찔한 상황은 원매자가 사망하거나 행방불명이 되었을 때다. 입주할 즈음 명의를 넘겨받기 위해 원매자를 찾아야 하는데, 행방불명된 사람을 어디 가서 찾을 것인가. 분양권 불법 전매는 얻는 수익에 비해 너무 위험한 '부동산판 카지노'다. 거기에 상호 이타주의는 없다.

마음속에 왜 두 지갑이 있을까?

회사원 황길수(가명·42) 씨는 '마음속의 두 지갑'을 갖고 있다. 한쪽은 1년 전 분양받은 아파트의 중도금과 이자를 내는 지갑, 또 다른 한쪽은 아내 몰래 불입하는 정기예금 지갑이다. 전자는 부채 상환이고, 후자는 여윳돈 투자다. 그러나 두 지갑을 차는 것은 그다지 바람직하지 않다. 정기예금 이자가 아무리 높아도 아파트 중도금 이자보다 높을 수 없기 때문이다.

황 씨의 이런 행동은 마음속에 가상의 회계장부를 제각각 두는 '심적 회계(mental accounts)' 때문이다. 심적 회계는 사람들이 같은 돈이라 하더라도 출처나 용도에 따라 마음속으로 따로 구분해 달리 사용

하는 성향을 말한다.[101]

　현금이 있는데도 고금리의 카드빚을 갚지 않거나 빚을 지고도 펀드를 불입하는 것도 심적 회계가 서로 다르기 때문이다. 어렵게 번 돈은 자린고비처럼 아껴 쓰고, 공짜로 생긴 돈은 물 쓰듯 쓰는 것 역시 서로 다른 심적 회계의 영향이다. 심적 회계는 합리적인 경제 활동을 하는 데 걸림돌이 될 수 있다. 돈은 어디에서 나오든, 어디에 사용하든 쓰이는 방식이 같아야 한다. 우리 통장으로 오가는 돈에는 따로 색깔이 없다.

아는 게 힘, 모르는 게 약

　"햇빛은 최고의 살균제이며, 전등은 가장 유능한 경찰이다." 미국 연방대법관이었던 루이스 브랜다이스의 명언이다.[102] 투명한 정보 공유의 가치를 강조한 말이다. 부동산시장 안정을 위해서 투명한 정보 공개는 필수적이다. 시장을 교란하는 투기 세력이 발을 못 들이도록 하는 방부제 역할을 한다. 하지만 정보 공개는 시장 안정의 필요조건일 뿐, 모든 것을 해결해주지는 않는다. 정보가 모두 공개되면 어떤 상황에서는 사람들이 더 불안을 느낄 수 있다. 정보 공개로 모든 사람이 행복을 느끼는 것은 아니다.

　몇 년 전 강원도 평창 알펜시아 리조트의 낮은 분양 성적을 공개해야 하느냐를 두고 논란이 일었다. 정보 공개는 현재 추세를 더 재촉하는 가속 페달을 밟게 한다. 분양률이 높을 때는 소비자의 조급증을 유발하니 당연히 분양 계약률이 치솟을 것이다. 그러나 분양률이 저조할 때의 정보 공개는 오히려 역효과가 생긴다. 신규 계약 유치는커녕 기존에 계약한 사람도 철회하고 싶어 한다. 사람들은 특별한 이유가 없는 한, 대체로 다른 사람들의 행동에 동조하려는 경향이 강하기 때문이다. 정보 공개가 결과적으로 쏠림 현상을 더 가속한다는 이야기다.

실거래가 공개는 부동산시장의 선진화를 위해 필요하지만, 시장 참여자들의 정서 불안을 유발하기도 한다. 부동산은 주식과는 달리 마음 편히 투자할 수 있는 실물 자산으로 알려져 있다. 하지만 정보 통신이 발달하지 않아 시세 정보를 수시로 알 수 없을 때나 가능한 이야기다. 수시로 변하는 실거래가를 알게 되면 사람들은 쉽게 마음의 평정을 잃는다. 가격이 내려간 사실을 아는 순간, 바늘이 살을 찌르는 것 이상의 고통을 느낀다.

2가지 다른 속담이 있다. "아는 것이 힘이다." "모르는 것이 약이다." 똑같은 '것'이 있지만 서로 다른 뜻이다. 전자는 지식(knowledge)이지만, 후자는 정보(information)다. 예컨대 지식은 유용하게 쓰인다. 여럿이 공동의 과제를 풀 때처럼 지식이 모이면 집단 지성의 힘으로 작용한다. 하지만 정보는 모를 때 약이 될 수 있다. 무소식이 희소식인 것처럼, 그 정보를 몰랐다면 과도한 걱정을 유발하지 않기 때문이다.

닻 내림은 당신을
자주 홀리는 마법이 된다

사람들은 전혀 관계없는 정보에도 영향을 받는다.
예컨대 회전판의 마지막 숫자들이 닻이 되어 판단에 영향을 주기도 한다.
정보 비대칭성이 강한 부동산일수록 착시가 있을 수 있으니 조심하라.

◆

"강남 아파트값은 왜 이리 비싼가요?" 집값이 급등하던 문재인 정부 시절 지방 도시에서 올라온 김정우(가명·38) 씨는 서울 강남 아파트값을 도무지 이해할 수 없었다. 어지간한 방 3칸짜리 34평형 (전용면적 84m²) 아파트 가격이 20억 원을 넘어서는 게 도저히 믿기지 않았다.

김 씨는 20억 원을 깔고 살 바에야 훨씬 시설이 좋은 고급 호텔에서 자는 게 낫다고 생각했다. 지방 도시에서 34평형 아파트는 3억 원이면 구할 수 있었다. 20억 원은 지방 도시에서 어지간한 상가 빌딩을 살 수 있는 값이었다.

김 씨가 강남 아파트값을 너무 비싸다고 생각하는 심리는 간단하다. 그것은 바로 지방 도시 아파트값이 가격의 판단 기준인 앵커링(anchoring, 닻 내림)이 되기 때문이다. 배가 닻을 내리면 물결이 이리저리 움직여도 닻 내린 곳에서 크게 벗어나지 않을 것이다. 닻 내림 효과는 처음 형성된 정보가 기준점이 되어 우리의 판단에 큰 영향을 미치는 것이다.

김 씨처럼 다른 도시로 이사 간 사람들은 예전에 살던 곳의 부동산 가격을 기준점으로 삼고 있는 것으로 나타났다.[103] 예전에 살던 도시의 임대료가 비쌀수록 세입자는 새 도시에서 높은 임대료를 지불하는 경향을 보인다.[104] 말하자면 종전 가격에 시선이 고정되면 새로운 주택 구매 여부를 결정할 때에도 종전 가격이 준거점으로 이용될 수 있는 것이다.

닻 내림 효과, 누구도 비켜 갈 수 없다

미국 애리조나대학교 교수 노스크래프트와 닐은 1987년 부동산 중개업자 등을 대상으로 닻 내리기 실험을 했다. 해당 부동산의 적정 가격이 얼마인지 감정하는 게 실험의 요지였다. 이들은 실험 대상을 A, B 두 그룹으로 나눴다. 그리고 같은 부동산이지만 서로 다른 매도 호가가 적혀 있는 전단을 보여줬다. A그룹에 보여준 부동산 전단에는 매도 호가가 6만 5,900달러로 적혀 있었다. A그룹은 나름대로 감정을 한 뒤 적정 가격으로 평균 6만 7,811달러를 제시했다. B그룹에는 매도 호가가 8만 3,900달러로 적혀 있는 전단을 보여줬다. 그들의 평균 평가금액은 7만 5,190달러였다. 이처럼 같은 부동산을 두고 전문가들 사이에서도 10% 이상 차이가 난 것이다.[105]

부동산에 대한 전문적인 식견이 있는 중개업자들인 만큼 매도 호가에 좌지우지되는 일은 일어나지 않아야 할 것이다. 하지만 그들 역시 닻의 영향권에서 벗어날 수 없었다. 결과적으로 매도자의 일방적인 호가에 휘둘리게 되는 꼴이다.

대개 장터에서 물건을 거래할 때 파는 사람은 무조건 높게 부르고, 사는 사람은 최대한 낮게 부른다. 이는 의식하든 의식하지 않든 상대방이 최초로 제시한 가격에 영향을 받는 닻 내림 효과를 노린 것이다. 매수자는 매도자의 뻔한 수작이라고 의심하면서도 막상 매도 호가가 높게 제시되면 혹시 가치 있는 물건이 아닌가라는 생각이 든다. 시장 가격을 정확히 모른다면 더욱 그럴 것이다. 그래서 애초에 제시된 가격에서 많이 깎는 것은 거래를 아예 파기하지 않는 한 어려운 일이다.[106]

실제로 많은 실험 결과를 보면 전혀 관계없는 정보에도 영향을 받는 것으로 나타난다. 예컨대 사회보장번호나 회전판의 마지막 숫자들이 닻이 되어 판단에 영향을 주기도 한다. 가령 당신이 유엔에 가입한 아프리카 국가가 몇 곳이냐는 질문을 받았다고 가정해보자. 답은 수레바퀴 모양의 회전판을 돌린 뒤 그 숫자를 본 뒤에 하도록 한다. 회전판의 숫자가 정답을 말하는 데 어느 정도 영향을 미치는지 체크하기 위해서다.

'어떻게 회전판 숫자에 휘둘린다는 말인가'라고 다들 생각하겠지만, 실험 결과 회전판의 낮은 숫자를 본 사람은 유엔 가입 아프리카 국가 수를 실제보다 적게 답했고, 높은 숫자를 본 사람은 실제보다 많게 답했다.[107] 한마디로 전혀 연관성이 없는 숫자도 한 번 스치고 지나가면 순간접착제를 바른 것처럼 고정되는 것이다. 처음에 매겨진 가격이 임의적인데도 불구하고 한번 뇌리에 자리를 잡으면 현재뿐만 아니라 그 이후의 가격에도 영향을 미친다.[108]

어쨌든 우연히 마주치는 사소한 숫자라도 그 마법에 걸리지 않도록 조심하라. 혹시 닻 내림 전략이 있을 수 있으니 말이다.

렌트 프리의 심리적 함정

중견 제조업체 배수진(가명·49) 대표는 최근 2년간의 건물 임대 계약을 하면서 고개를 갸우뚱했다. 임대료를 깎아달라고 요구했더니 건물주 측에서 임대료는 그대로 둔 채 3개월 치를 받지 않겠다고 제안했기 때문이다.

배 대표 처지에서는 실제 부담하는 금액은 차이가 없었으므로 그 제의를 받아들였다. 그는 "빌딩 공실이 많은 지역에서는 몇 개월 치 임대료를 받지 않는 빌딩이 많은데, 주로 건물 주인이 선호하는 방식"이라고 말했다.

빌딩 임대시장에 요즘 '렌트 프리(rent free, 무상 임대)'가 유행하고 있다. 말 그대로 일정 기간 사무실을 공짜로 빌려주는 임대 방식이다. 빌딩을 계약하는 임차인에게 2~6개월 정도 임대료를 내지 않고 무료로 쓸 수 있게 하는 것이다. 그만큼 실질 임대료가 할인되는 효과가 있다.

그런데 공개적으로 임대료를 낮추지 않고 왜 암암리에 렌트 프리 방식을 쓰는 걸까? 렌트 프리를 이용하면 빌딩 매매가격 산정 기준이 되는 명목 임대료가 그대로 유지되기 때문이다. 빌딩 매매가격은 미래에 발생하는 임대료를 현재 가치로 할인한 것이다. 따라서 실질 임대료 인하에도 불구하고 빌딩의 가치에는 변동이 없어 건물주 입장에서는 손실 부담이 덜하다. 임대료는 재계약 때 올려 받으면 된다고 생각하고 있다면 더욱 그렇다.

또한 일부 건물주는 명목 임대료를 그대로 유지하기 위해 인테리어 비용을 임차인에게 지원하는 서비스를 제공하기도 한다. 요컨대 렌트 프리는 임대료를 깎아줄지언정 원래 설정된 임대료는 낮추지 않는 방법으로 건물의 가치를 유지하기 위한 닻 내림 기술이 스며 있는 셈이다.

이러한 렌트 프리 착시 효과로 실질 임대료는 떨어지는데 건물 가격은 제자리이거나 오히려 오르는 기현상이 나타난다. 빌딩을 매입할 때 임대수익률이 지나치게 높다면 렌트 프리 효과가 아닌지 체크해야 한다. 명목 임대료보다는 실제로 받는 실질 임대료를 토대로 계산해야 착시를 막을 수 있다.

내 아파트, 얼마에 팔아야 손해가 아닐까?

당신이 아파트를 3억 원에 사고 난 이후 가격 등락을 거듭했다고 가정해보자. 그동안 가장 비싼 거래가격은 12억 원, 최근 거래가격은 10억 원이다. 아파트를 팔 때 당신이 생각하는 손실 기준점은 어디인가? '아파트 시세가 얼마 이하로 떨어져야 손해라고 생각하느냐'는 이야기다. 최초 구입 가격(3억 원)인가, 아니면 보유 기간 중의 최고 가격(12억 원)인가, 혹은 최근 거래가격(10억 원)인가?

한 설문 조사 결과를 보면 응답자의 45% 이상은 내 집이 '최근 거래가격'보다 낮게 판매될 때 손실로 생각한다고 했다. '보유 기간 중의 최고 가격'보다 낮게 판매될 때 손실이 발생한다고 응답한 사람은 28.1%였다. 나머지 26.6%의 응답자만이 '최초 구입 가격'을 기준으로 주택 보유의 손실 여부를 판단하고 있었다. 이 결과는 응답자의 4분의 3이 손실 준거점을 최초 구입 가격으로 고정하지 않은 채 최고 가격이나 최근 거래가격을 기준점으로 삼고 있음을 보여준다.[109]

이렇게 되면 현재 자신의 아파트 매도 가격(가령 8억 8,000만 원)이 최근 거래가격(10억 원)보다 낮다면 최초 매입 가격(3억 원)보다 높아도 손실을 봤다고 생각할 수 있다. 주택 소유자 관점에서 손실 회피 심리가 작동하면서 매각을 꺼릴 수 있다. 이처럼 시장 참여자들이 주택시장에서 손실로 보는 가격 기준점을 어떻게 설정하는지는 매우 중요한 문제다.

이명박 정부의 서민 주택인 보금자리 주택은 닻 내림 효과의 대표적인 사례로 지금도 거론된다. '반값 아파트' 논란을 불러일으킨 값싼 보금자리 주택은 재고시장과 분양시장을 동시다발적으로 침체에 빠트렸다. 이는 소비자들이 보금자리 주택을 주택 구입 가격의 준거점으로 삼았기 때문이다. 소비자들이 기존 주택을 사거나 분양을 받을 때 그만큼 입맛이 까다로워진 것이다. 기대 수준이 높아진 소비자들은 어지간한 아파트는 눈에 차지 않는다.

그런데 보금자리 주택의 낮은 분양가가 주변 아파트를 위축시킨 것은 당시 부동산시장이 침체기였다는 점도 참작되었을 것이다. 만약 부동산시장이 호황기였다면 보금자리 주택 분양가에 휘둘리지 않았을 것이다.

부동산 호황기에는 소비자들의 주택 구입 준거점도 올라간다. 다시 말해 낮은 가격보다 높은 가격에 준거점이 형성된다. 신규 분양가를 주변 아파트 시세보다 높게 책정해도 분양을 받는다. 아파트값이 더 올라갈 것이라는 기대가 반영되기 때문이다.

하지만 침체기에는 높은 분양가로 분양했다가는 미분양이라는 부메랑으로 되돌아온다. 소비자들이 주택 구매의 기준점을 대폭 낮추기 때문이다. 소비자들은 시장 침체로 미래의 불확실성이 커진 만큼 가격 할인을 요구한다. 그래서 부동산시장이 위축되었을 때는 어지간히 가격이 싸지 않으면 수요자들이 움직이지 않는다. 결국 소비자들의 가격 닻 내림도 가만히 있는 것이 아니라 시장 상황에 따라 변한다는 사실을 보여준다.

심리 기술을 함부로 쓰면 부메랑

전혀 관계없는 숫자에도 영향을 받는 닻 내림 효과. 어찌 보면 그럴듯하지만 잘못 이용하면 낭패를 볼 수 있다. 만약에 당신이 아파트를 파는 처지에서 터무니없이 가격을 높게 부르면 비정상적인 사람으로 취급받을 수 있다. 단독주택이나 토지, 상업용 건물과는 달리 아파트는 표준화·규격화되어 쉽게 가격을 파악할 수 있다. 정보 기술의 발달로 아파트 가격이 실시간으로 공개되는 데다 약간의 시차는 있지만 실거래가격도 스마트폰을 통해 누구나 언제든지 볼 수 있기 때문이다. 협상 과정에서 닻 내림 효과는 정보를 독점하고 있거나 다른 사람은 정보를 모르는 비대칭성이 발생해야 가능할 것이다.

봉이 김 선달이 평양 대동강 물을 팔아먹었다는 영웅담은 극단적인 '정보의 비대칭성 시대'에서나 가능한 이야기다. 만약 정보 민주화 시대에 닻 내림 효과를 잘못 이용했다가는 오히려 역풍이 불 수도 있다.

잘못된 닻 내림 효과의 포로가 되지 않기 위해서는 어떻게 해야 할까? 결국 해당 분야의 전문지식을 늘려야 한다. 어떤 제품에 대해서 잘 알고 있는 경우에는 잘못된 닻에 걸려들 가능성이 작다.[110] 그 분야에서 최고의 지식을 쌓은 전문가라면 누가 닻으로 속임수를 썼다고 하더라도 걸려들 확률이 낮을 것이다. 평생 공부는 그래서 필요하다.

또한 매도자가 제시하는 가격이나 정보를 그대로 믿지 말고 한번 점검해보는 것도 좋은 방법이다. 특히 거래가 뜸한 땅이나 상가, 단독주택을 살 때는 가격 적정 여부를 검증하는 절차를 빠트리지 말아야 한다. 인근 지역 실거래 내역을 조사하거나 감정평가를 받아보는 것도 좋은 방법이다. 원론적인 이야기지만, 큰돈이 오가는 부동산 거래에서는 한 번 실수하면 큰 손실을 보기에 이중삼중으로 확인하는 습관을 지녀야 한다.

새로운 동네로 이사 가는 경우 닻 내림 효과에 빠지기 쉽다. 집값이 비쌌던 동네에서 살다가 싼 동네로 옮기면 가격이 싸다는 생각에 덜컥 구매할 가능성이 있다. 이럴 때 닻 내림 효과를 극복하는 방법은 충분한 시간을 갖는 것이다. 새로 옮긴 동네의 집값에 적응할 때까지 1~2년 임대로 살면서 천천히 구매 여부를 결정하는 것이 좋다.[111]

좋을 때와 나쁠 때는
시계추처럼 서로 오간다

모든 사람이 단꿈에 빠져 있을 때, 혹은 비탄 속에 젖어 있을 때
이성적으로 한번 되돌아보자. 이것이 평균회귀의 참다운 의미다.
좋을 때와 나쁠 때가 서로 오간다는 생각을 하는 것이다.

◆

영국의 진화론자 찰스 다윈의 사촌 동생 프랜시스 골턴은 다윈보
다 유명하지는 않았지만 다채로운 영역에서 큰 발자국을 남긴 인물
이다. 발명에서부터 탐험, 생물, 유전, 의학, 통계까지 그가 스쳐 가지
않은 곳이 없다. 이처럼 다양한 영역에서 성과를 거둘 수 있었던 것은
그가 유난히 호기심이 많았기 때문이다. 그는 무엇이든 측정해야 직
성이 풀렸다. 심지어 강의를 듣는 사람들이 안절부절못하는 횟수를
측정하고, 영국의 미인 거주 분포도를 만들 정도였다.[112]

그런 그에게 어느 날 완두콩이 눈에 들어왔다. '부모 완두콩이 크
면 자식 완두콩 크기도 클까?'라는 호기심이 발동했다. 그는 실험하
기 위해 수천 개의 완두콩을 구한 뒤 크기별로 7개 집단으로 나눴다.

그러고는 다음 해에 그 완두콩들을 따로 심어 수확했다. 결과는 예상과 딴판이었다. 부모 완두콩이 크다고 해서 자식 완두콩도 큰 것이 아니었다. 대체로 크고 작은 완두콩이 섞여 있었다. 반대로 부모 완두콩이 작아도 자식 역시 크고 작은 게 골고루 분포한다는 사실을 밝혀냈다. 결국 완두콩이 극단적으로 크지 않고 평균 크기로 수렴된다는 것을 알아냈다.

이것이 그 유명한 '평균회귀(regression toward the mean)'다.[113] 아마도 평균회귀 경향은 완두콩 재배와 수확 횟수가 길어질수록 더 뚜렷해질 것이다. 평균회귀가 없었다면 큰 완두콩은 몇백 년이 지난 후대에서 호박만 한 크기가 되었을 것이고, 작은 완두콩은 좁쌀만큼 작아졌을 것이다.

완두콩뿐만 아니라 연구 결과 인간의 키도 평균회귀 경향이 나타났다. 일반적으로 부모의 키가 크면 아이의 키도 크다. 그러나 (키 성장을 위한 특별 치료나 영양제를 투여하지 않는다는 전제에서 볼 때) 그 아이의 평균신장은 장신인 부모만큼 크지 않다. 아이의 신장은 일반 평균으로 되돌아가려는 현상이 나타난다는 이야기다.[114]

세상일은 반드시 평균으로 돌아간다

일상에서 평균회귀라고 표현하지 않을 뿐, 우리는 이 개념을 자주 듣고 경험한다. 우리는 즐거울 때보다 힘들 때 '이 또한 지나가리라'는 경구를 떠올린다. 아득한 옛날 다윗 왕의 반지에 새겨졌던 이 글귀는 오늘날 평범한 샐러리맨에서 저명인사들까지 많은 사람에게 삶의 모토가 되고 있다. 같은 제목의 에세이나 노래도 많이 나와 있다.

'이 또한 지나가리라'는 말은 평균회귀에 대한 강력한 믿음을 기초로 한다. 지금의 역경과 고난의 세월은 곧 지나가고 다시 평범한 일상의 행복을 찾을 수 있을 것이라는 희망가다. 평균회귀를 우상처럼 받드는 사람도 많다. '일은 반드시 바른 곳으로 돌아간다'라는 사필귀정(事必歸正)에 빗대어 사필귀평(事必歸平)으로 표현한다. 세상일은 반드시 평균으로 돌아간다는 뜻이다.

우리가 자주 듣는 말인 '부자가 3대를 못 간다' 역시 평균회귀 개념이 들어 있다. 부자는 평균 수준을 넘어서 부를 축적한 사람이다. 간혹 자손 대에 더 큰 부자가 된 경우가 더러 있었을 것이다. 하지만 자손들이 물려준 돈을 제대로 관리하지 못하고 평범한 이웃으로 되돌아온 경우가 더 많다 보니 이런 속담이 나왔을 것이다.

대학교수가 정년을 보장받으면 연구를 게을리하는 경향도 평균회귀에 기인한다. 노후까지 고용 안정이라는 큰 목적을 이루니 열심히 연구하게 하는 유인책이 사라지는 것이다. 그래서 요즘은 정년 보장 이후에도 열심히 연구하는 교수에게 각종 인센티브를 주는 대학도 많이 생겨났다.

남편이 연애 때만큼 아내에게 사랑 표현을 잘 하지 않는 것도 평균회귀의 법칙을 알면 고개가 끄덕여진다. 원래 남편은 남에게 다정다감한 남자가 아니었다. 연애라는 특수한 때에만 평소와 다른 모습을 보인 것일 뿐이다. 결혼하니 이제 본모습을 되찾았다. 달라진 남편 모습에 짜증을 내지 말고 이렇게 말하라. "당신에게도 그 유명한 '평균회귀 현상'이 나타난 거야?"

평균회귀를 활용한 가치 투자법

주식이든 부동산이든 시장에서 거래되는 가격은 가만히 있지 않는다. 시장 가격은 장기이동평균선(왼쪽에서 오른쪽으로 수평선을 그었다고 생각하라)을 중심으로 오르락내리락을 반복한다. 장기이동평균선은 일종의 내재가치다. 시장 가격이 장기이동평균선을 상향 이탈하면 오버슈팅(over shooting)이 발생한다. 오버슈팅은 시장 가격이 내재가치에 비해 지나치게 부풀려지는 버블로 볼 수 있다. 반대로 시장 가격이 장기이동평균선을 하향 이탈하면 언더슈팅(under shooting)이 일어난다. 언더슈팅은 시장 가격이 내재가치 이하로 머물러 있는 역(逆) 버블이다.

주식이든 부동산이든 버블이 꺼진다는 것은 부풀려져 있던 시장 가격이 장기이동평균선 수준으로 떨어지는 것, 즉 평균회귀를 의미한다. 다시 말해 버블의 해소는 비정상적으로 높게 형성되어 있는 가격이 정상적인 수준으로 회귀하는 것이다. 반대로 내재가치보다 낮은 역버블 상태의 시장 가격은 점차 제 가치를 찾아 올라갈 것이다.

내재가치는 애덤 스미스가 설명하는 '원가에 평균이윤을 합친 자연 가격'과 비슷한 개념이다. 애덤 스미스는 『국부론』에서 "자연 가격은 시장 가격을 이끄는 중심 가격이다. 시장 가격은 오랜 세월 동안 자연 가격 이하로 머물 수는 없고 자연 가격까지 오른다"라고 말했다.[115] 애덤 스미스는 평균회귀라는 말을 직접 하지 않았지만, 자연 가격과 시장 가격을 통해 평균회귀의 이치를 설명하고 있는 셈이다.

평균회귀는 주식 투자에서 자주 활용된다. 미국의 전설적인 투자자 워런 버핏의 '가치 투자법'에는 평균회귀에 대한 희망과 믿음이 자리한다. 기업의 주가라는 것은 단기적으로는 비이성적으로 움직이지만, 장기적으로는 내재가치를 향해 수렴한다는 것이다. 결국 성공적인 가치 투자자는 내재가치보다 저평가된 주식을 사서 내재가치 수준으로 오를 때까지 보유한다.

가치 투자법은 내재가치 1만 원짜리 주식이 5,000원으로 떨어질 때 매입해서 내재가치 수준에 도달할 때 파는 투자법이다. 하지만 가치 투자법은 주가가 계속해서 우상향이 아닌 우하향으로 움직이면 무용지물이 된다. 거칠게 말해 지금 당장 주가가 오르지 않더라도 언젠가는 올라야 성립하는 투자법이다.

가끔 정부의 부동산 정책에서도 평균회귀의 의미를 발견할 수 있다. 예컨대 부동산 대책을 내놓을 때 "부동산시장의 정상화를 위해 노력하겠다"라고 발표한다. 정상화라는 것은 결국 시장을 평균적인 수준으로 되돌린다는 것을 뜻한다. 평균적인 수준은 아마도 집을 사고 싶은 사람은 사고, 팔고 싶은 사람은 팔 수 있을 정도로 거래에 숨통이 트이는 것을 의미할 것이다. 평균회귀는 이처럼 다양한 함의가 있다.

기계적 평균회귀는 드물다

평균회귀는 과거의 일을 분석하거나 철학적으로 사고할 때 유용한 도구다. 문제는 과거나 지금이 아니라 앞으로 닥칠 미래다. 불확실한 미래를 예측할 때 평균회귀 법칙을 언제 어디까지 적용할지는 녹록지 않은 일이다. 평균회귀 현상이 기계적으로 나타나지 않기 때문이다.

평균회귀는 불규칙적이고 비정형적일뿐더러 불연속적인 양상이 뒤섞여 나타난다. 도로로 치면 시원하게 쭉 뻗은 경부고속도로가 아니라 꾸불꾸불하고 울퉁불퉁한 비포장 산길이다. 그래서 책상에 앉아 원론적·이론적으로 평균회귀를 말하기는 쉽지만, 한 치 앞을 내다보기 힘든 불안한 시장에서 판단하기란 어려운 일이다.[116]

부동산 가격이 버블 논란이 일어날 정도로 많이 올랐다고 하자. 과거의 경험으로 볼 때 가격이 많이 오르면 많이 떨어진다는 대원칙, 즉 평균회귀는 누구나 짐작할 수 있는 일이다. 그런데 평균회귀 현상이 언제부터 시작될지는 아무도 알 수 없다. 너무 늦게 나타나 곤혹스러울 때도 부지기수다. 단기적으로 가격이 내려가는 평균회귀 현상이 나타나다가도 다시 오르는 비정형화된 패턴이 나타날 때도 많다.

더욱 곤혹스러운 점은 시장 가격이 평균을 향해 움직이는 게 아니라 평균(장기이동평균선) 자체가 움직이는 것이다. 아예 평균 자체가 위로 혹은 아래로 이동하면서 새로 만들어진다. 대공황 직후인 1930년대 초 주가가 종전보다 50% 떨어지자 일부 사람들은 "이제는 평균회귀 현상이 나타날 것"이라고 믿고 주식을 사들였다. 하지만 주가는 계속 하락해 80%까지 떨어졌고, 1932년에 가서야 바닥에 도달했다.[117] 평균 자체가 아예 하향 이동한 것이다. 물론 그 이후 주가는 상승하면서 평균회귀 현상이 나타났지만 투자 자금을 다 날린 뒤였다.

일본 땅값 역시 1990년대 고점에서 절반이나 떨어지자 저가 매수세에 나섰던 사람들은 큰 손해를 봤다. 모두가 기대했던 땅값의 평균회귀 현상은 20년 이상 나타나지 않았다. 그사이 평균은 밑으로 내려갔다. 최근 일본 부동산에 회복의 평균회귀 현상이 나타나고 있지만, 언제까지 이어질지 알 수 없는 일이다. 이 두 사례는 평균회귀를 기계적으로 받아들이면 얼마나 큰 손실을 보게 되는지를 보여준다.

평균회귀 현상을 좀 더 이야기해보자. 도박으로 10번이나 돈을 탕진한 사람이 있다고 하자. 그가 '그동안 돈을 많이 잃었으니 이제는 딸 때가 되었다'라고 기대한다면 어떻게 받아들여야 할까? 최근 4~5년간 겨울이 춥지 않았는데, '이제는 평균회귀가 나타날 것'이라며 두꺼운 겨울옷을 준비하는 사람이 있다면 그를 어떻게 바라봐야 할까? 두 사람 모두 평균회귀를 제대로 이해한 사람이라기보다는 비정상적인 사람이라고 생각할 것이다.

이처럼 평균회귀 현상을 제멋대로 해석할 경우 상황 판단의 오류를 초래하는 것은 물론 자기합리화의 도구로 악용할 수 있다. 평균회귀가 만능법칙은 아닌 셈이다. 도식적으로 접근하지 않고 유연한 태도를 보일 때 평균회귀의 가치는 힘을 발휘한다.

인공지능 시대의 평균회귀

요즘 대화형 인공지능 챗GPT가 등장하면서 우리 사회에도 인공지능의 세상이 바짝 다가왔다. 이 시대에 유통되는 지식을 망라해 마치 현자와 즉문즉답을 하듯 지혜로운 세상살이의 길을 제시한다. 그 시대 가장 잘나가는 학자를 다 동원해 내놓은 모범답안 같다. 이러한 인공지능은 나 혼자 사용할 때는 탁월한 해법이 될 수 있다.

인공지능을 활용하면 조리 있게 말할 수 있을 것이다. 하지만 모든 사람이 인공지능을 이용한다면 판도가 달라질 것이다. 판에 박힌 듯 비슷비슷한 답만 무더기로 쏟아질 가능성이 있지 않을까. 더 이상 독창적이지도 않고 획일적인 답이 될지도 모른다. 인간의 사고능력이 현저히 떨어질 수 있다. 굳이 깊게 배우지 않아도 인공지능에만 물어보면 다 해결될 수 있으니까. 핸드폰이 보급되면서 전화번호를 더는 외우지 않는 것처럼 말이다. 저장된 번호만 기계에서 꺼내 쓰면 되니 머리를 쓸 일도 없다.

부동산시장이나 주식시장 같은 자산시장에 인공지능이 보편화한다면 어떻게 될까? 한쪽으로 내모는 쏠림 현상이 더 심해지지 않을까? 서로 비슷한 생각과 비슷한 행동을 할 수 있기 때문이다. 마치 명절 때 내비게이션을 따라 귀성을 했더니 더 밀리더라는 푸념처럼 말이다. 모든 사람이 내비게이션의 지시에 따라 운행을 하니 한쪽으로 몰려 정체가 더 심해질 수 있는 것이다.

인공지능 시대는 오히려 사람들의 인식체계가 표준화되면서 군중처럼 쉽게 바뀔 수 있을 것 같다. 자산시장도 펀드멘털의 변화 없이도 군집화된 인간들의 심리 변화만으로 요동칠 가능성이 커지지 않을까? 과거보다 변동성 쇼크가 더 자주 일어날 수 있겠다는 생각이 든다. 그리고 평균회귀 역시 과거보다 더 심하게 울퉁불퉁한 형태로 나타날 것 같다.

우리에게 필요한 사고법은?

평균회귀는 부동산 개발 사업을 하든, 작은 집을 사든 적지 않은 교훈을 준다. 부동산시장에는 영원한 호황이 없고, 영원한 불황도 없다는 지혜다. 부동산시장은 호황과 불황을 반복하는 사이클을 오간다. 하지만 눈앞의 이익에 춤추는 인간이란 어디 그런가. 오늘 집값이 오르면 내일도 오를 것이라 예상하며 쉽게 착각에 빠진다. 이른바 '지속 편향'이다. 하지만 가격은 계속 오르지 않는다. 달이 차면 기울듯 가격이 오르면 다시 내리는 게 세상의 이치다.

'지속 편향'은 투기 수요로 연결되어 주택시장의 버블을 낳는다. 때로는 집값이 계속 내려갈 것이라는 공포로 이어져 투매를 낳는 주범이 되기도 한다.

많은 사람이 소형 아파트 전성시대가 영원히 지속될 것이라 예상한다. 대형보다 소형 아파트를 사면 돈을 많이 벌 수 있겠다는 생각에서다. 우리나라 인구 구조상 1~2인 가구가 계속 늘어나고 있어 장기적으로는 소형이 강세인 트렌드는 변함이 없을 것이다. 하지만 중단기적으로는 그렇지 않을 수 있다. 2022년 미국발 고금리 쇼크가 주택시장을 강타하면서 소형 아파트는 오히려 대형보다 더 많이 하락했다. 앞에서 언급했듯 MZ세대의 '영끌' 혹은 갭투자 수요가 몰려들면서 가격이 부풀려진 탓이다.

모든 사람이 장밋빛 미래의 단꿈에 빠져 있을 때, 혹은 절망과 비탄 속에 젖어 있을 때 이성적으로 한번 되돌아보는 것, 바로 이것이 평균회귀의 참다운 의미다. 좋을 때와 나쁠 때가 서로 오간다는 '사이클적인 사고'를 하는 것이다. 바로 프랜시스 골턴이 완두콩에서 찾아낸 평균회귀의 교훈을 마음에 새기는 것이다.

한국 부동산의 미래는
일본 부동산의 복사판이 될까?

부동산 버블붕괴는 금융 시스템과 실물경기까지 충격에 빠트린다.
대표적인 것이 일본식 버블 붕괴다. 하지만 극단적인 형태가 아닌
맥주 거품(froth)처럼 해소되는 방식도 있다.

◆

　우리가 일본을 떠올리면 연상되는 이미지는 무엇일까? 국내에 가장 많이 알려진 이미지는 인구 고령화와 부동산 거품 붕괴가 아닌가 싶다. 두 이미지가 워낙 강하다 보니 우리나라 부동산시장이 이웃 나라 일본의 전철을 밟는 게 아니냐는 이른바 '일본화(japanization)'에 대한 걱정이 많다. 그 근거로 우리나라의 인구 구조나 산업 구조가 일본과 비슷한 측면이 있다는 점을 거론한다.

　그 전망이 틀리든 맞든 우리나라 부동산을 바윗덩어리처럼 짓누르는 심리적 기저에는 우리가 일본처럼 될지 모른다는 집단적 두려움이 깔려 있다. 일본 부동산 버블 붕괴의 유령이 한국 부동산시장을 떠돌고 있다. 하지만 과연 일본이 우리나라 부동산의 미래일까?

의대생 증후군과 버블 붕괴의 공포

왜 일본 하면 부동산 거품 붕괴가 쉽게 연상될까? 우리는 어떤 사건이 자신의 머리에 얼마나 쉽게 떠오르는가에 따라 그 사건과 연결될 가능성을 평가한다.[118] 이를 심리학적으로 '가용성 휴리스틱(availability heuristic)'이라고 한다. 휴리스틱은 주먹구구식으로 판단하거나 '감(感)'으로 결정을 내린다는 뜻의 심리학 용어다. 휴리스틱은 판단을 빨리할 수 있도록 생각의 지름길을 안내하지만, 판단하는 과정을 직관적으로 단순화하는 위험성이 있다.

사회적으로 떠들썩한 이슈가 되었던 극적이고 생생한 사건의 이미지는 쉽게 떠올리고 개연성(어떤 일이 일어날 가능성)을 과대평가한다.[119] 가령 비행기 추락, 유람선 전복, 대형 화재, 대학살 등은 충격적인 일이기에 오래 기억하고 그것의 발생 가능성을 실제보다 크게 본다는 것이다. 만약 자신의 친인척이 비행기 추락 사고로 사망했다면 비행기를 탈 때마다 겁이 날 것이다. '친인척의 사망=비행기의 처참한 잔해'를 쉽게 떠올리다 보니 위험이 더 크게 느껴지는 것이다.

일본의 부동산 버블 붕괴는 전 세계적으로 아주 드물게 발생한 극적인 사건이다. 그런 사건은 언론을 통해 계속 반복되어 알려지면서 우리도 모르게 뇌리에 강한 이미지로 깊이 각인된다. 테러 하면 이슬람계 사람들이 종종 떠오르는 것처럼 대폭락한 일본 부동산과 버블 붕괴는 쉽게 연결되는 이미지다. 그래서 버블 이야기만 나오면 일본의 부동산 버블 붕괴 사건을 떠올리고 금세 눈앞에서 일어날 것처럼 사건이 발생할 확률과 빈도를 높이는 것이다.

유사 개념으로 '의대생 증후군'이라는 것이 있다. 일종의 건강 염려증이다. 의대생들이 특정한 질환의 증상을 배우다 보면 '내가 요즘 몸이 안 좋은데 혹시 그 병에 걸린 것 아닌가?' 하고 걱정을 한다는 것이다.[120]

인구 고령화, 저출산, 저성장, 중산층 몰락 같은 말만 들어도 일본을 떠올리며 우리나라도 일본을 따라가는 것이 아닌가 하는 생각을 한다. 사람들은 세기말의 묵시록처럼 결론을 내놓고 거기에 과정을 끼워나가는 오류를 범하는 것은 아닐까? 미래는 실현되지 않은 가능성의 세계이지, 숙명의 세계는 아니다. 정해진 미래는 없다. 곧 닥칠 인구 쇼크 시대를 대비해야 하지만 일본 사례를 너무 일반화할 필요는 없다고 본다. 일본과는 다른 방향으로 전개될 가능성도 있다.

일본 버블 붕괴는 아주 이례적 사건

보통 거품 붕괴 역사의 시작은 1637년 2월 3일 일어난 네덜란드 튤립 거품 붕괴를 꼽는다. 이후 1700년대 프랑스의 미시시피 거품과 영국의 남해 거품, 1929년 미국의 대공황, 1990년대 일본의 부동산 거품, 2000년대 초 인터넷 거품과 2008년 미국의 서브프라임 모기지 사태에 이르기까지 다양한 거품 붕괴의 역사가 있었다. 400여 년의 거품 형성과 붕괴 역사에서 굵직한 사건만 10여 개다. 그중 일본의 부동산 거품 붕괴는 반드시 포함된다. 강조하고 싶은 점은 일본의 부동산 거품 붕괴는 역사적으로 아주 희귀한 사건이라는 것이다.

많은 나라에서 부동산 거품이 발생했지만, 일본처럼 20년 이상 부동산 가격 폭락과 함께 실물경제까지 침체의 늪에 빠진 나라는 없다. 아일랜드 더블린대학교의 경제학과 교수인 모건 켈리의 분석 보고서[121]를 보자. 핀란드는 명목 주택 가격에서 소비자물가를 뺀 실질 주택 가격이 1974년 정점 이후 6년간 30% 급락한 데 이어 또 다른 거품이 형성되었던 1989년 이후 5년간 48%나 떨어지는 큰 홍역을 치렀다. 스위스 역시 실질 주택 가격 기준으로 1973년 정점에서 10년간 26%, 1989년에도 정점 이후 10년간 39% 급락하는 사태를 겪었다. 스웨덴도 1979년(정점에서 6년간 -35%)과 1990년(정점에서 6년간 -27%) 이후 두 차례 실질 주택 가격이 폭락했다. 일본은 헤이세이(平成) 거품 붕괴로 잘 알려진 1991년(정점에서 10년간 -27%) 외에 그 이전인 1974년(정점에서 4년간 -31%) 이후 실질 주택 가격이 급락했다. 하지만 핀란드, 스위스, 스웨덴 등 많은 나라는 집값이 급락했어도 일본과는 달리 대부분 고통을 견뎌내고 다시 일어섰다.

국제통화기금(IMF)의 주택시장 보고서(2022)에 따르면 1980년대 이후 전 세계에서 30% 이상 집값이 하락한 곳은 5곳이다. 홍콩이 1981~1984년 51%나 급락해 하락률 1위를 차지했다. 그다음 일본(1991~2006년, -45.2%), 미국(2006~2011년, -39.1%), 뉴질랜드(1974~1980년, -38.2%), 한국(1991~1996년, -33.7%), 태국(1997~1999년, -32%) 순이다. 이들 국가 중 일본만 장기간 극심한 버블 후유증을 겪었다. 아직

일본 버블 붕괴 전철을 따라서 간 나라는 없다.[122]

어느 자산 가격에서든 거품이 형성되면 반드시 소멸한다. 거품이란 어찌 보면 사막의 신기루처럼 허망한 것이다. 거품이 소멸하는 방식에는 2가지가 있다. '붕괴'와 '해소'라는 방식이다. 형성된 거품이 풍선 터지듯 '펑' 하고 터지는 것이 붕괴(collapse)다. 붕괴는 부동산 시장은 물론 금융 시스템과 실물경기까지 충격에 빠트린다. 대표적인 것이 일본식 부동산 버블 붕괴다. 하지만 거품이 꺼지더라도 경제를 마비시킬 정도로 극단적인 형태가 아닌 맥주 거품(froth)처럼 해소되는 방식도 있다. 맥주 거품 식의 소멸도 붕괴 방식보다는 덜하지만 경제에 미치는 부정적인 영향이 만만치 않다.

문제는 일반적으로 많은 사람이 거품 하면 파국을 의미하는 붕괴만 떠올리는 데 있다. 버블이 소멸하면 시장에 참여한 많은 사람이 고통을 겪는다. 하지만 마치 세상이 끝장나는 듯한 종말론적 버블 붕괴론은 너무 단순하고 극단적이다.

머지않은 인구 쇼크 시대의 생존법

요즘 우리나라 출산율을 생각하면 한마디로 아찔하다. 280조 원을 쏟아붓고도 합계 출산율은 고작 0.78명(2022년 기준)으로 세계 꼴찌 수준이다. 서울 출산율은 0.59명으로 더 낮다.

한마디로 출산 파업이다. 지금처럼 저출산에 고령화가 지속한다면 한국 부동산의 미래가 있을까? 머지않아 인구 절벽, 인구 쇼크가 현실화할 것이다.

우리나라 경제도 저성장 국면으로 접어들었다. 노무현 정부 당시 경제성장률은 연평균 4.7%, 그 이후 이명박 정부 3.3%, 박근혜 정부 3%, 문재인 정부 2.3%로 점차 낮아지고 있다. 이제는 잠재성장률이 1%대로 낮아져 저성장이 굳어지지 않을까 우려된다.

부동산은 그 나라 경제를 반영하는 거울이다. 우리나라 부동산이 일본을 그대로 따라가지 않더라도 '수축'이 불가피하다. 통계청에 따르면 우리나라 인구는 2020년부터 줄고 있지만 가구 수는 2039년에 정점을 찍고 그다음 해부터 줄어든다. 부동산시장은 2030년대부터 인구감소의 영향을 받을 가능성이 높고, 인구와 가구 수가 함께 줄어드는 2040년 이후에는 충격이 본격화할 것이다. 인구와 가구 수의 동시 감소 시대는 그동안의 '부동산 문법'들이 더 이상 통하지 않을 수 있다.

물론 인구 위기론에도 불구하고 당장 부동산시장에서 인구 쇼크가 현실화할 가능성은 낮다. 하지만 서서히 우리 곁으로 다가올 것이므로 대비해야 한다. 이런 상황에서 개인은 어떤 준비를 해야 할까?

첫째, 다가올 인구 쇼크를 감안해 자산설계를 한다면 원화자산인 우리나라 부동산에 몰빵하는 것은 바람직하지 않다. 부동산이 많다면 비중을 줄이는 게 필요할 것이다. 부동산과 금융자산의 비중을 50 대 50으로 가져가는 게 바람직하다. 지금 당장 이 비율을 맞추라는 것은 아니다. 5년, 혹은 10년 후 이 비율을 맞춘다는 로드맵을 짜는 게 좋다. 그리고 글로벌 투자자산과 분산해서 지역 리스크를 낮출 필요가 있다.

둘째, 인구감소 시대의 부동산 특징은 초양극화다. 모든 지역이 다 위축되는 것은 아니다. 젊은이들이 선호하는 대도시일수록 인구 충격이 덜할 것이다. 2020년 기준 전국 빈집은 151만 1,306채다. 빈집은 대도시보다는 시골과 중소도시에서 더 심각한 문제다. 한국에 사는 한, 절대적 안전지대는 없다. 덜 피해를 보는 상대적 안전지대만 있을 뿐이다. 일본도 버블 붕괴 이후 다른 지역보다 회복이 많이 된 곳은 대도시의 도심지역이다. 필요한 부동산만 보유하되, 도심 중심으로 재편하는 게 필요할 것이다. 다만 지방은 같은 도심이라도 구도심보다는 2030세대가 몰리는 신도심 중심으로 접근하는 것이 좋을 것이다. 구도심을 재개발하면서 도심 부흥이 나타나는 서울과는 달리 지방은 개발 수익성이 낮아 장기간 방치될 수 있어서다.

셋째, 부동산을 바라보는 눈도 바꿔야 한다. 시세 차익보다는 현금 흐름이 더 중요해지는 시대다. 대표적인 시세 차익형 상품인 재건축 아파트는 압구정동, 목동, 여의도동, 상계동 등 중고층 아파트 재건축이 마무리되면 더 이상 테마 상품이 되기 어렵다. 도시 미관상 무한대로 용적률이나 층고를 올려 재건축을 허용할 수 없기 때문이다. 용적률이나 층고가 더 올라가기 어렵다면 재건축 수익도 기대하기 어렵다. 현재의 3종 일반주거지역을 상업지역으로 바꾸지 않는 한 말이다. 저성장 시대에는 기대 자본 이득이 낮을 수 있으니 월세로 중간중간 보상을 받아야 한다. 물론 월세는 수익률이 중요하지만, 지속성도 중요하다. 월세를 안정적으로 받으려면 거래가 빈번한 곳을 고르는 것이 좋다는 이야기다. 부동산 가격이 크게 오르지 않는 상황에서는 현금 흐름에 따라 부동산의 등급이 매겨질 수 있다는 점을 인식할 필요가 있다.

넷째, 부동산 거래 감소시대에 대비해 환금성이 높은 자산을 골라야 한다. 우리나라의 주택매매 회전율(재고 주택 수 대비 연간 매매 건수)은 5.5%(2015~2022년 평균 기준)다.[123] 하지만 일본은 0.3%(2013년 기준)에 불과하다. 얼마 전 만난 한 일본인은 "일본은 내 집을 사서 유지하는 비용과 월세로 사는 비용 간에 큰 차이가 없는 데다 한번 사면 팔기 어려워 집을 잘 사지 않는다"고 말했다. 우리나라도 경제 저성장 국면이 계속되고 핵심 인구가 줄어든다면 부동산 가격도 크게 오를 수 없고, 거래량 역시 갈수록 줄어들 것이다. 그러니 우리나라의 지방 소도시 부동산이나 인기가 없는 부동산은 거래가 없어 장기간 방치될 수 있다. 팔고 싶어도 못 팔 가능성이 있다.

부동산은 한번 잘못 사면 평생 감옥처럼 시달리며 살 수 있다. 따라서 부동산을 사더라도 언제든지 팔 수 있는 상품을 고르는 게 좋다. 도심의 아파트(아파트로 바뀔 부동산)나 빌딩은 환금성이 좋겠지만 교외 토지나 상가는 거래가 뜸할 가능성이 있다.

불황기에 쉽게 위축이 되는 틈새 상품보다 메인 상품에 관심을 가져라. 메인 상품은 거래가 잦아 그나마 내가 원하면 팔 수 있다. 미래에는 환금성이 부동산시장에서 매우 중요한 가치평가 잣대가 될 것이다.

가격 변동성이 큰 아파트에서 행복을 찾기 위해서는 가격과 일정한 거리를 둬야 한다. 아파트 시세를 자주 보는 습관부터 고쳐야 가격에 휘둘리지 않는다. 사람들은 집값이 올랐을 때 물가 상승분을 제외한 돈의 실질가치가 아닌 명목가치를 기초로 판단하는 '화폐 착각'에 빠진다. 주택시장의 장기 하락을 명목가격이 아닌 실질가격의 하락으로 받아들이면 주택은 더 이상 우상향 기우제를 지내는 재테크 상품으로서 메리트가 크지 않다. 부동산과 관련된 공포론이 득세하는 상황은 '공포 비즈니스'와 맞물려 있다. 돈벌이가 되기 때문이다. MZ세대의 영끌 푸어나 재테크 수난은 속도전의 상흔이다. 레버리지는 수익을 극대화할 수 있지만 잘못되면 고통을 배가한다. 부채와 수익은 균형을 이루어야 한다. 부동산 행복은 빈도에서 나온다. 행복은 자주 받을수록 커진다.

5장

부동산을 대하는
접근법부터 바꿔라

"부동산도 현금 흐름 확보의 수단이라는
인식이 필요하다."

유혹에 수시로 흔들리는
사람을 위하여

주택시장의 장기 하락이라면 명목 가격이 아니라
실질가격의 하락으로 받아들여야 하지 않을까? 이는 주택이 우상향 기우제를
지내는 재테크 상품으로 메리트가 크지 않다는 것을 의미한다.

◆

"밀랍으로 귀를 막아라."

그리스 영웅 오디세우스는 노를 젓는 선원들에게 근엄한 표정으로 명령을 내렸다. 아름다운 노래로 뱃사람을 유혹해 파멸시켰던 마녀 세이렌(seiren)으로부터 벗어나야 한다는 절박감 때문이었다. '세이렌의 유혹에서 벗어날 묘책은 없을까?' 오디세우스는 고민 끝에 해법을 찾아냈다. 바로 자신을 구속하는 것이다. 오디세우스의 몸을 돛대 기둥에 밧줄로 꽁꽁 묶도록 하고 선원들은 귀를 막도록 했다. 그 덕에 모두 목숨을 구할 수 있었다. 우리가 익히 잘 아는 오디세우스의 영웅담이다.

오디세우스가 한국의 아파트에 산다면?

당신은 혹시 아파트에 살고 있는가? 그렇다면 오디세우스의 지혜를 빌리면 마음의 평정을 얻는 데 적게나마 도움이 될 것이다. 바로 심리적 휘둘림에서 벗어나려면 유혹의 대상으로부터 일정한 '거리두기'를 하라는 주문이다.

아파트는 일반적인 부동산과는 달리 롤러코스터처럼 가격 변동성이 크다. 가격에 휘둘리지 않으려면 아파트를 재테크 대상이 아닌 '사는 공간'으로 생각하는 것이 중요하지만, 유혹의 원인 제공자인 가격을 멀리하는 것도 한 방법이다. 거친 격랑도 멀리서 바라보면 평온한 바다일 뿐이다.

일주일에 한 번 이상 자신이 사는 아파트 가격이 얼마인지 시세를 확인한다면 그 행위는 무슨 뜻일까? 자신이 사는 아파트는 더 이상 '집'이 아니라 교환의 대상인 '투자 자산'이라는 의미다.

아파트를 살 때에는 대부분 은행 대출을 끼고 산다. 대출을 많이 안고 아파트를 사는 사람의 심리는 주식을 외상 거래하는 사람과 비슷하다. 주식 외상 거래는 안정적인 배당 수익보다는 시세 차익을 거두기 위한 우상향 베팅 행위라고 할 수 있다. 그렇기 때문에 주가가 조금만 떨어져도 좌불안석이다.

우리나라 사람들은 아파트에 투자할 때 임대 소득보다는 가격 상승에 초점을 둔다. 아파트는 주식처럼 가격을 쉽게 알 수 있어 나도 모르게 가격에 예민해진다. 세입자의 돈을 빌려 우상향 기우제를 지내는 갭투자는 더욱 그러할 것이다.

한 연구 결과를 보니 집값에서 보증금 비율이 높을수록 시세에 민감한 것으로 나타났다. 보증금 비율이 높은 전세형 임대인이 상대적으로 그 비율이 낮은 월세형 임대인보다 가격 흐름에 신경을 곤두세운다는 이야기다.

자본 이득을 염두에 두고 투자한 사람은 예상대로 가격이 상승했을 때는 희열을 맛볼 것이다. 하지만 가격이 하락했을 때는 고스란히 고통으로 다가온다. 가격은 시장에서 정확한 교환가치를 알려주는 저울 역할을 하지만 가격에 너무 몰입하면 가격 자체가 마음의 평화를 훼방하는 '악마'로 바뀐다. 아파트를 사는 이유가 시세 차익이라면 가격에 따라 행복도 출렁일 수밖에 없다. 옛말에 사람은 목계지덕(木鷄之德, 나무로 만든 닭처럼 작은 일에 흔들림이 없다는 뜻)을 가져야 한다고 하지만 그렇게 쉬운 일이 아니다.

아파트에 살더라도 마음의 평온을 유지하고 싶은가? 그렇다면 아파트 가격을 자주 보는 습관부터 고쳐보자. 물론 가격을 아예 보지 말라는 것은 아니다. 가격을 알아야 시장 흐름을 알 수 있고 적기에 대처할 수 있다. 출렁이는 가격에 너무 빠지지 말라는 뜻이다. 이는 주식에 투자할 때 포트폴리오를 자주 점검하지 말라는 격언과 맥락을 같이한다. 부침을 거듭하는 주식에 투자해놓고 포트폴리오를 쳐다보지 않는 사람이 시도 때도 없이 자주 점검하는 사람보다 수익률이 높다. 주식이든 부동산이든 자주 시세를 보면 정서적으로 불안해진다.

부동산 투자는 100m 달리기가 아니라 장거리 마라톤이다. 일희일비하기보다 길게 바라보는 게 마음이 편하다. 자주 사고팔면 취득세나 양도소득세 등 거래비용이 만만치 않아 실익도 없다.

그러나 오늘날 같은 정보의 홍수 시대에 가격 정보를 모르고 살 수는 없다. 자신이 원하지 않더라도 어쩔 수 없이 정보를 알게 되기 때문이다.

예컨대 우연히 집 앞 부동산 중개업소를 지나다가 창문에 붙어 있는 아파트 매물 가격표를 보는 경우가 있다. 내가 사는 아파트와 평형 가격에 눈이 가는 것을 어쩌랴. 눈을 감고 중개업소 앞을 지나갈 수 없는 노릇이다. 나의 의도와 관계없이 '보이는 것'은 어쩔 수 없다. 하지만 일부러 부동산 앱 등에서 가격을 너무 자주 '보는 것'은 오히려 안온한 삶을 방해할 수 있다. 보는 것과 보이는 것은 능동과 피동의 사소한 차이지만 심리적 반응은 천차만별이다.

아파트는 현대인에게 편리한 주거 상품인 것은 분명하다. 하지만 거듭 강조하거니와 행복해지려면 아파트 가격을 너무 자주 쳐다보지 마라. 이런 상상도 해본다. 오디세우스가 만약 한국의 아파트에 살았다면 자신의 행복을 위해 아파트 가격을 멀리하지 않았을까.

집값 상승은 물가에 대한 보상행위

한동안 사람들은 집을 매력적인 투자 대상으로 생각했다. 몇 년 전산 아파트값이 곱절 이상 올랐다는 투자 성공담을 주변 사람들에게서 흔히 듣는다. 그런 말을 들으면 '부동산은 재산을 늘리는 데 최고의 수단'이라고 생각할 것이다. 하지만 그사이 물가가 올랐다는 사실은 까맣게 잊어버린다. 다른 물건의 값이 덩달아 올랐다는 것도 무시해버린다. 오로지 집값이 오른 것에만 초점을 맞춘다. 사람들이 이른바 '화폐 착각(money illusion)'에 빠진 것이다. 화폐 착각은 물가 상승분을 제외한 돈의 실질가치가 아닌 명목가치를 기초로 판단하는 편향을 말한다.[124]

우리나라에서 주택 시계열이 가장 긴 KB국민은행 주택가격지수로 따져보자. 1986년 1월부터 2022년 12월까지 36년간 전국 아파트와 단독주택, 연립주택 등을 포함한 주택매매가격은 3.5배 올랐다. 같은 기간의 소비자물가지수 상승 폭인 3.6배에 못 미치는 수준이다. 집값이 물가보다 많이 오른 줄 알지만 실제로는 그렇지 않다는 것을 실증적으로 보여주는 셈이다.

좀 더 장기간 데이터로 따져보자. 네덜란드의 운하 도시 암스테르담에는 1625년에 지은 헤렌흐라흐트(herengracht)라는 오래된 마을이 있다. 이곳에 대리석으로 지은 고풍스러운 집들은 그동안 개보수를 거쳐 옛 모습을 그대로 유지하고 있다.

흥미로운 점은 약 390년간의 헤렌흐라흐트 주택 지수가 주택 학계에서 널리 활용되고 있다는 것이다. 헤렌흐라흐트 지수는 1629년부터 1972년까지 명목 주택 가격으로 20배 올랐다. 그러나 실질 주택 가격으로 따지면 오름세가 거의 없다. 3년 뒤인 1632년을 기점으로 1972년까지 실질 주택 가격으로 볼 때 상승률은 제로다.[125] 따라서 아주 긴 세월로 따져본다면 주택 가격은 물가상승률만큼 상승한다고 볼 수 있다. 주택이 물가 상승에 대한 헤지(hedge) 기능이 있다는 것이다.

거꾸로 이야기하면 주택 가격은 올라봐야 물가상승률 이상 오르기 힘들다고 볼 수 있다. 결국 주택 가격이 상승한다면 그것은 물가에 대한 보상행위다.

조카에게 주는 세뱃돈이 매년 오르는 것도 물가 상승 때문이다. 불과 5년 전 2만~3만 원 하던 세뱃돈이 요즘은 5만 원으로 껑충 뛴 것 같다. 부동산을 파는 사람에게 장기보유특별공제를 해주는 것도 물가보상 개념이 반영된 것이다.

나대지 등 비사업용 토지도 보유 3년부터 양도 차익의 연간 2%씩 최대 15년간 30%까지 깎아준다. 물가 상승만큼 주택이나 건물의 실질가치가 떨어지는 점을 고려해 매각할 때 양도세를 공제해주는 것이다. 부동산 가격이 곧 물가라고 인식하게 되면, 장기적으로 부동산은 대박도 쪽박도 아닌 평범한 상품이 된다.

다만 상품에 따라 다소 차이가 있다는 점은 인정해야 한다. 우리나라에선 단독주택이나 연립주택보다 아파트값이 상대적으로 더 올랐다. 지난 36년간 아파트값은 전국은 6배, 서울은 7.6배나 각각 올랐다. 상대적으로 대도시 아파트의 인플레이션 헤지 기능이 뛰어나다는 것을 보여준다.

금리는 모든 자산시장의 중력이다

며칠 전 영화 〈올드보이〉(2003)를 다시 봤다. 영화를 보는 도중 인상 깊은 대사가 있었다.

'모래알이든 바윗덩어리든 물에 (빠지면) 가라앉기는 마찬가지'라는 이야기다. 물에 빠지면 부력이 없는 물체는 대부분 가라앉는다. 무게가 무겁든, 덜 무겁든 말이다. 한마디로 무차별적이다. 물속에 빠진 물체와 고금리 속의 부동산시장이 엇비슷한 것 같다. 그동안 가격이 많이 올라 무게가 무거워졌다면 더 빠른 속도로, 더 많이 추락할 것이다. 반대로 가격이 덜 올랐다면 하락 속도가 더디고, 덜 떨어질 것이다.

금리는 모든 자산을 밀어올리고 끌어내리는 중력으로 작용한다. 이번 미국발 금리 급등으로 주식·채권 가격이 크게 하락한 것은 이를 다시 입증한다. 부동산도 금리가 오르면 이에 맞춰 재평가되기 마련이다. 수요자들은 금리 상승에 맞춰 부동산에서 기대하는 수익률, 즉 요구수익률이 높아진다. 이런 기대를 맞추지 못한다면 차라리 마음 편히 예금하는 게 낫기 때문이다.

부동산이 금리 흐름에 민감한 구조가 된 것은 1998년 외환위기 이후다. 아마도 가계대출 규제가 풀리고 부동산을 보는 관점도 실수요에서 투자상품으로 바뀐 것도 한 요인일 것이다. 심지어 금리의 움직임에 따라 집값이 자주 출렁이는 특성을 보여준다. 다른 요인보다 금리가 시장에 막강파워로 작용하고 있다는 것이다.

과거에 전세시장은 금리에 예민한 반응을 보이지 않았다. 하지만 요즘은 전세를 구할 때 대부분 대출에 의존하면서 금리 민감도가 높아졌다. 오히려 금리가 오르면 전세가격이 매매가격보다 더 하락하는 취약성을 드러낸다.

실제로 한국부동산원에 따르면 2022년 서울 아파트 전셋값은 전년 말 대비 10.1% 떨어져 매매가격보다 더 하락(-7.7%)했다. 부동산원이 통계작성을 시작한 2003년 이후 아파트 매매가격과 전세가격 하락률로 최대치다. 그만큼 금리가 주택시장에서 막강파워라는 점을 보여준다.

저금리 시절에 매력적이었던 수익형 부동산은 고금리 시대에는 계륵 같은 존재가 된다. 임대수익률이 은행 예금이자보다 낮으니 매력도가 떨어진다. 부동산은 고가자산이니 제 돈을 내고 사는 사람은 드물다. 수익을 겨냥한 수익형 부동산일수록 더 그렇다. 대출을 잔뜩 받은 뒤 투자를 해서 임대료를 받아도 이자를 내고 나면 남는 게 없다. 오히려 밑질 수 있다. 이른바 '역마진'이 생기는 것이다.

기본적으로 수익형 부동산은 시중금리와 비교우위를 통해 투자 여부가 결정된다. 역마진 상황에서는 매수자들이 나서지 않을 것이다. 고금리 시대에 수익형 부동산은 침체의 늪에 빠질 수 있다. 금리는 부동산시장을 움직이는 가장 강력한 중심추다. 저금리 시대가 다시 찾아온다면 다시 수익형 부동산에 수요가 몰려들 것이다. 하지만 그 이전까지는 당분간 고통의 세월이 될 수밖에 없다.

명목가격의 영원한 하락은 없다

일부 극단적인 사람들은 우리나라 주택시장이 일본처럼 대세 하락기에 접어들었다고 주장한다. 언젠가는 그런 날이 오겠지만, 아직은 그런 확률은 높지 않은 것 같다. '우리나라 주택 가격의 대세 하락이 시작되었다'는 이야기는 다수 의견보다는 소수 의견이다. 사람들은 주류 쪽보다는 뭔가 색다른 비주류 쪽에 관심이 쏠린다. 역사도 정사보다는 야사가 호기심과 흥미를 자극한다. 하지만 의사결정을 할 때는 별로 재미없고, 어떨 때는 따분할 수 있는 주류를 따르는 게 나은 것 같다.

당신이 중국에서 길을 가다가 갈림길에 섰다고 하자. 왼쪽으로 가라는 사람이 1명, 오른쪽으로 가라는 사람이 9명이라면 당신은 어떤 선택을 할 것인가? 당연히 후자를 선택할 것이다. 미래는 누구도 알 수 없지만, 불확실성이 클수록 많은 사람의 의견을 들어보는 게, 말하자면 집단 지성의 힘을 빌리는 게 조금 더 유리하지 않을까?

주택 가격은 물가를 포함한 '명목 주택 가격'과 물가를 뺀 '실질 주택 가격'으로 구분해서 판단해야 한다. 멀리 볼 때 우리 경제가 성장하고 통화량이 풀리는 한, 명목 주택 가격이 하락하기는 매우 어렵다. 주택연금은 명목 주택 가격이 적어도 오른다는 가정하에 상품이 만들어졌다. 명목 주택 가격은 외부 쇼크나 공급 과잉으로 일시적으로 폭락할 수 있다. 하지만 경제가 성장하는 가운데 물가가 오르면 주택 가격은 다시 평균회귀 현상으로 회복세를 보인다. 물가가 오르면 라면이

나 운동화값이 덩달아 오르는 것과 같은 맥락이다.

다만 앞으로 경제의 저성장체제가 굳어지면 명목 주택 가격이 상승하더라도 물가를 따라잡지 못할 가능성이 있다. 실질 주택 가격은 하락한다는 뜻이다. 가령 올해 주택 가격은 1% 올랐는데 물가는 2% 올라 실질 주택 가격은 1% 하락하는 방식이다. 당분간 우리나라 주택시장은 명목가격은 오르지만 실질가격은 내려가는 국면을 맞을 가능성이 크다.

만약 주택시장이 대세 하락기라면 명목가격 하락이 아니라 실질가격의 하락기로 받아들이는 게 합리적이지 않을까? 이는 주택이 우상향 기우제를 지내는 재테크 상품으로서 메리트가 크지 않다는 것을 의미한다.

공포팔이, 어떻게 유망한 비즈니스가 되었나?

"요즘은 폭락, 충격, 영끌거지 같은 제목을 달아야 조회 수가 높아진다니까요."

한 유튜브 운영자는 요즘 유튜브에 공포를 조장하는 콘텐츠가 득세하는 이유를 이같이 말했다. 유튜브는 조회 수를 먹고 산다. 요즘 한국 경제든, 부동산이든 불안을 넘어 괴담 수준의 공포론이 득세하는 것은 '공포 비즈니스'와 맞물려 있다. 희망팔이보다 공포팔이가 유튜버에게 먹거리가 되니까 너도나도 나서는 것이다. 공포를 유발하는 예언서들이 잘 팔리는 것은 인간의 불안 심리를 파고들기 때문이다.

인간은 긍정적인 뉴스보다 비관적인 뉴스에 더 민감하게 반응한다. 그 이유는 손실 회피와 생존 본능이 작동하기 때문이다. 어찌 보면 이런 성향들은 아주 오래전부터 인간이 가진 태생적인 본능이다. 야생의 세계에서는 잠시 한눈을 팔면 목숨이 달아난다. 조그마한 위협이 있어도 인간은 이를 과대평가하는 게 생존상 유리할 것이다. 힘자랑보다 비겁함이 생존에 더 낫다. 그래서 인간은 사고할 때 희망보다 두려움에 더 비중을 두기 마련이다.

사람의 시선을 사로잡는 데 공포만 한 게 없다. 독일의 시인 괴테도 "인간을 움직이게 하는 2가지 힘이 있다. 그것은 공포와 이익"이라고 설파했다. 문제는 자본주의 사회가 고도로 발달하면서 공포 비즈니스가 유망한 비즈니스가 되었다는 점이다. 토마스 세들라체크는 『프로이트의 소파에 누운 경제: 자본주의가 앓는 정신병을 진단하다』라는 저서에서 이같이 진단한다. "두려움은 자본주의 경제에 없어서는 안 될 필수 감정이다. 불안사업은 높은 수익성을 자랑한다."

언론 매체나 유튜브에서 이 세상이 곧 끝장날 것 같은 비관론과 공포론이 자주 나오는 이유가 있다. 공포를 이용한 돈벌이기 때문이다. 불안한 미래를 대비하는 것은 맞다. 하지만 공포 비즈니스의 희생물은 되지 말라. 요즘 부동산 유튜브를 보니 긍정론은 가끔 등장하고 비관론이 대세를 이룬다.

미국의 경영컨설턴트인 윌리엄 A. 서든은 "소설로 포장된 충격요법은 즐거움을 주지만, 이것이 과학적 사실로 포장될 때에는 불필요한 불안감만 준다"라고 했다.[126] 자극적인 논리는 정서적인 카타르시스는 줄 수 있으나 지혜로운 솔루션이 되지는 못한다. 무책임한 말들은 오히려 불안만 유도할 뿐이다. 사실이 아닌 것을 마치 사실인 것처럼 펼치는 '무당 경제학(voodoo economics)'이 될 수 있다.

스마트폰이 삶의 표준이 된 포노사피엔스 시대, 세상은 너무 빠르게 흐른다. 분위기가 어느 순간 바뀔 수 있다. 그러니 우리 경제가 망할 것처럼 떠드는 터무니없는 비관론에 세뇌되지 말라. 그렇다고 무조건 낙관론자가 되라는 말은 아니다. '영원한 비관론자(permabear)'나 '근거 없는 낙천주의자(panglossian)'가 각광을 받는 것은 바람직하지 않다. 지적 엄밀성이 떨어지는 단순화의 함정이 있기 때문이다. 한쪽으로 경도되지 않고 냉철하게 세상을 바라보는 지혜의 눈을 키워라.

부동산은 '종이 자산'보다 '바위 자산'이다

주식으로 큰돈을 번 주식 투자자 김형석(가명·40) 씨는 최근 서울 강남에 있는 소형 빌딩을 샀다. 주식으로 번 돈을 계속해서 넣어 주식 투자 금액 베팅을 늘리면 언젠가 다 잃어버리지 않을까 하는 걱정에서다. 또한 투자를 하다 보면 얼마나 대박 유혹이 많은가. 대박 확률이 높은 만큼 쪽박 확률도 높은 게 세상의 이치다. 김 씨는 그러한 위험과 유혹에서 벗어나기 위해 자신의 금융 자산을 부동산에 묶어두려는 것이다.

이런 행위는 일종의 '자산 굳히기'에 해당된다. 금융 자산은 정기예금이나 국공채를 제외하고는 대체로 '종이 자산(paper asset)' 성격이 강하다. 주식은 자칫 바람이 불면 날아갈 만큼 불안하다. 그러니 부동산 같은 '실물 자산'으로 돈을 묻어두려는 것이다.

부동산은 어느 날 갑자기 어디로 달아나거나 하늘로 사라지지 않는다는 점에서 아무리 거센 태풍이 불어도 끄떡없는 '바위 자산(rock asset)'이 된다. 부동산은 팔고 싶을 때 팔 수 없는 유동성 제약이 가장 큰 약점이다. 그런데 의지가 강하지 않은 사람은 이 유동성 제약을 오히려 역으로 활용할 수 있다. 독일의 포르츠하임대학교 하노 벡 교수는 "주택에 투자하는 것은 마음이 약해져 다른 곳에 돈을 써버리는 일을 방지한다는 점에서 콘크리트에 돈을 저축하는 것과 유사하다"라고 말했다.[127]

우리의 욕망은 수시로 우리를 유혹한다. 법조인 김두식은『욕망해도 괜찮아』라는 책에서 욕망은 B형간염 바이러스라고 했다. B형간염 바이러스는 큰 문제는 없지만 잘못 관리하면 간암이나 간 경화로 발전해 사람을 죽인다.[128]

욕망은 잘 관리하면 새 동력으로 삼을 수 있지만 잘못하면 우리를 파멸시킨다. 아무리 정신 무장을 한다고 하더라도 욕망의 유혹으로부터 자신을 지키는 것이 어려울 때, 자신을 아예 속박하는 장치를 두는 것이다.[129] 세이렌의 유혹에서 벗어나기 위해 자기 몸을 밧줄로 꽁꽁 묶었던 오디세우스의 지혜와 같다.

저성장체제로 접어든 부동산 자산은 포트폴리오 구성상 금융 자산보다 효율적이지 않을뿐더러 수익률이 높다는 보장도 없다. 그런데도 귀가 얇거나 변덕이 죽 끓듯 심할 정도로 자제력이 부족한 사람이라면 '콘크리트 효과'를 이용해보는 것도 나쁘지는 않다. 그 부동산이 시장의 주력세대인 MZ세대 공간 욕망에 맞춘 곳이라면 더욱 좋을 것이다. 투자로 다 잃어버리는 것보다는 그나마 부동산이라도 남아 있는 게 낫다. 부동산 자체는 투자 가치가 떨어져도 우리의 약한 자제력을 보완하는 마음의 도우미 역할은 톡톡히 한다는 이야기다.

부채와 수익의 균형이
지속적인 성공의 비결이다

이번 MZ세대의 영끌 푸어나 재테크 수난도 바로 속도전의 상흔이 아닌가 싶다.
마치 '인생의 고산병'을 겪고 있다고나 할까?
단박에 기성세대를 뛰어넘으려는 과속은 사고로 이어지기 쉽다.

◆

"모기지에 죽음이라는 섬뜩한 의미가 담겨 있다니…." 미장원을 운영하는 김형숙(가명·43) 씨는 은행에서 아파트를 담보로 사업 자금을 빌리면서 우연히 모기지의 어원을 알고는 깜짝 놀랐다. 사전을 찾아보니 모기지(mortgage)에서 mort는 '죽음'을, gage는 '약속'이나 '서약'을 의미했다. 즉 모기지의 사전적 의미는 죽음의 서약이다. 모기지론은 죽음을 서약하고 돈을 빌리는 것이다.

모기지론에 대해 노르웨이 경영학자 페르 에스벤 스톡네스는 "목숨을 잃는 한이 있어도 이자와 함께 모든 것을 갚아야 한다는 약정에 자신을 내맡기기로 채권자에게 맹세하는 것"이라고 말한다. 그에 따르면 빚은 우리의 삶을 제약한다. 의무감의 굴레에 묶여 있다는 느낌 때문에 자신도 모르게 경직된다. 사실상 모기지론으로 산 집은 빚을 갚지 않는 한 내 것이 아니다.[130] 아파트 가격의 절반이 모기지론이라면 발코니나 거실 정도만 내 것일 뿐이다. 모기지론을 다 갚는 날에야 그 아파트는 온전히 내 것이 되는 것이고, 죽음의 서약에서도 해방된다.

남의 돈을 무서워할 줄 알아야 한다

"돈만 있으면 개도 멍첨지"라는 속담에서 보듯 옛날에도 돈의 힘은 대단했을 것이다. 하지만 무소불위의 위력을 발휘하는 요즘에 비하면 존재감이 크지 않았다. 오늘날 금융자본주의는 돈이 모든 것을 지배하는 세상이다. 돈은 영화 〈반지의 제왕〉(2003)의 절대 반지처럼 막강한 힘을 가진 존재다.[131] 절대 반지만 있으면 욕망하는 것이 쉽게 내 것이 된다. 하지만 현실적으로 나에게 주어진 돈이 없다. 이때 남의 돈, 즉 빚을 떠올린다. 빚은 나의 욕망을 쉽게 이룰 수 있도록 하는 지렛대다.

사람들은 대체로 빚을 낼 때 머릿속에서 밝은 미래를 그린다. 투자의 성공 시나리오만 가득 생각한다. 행운까지 따라올 것으로 믿고 위험은 무시해버린다. 운은 과대평가하고 위험은 과소평가하는 셈이다.

미래에 대한 지나친 낙관주의는 자기 과신으로 쉽게 이어진다. 그 결과 과도한 빚을 끌어들여 무리한 베팅을 감행한다. 가격이 오를 때는 빚이 많을수록 수익도 커진다.

투자는 항상 성공만 하는 게 아니라 실패도 하는 법이다. 실패해도 내 돈이 많이 남아 있다면 충격은 덜하다. 하지만 투자 금액의 상당 부분이 빚이라면 나락으로 떨어진다.

빚은 잘만 쓰면 영화 〈워낭소리〉(2009)의 누렁이 소처럼 내가 원하는 수익을 올리는 데 큰 힘이 되지만, 그 정도가 지나칠 때면 파멸을 부르는 괴물이 된다. 하버드대학교 교수이자 경제사학자 니얼 퍼거슨이 "경제의 핵심은 수익과 부채의 균형"이라고 말했던 것도 이 때문이리라.[132]

'집 가진 가난한 사람'을 뜻하는 하우스 푸어도 결국 빚이 문제다. 내 돈으로 내 집 사는 하우스 푸어란 없다. 우리가 사는 '부채주의(debtism, 빚으로 수익을 내서 빚을 갚다) 시대'는 외줄 타기 광대처럼 조마조마한 삶이 연속될 수밖에 없다. 한때 빚을 갚는 게 돈을 버는 것이라는 '빚테크'라는 말이 있었다. 빚테크는 집값이 크게 오를 때 남의 자본을 최대한 끌어들이는, 말하자면 지렛대를 통해 투자 수익률을 극대화하는 방법이다.

부동산 대세 상승기에는 빚테크도 유효한 방법으로 칭송받을 수 있다. 하지만 지금처럼 값이 크게 오르기 힘든 저성장체제에서 과도한 빚을 내다간 자신을 몰락으로 내몰 수 있다. 달리 말하면 지렛대(빚)를 이용하면 무거운 바위를 들 수 있지만, 지렛대가 부러지면 사람이 바위에 깔리는 법이다.

물론 부채라고 해서 모두 나쁜 것은 아니다. 베스트셀러『부자 아빠 가난한 아빠』로 유명한 로버트 기요사키는 신용카드 빚과 투자를 위한 빚을 구분하라고 강조한다. 그는 소비를 위해 쓰는 신용카드 빚은 '나쁜 빚'이고, 임대료를 받기 위해 건물을 구입하는 빚은 '좋은 빚'이라고 한다.[133] 그가 좋은 빚을 활용해 투자한 주거용 부동산과 상업용 부동산이 모두 1,400채에 이른다. 투기 목적보다는 안정적인 임대 수익을 노린 투자다.[134]

하지만 몇 년 전 그가 운영하는 회사가 파산했다. 그 이유야 어떻든 부자 아빠가 되기 위해 벤치마킹에 나섰던 평범한 샐러리맨들의 입장에서 배신감이 드는 것은 어쩔 수 없다.

기요사키의 명언도 가려서 들을 필요는 있다. 소비를 위한 빚이든, 투자를 위한 빚이든 적정량이 중요하다. 아무리 좋은 목적으로 돈을 빌리더라도 빚이 감당할 수 없는 무거운 바윗덩어리라면 그것은 약이 아니라 독이다. 특별한 이유가 있지 않은 한, 집을 살 때도 집값의 30% 이상 빚을 내는 것은 바람직하지 않다.

큰 빚을 내서 내 인생을 돌려놓을 한 번의 대박을 꿈꾸고 있는가? 그런 유혹을 떨치기 어려울 때는 다음의 격언을 귀담아들을 만하다. "빚은 남을 위해 사는 인생이지만, 저축은 나를 위해 사는 인생이다." 이는 자칫 '영혼의 감옥'이 될 수 있는 부채에 대한 경종을 울리는 말이다.

위기는 새벽 도둑처럼 찾아온다

미국의 경제학자 하이먼 민스키는 '금융불안정성 가설'로 빚에 의한 거품 성장과 몰락을 경고한 사람이다. 경기 변동을 금융과 부채 사이클로 설명한다는 단점이 있지만, 그래도 가계부채 3,000조 원 시대를 사는 우리에게 적지 않은 지혜를 안겨준다. 그는 금융의 본질적 속성을 3가지 그룹으로 나눈다.

첫 번째 '헤지 금융'은 투자에서 얻은 현금 수입으로 원금과 이자를 갚는 부류다. 호황으로 본격적인 투자 열풍이 일어나기 전에 나타나는 것으로, 가장 이상적이고 안정적인 흐름을 보인다. 두 번째 '투기 금융'은 투자에서 얻는 현금 수입으로 이자는 갚을 수 있으나 원금 상환을 위해서는 자산을 처분해야 하는 부류다. 세 번째 '폰지 금융'은 현금 수입으로 원금은커녕 이자도 갚기 어려운 부류다. 폰지는 1920년대 미국에서 피라미드식 다단계 사기를 벌였던 찰스 폰지에서 따온 말이다.

시장의 호황이 길어지면 장밋빛 전망이 확산되면서 사람들은 빚을 더욱 늘려 투기 금융과 폰지 금융 단계의 위험이 커진다. 사람들이 한탕 하기 위해 앞다투어 빚을 내서 투기에 나선다.

그러나 투기 금융과 폰지 금융의 성격이 강할수록 사소한 충격으로도 위기에 봉착할 가능성이 커진다. 거품이 갑자기 꺼지면서 무리한 빚으로 부를 늘리려던 사람들은 우량 자산마저 내던져야 하는 시점(minsky moment, 민스키 모멘트)이 다가온다.[135] 투기 자본이 넘치는 요즘 같은 불안정한 금융 환경에서 민스키 모멘트는 언제든지 새벽 도둑처럼 찾아올 수 있다. 주식시장이든 부동산시장이든 빚을 내 뛰어드는 투자자가 많을수록 가격이 롤러코스터처럼 춤춘다.

자산 가격의 거품은 부채를 먹고 자란다. 사실 많은 빚을 내는 투자는 예상된 시나리오로 움직이는 정상적인 환경에서는 큰 문제가 없다. 하지만 2008년 글로벌 금융위기나 최근 미국발 고금리 쇼크처럼 큰 위기 때는 자신을 파괴하는 부메랑이 된다. 대부분의 사람들은 작은 위기인 잔파도를 잘 견디다가 큰 위기인 큰 파도에 휩쓸려 넘어간다.

이번에도 MZ세대를 중심으로 '영끌' '빚투'를 통한 베팅에 나섰다가 큰 후유증을 겪고 있다. 남의 돈을 동원한 우상향 기우제는 자칫 파멸로 이어진다.

어느 30대 파이어족은 갭투자 방식으로 6채를 샀으나 요즘 역전세난으로 보증금을 되돌려주지 못해 좌불안석이다. 여차하면 세입자가 집을 강제경매에 부칠 수 있기 때문이다. 만약 한두 채 갭투자를 하더라도 현금을 쥐고 있거나 월급을 받는다면 어느 정도 대응이 가능할 것이다. 세입자에게 월세를 지급하는 역월세를 제안해 위기를 모면할 수 있다는 이야기다. 하지만 이런 완충장치 없이 세입자 돈을 레버리지로 많은 아파트에 갭투자하다가는 벼랑으로 내몰릴 수 있다.

최악의 순간을 대비한 안전망이 필요하다. 민스키에게 배울 수 있듯 현금 흐름의 소중함과 부채의 무서움을 깨달아야 한다. 당신의 투자 패턴은 헤지 금융인가, 투기 금융인가, 아니면 폰지 금융인가?

수익은 고통의 위자료

완전경쟁 시장에서는 초과 이윤을 거둘 수 없다고 하던 경제학 원론의 말을 기억하는가? 완전경쟁 시장은 여러 수요자와 공급자가 참여한 가운데 정보를 같이 나누고 비슷한 제품을 팔며 시장 진입과 탈퇴가 쉬운 환경을 의미한다.

이런 시장 환경에서는 시장의 정상 이윤만 얻을 것이다. 하지만 완전경쟁 시장에서도 초과 이윤을 얻을 수 없는 게 아니다. 다만 위험이라는 비용을 부담해야 한다. 이 말은 남들보다 더 많은 수익을 올리기 위해서는 그만큼 위험을 떠안아야 한다는 뜻이다.

우리는 주식, 채권, 부동산 등 어떤 상품에 투자할 때 수익률이 은행 정기예금보다는 높아야 한다고 생각한다. 그런데 은행 정기예금보다 더 높은 수익률을 거두기 위해서는 반드시 '대가'를 제공해야 한다. 수익형 부동산이라면 세입자가 임대료를 잘 내지 않거나 팔고 싶어도 팔리지 않아 애를 먹는 경우가 생길 수 있다. 주식이라면 출렁거리는 주가로 불안에 떨면서 밤잠을 설치게 된다. 정기예금 이자 이상의 수익을 올리는 것은 '고통의 위자료'인 것이다.[136]

흔히 주위에서 "은행 예금에 돈을 넣어두면 손해 보는 느낌"이라는 말을 자주 듣는다. 이는 낮은 이자만 높게 비중을 둘 뿐 저위험이라는 심리적 안정 효과를 계산하지 않아서다. 정기예금은 원금을 잃진 않을까, 수익률이 떨어지진 않을까 하고 가슴 조이는 스트레스를 거의 주지 않는다. 이 점을 고려하면 정상적인 대가를 받고 있다는 이야기다.

수익을 택할 것인가, 안정을 택할 것인가? 두 마리 토끼를 함께 잡기는 힘들다. 당신이 선택한 지혜로운 방법은 무엇인가?

속도만 쫓다가는 '인생의 고산병'이 온다

몇 년 전 히말라야 산을 트레킹한 김재경(가명·52) 씨. 그는 정상까진 도달하지 못했지만, 이번 트레킹에서 소중한 경험을 했다. 그가 겪은 고산병을 통해서다. 고산병은 잘 알다시피 높은 산에 올라갔을 때 낮아진 기압 때문에 일어나는 증상이다. 그 역시 고산병으로 더는 오르지 못했다. 그는 고산병에 대해 대학 시절 생애 처음으로 접한 술을 과음했을 때 겪는 증세와 비슷했다고 회상했다. 두통, 수면 장애, 식욕부진, 그리고 구토….

"고산병은 해발이 높은 지대를 급하게 올라가면서 생기는 병입니다. 일정을 촉박하게 짧을수록 고산병에 걸릴 가능성이 크죠."

갑자기 지대가 높아지니 신체 입장에서는 리듬이 깨지면서 진통을 겪는 것이다. 다시 산 아래로 내려오니 고산병은 눈 녹듯 사라졌다. 치료법이 따로 있는 게 아니라 해발이 낮은 곳으로 내려오는 것이다.

"고산병을 덜 겪으려면 내 몸이 고지대에 적응하도록 시간이 필요하더군요. 가령 산을 오르다 고산병 증세가 나타나면 아래로 내려갔다가, 나아지면 산행을 다시 시작해 좀 더 올라가는 것이죠."

이른바 '이보 전진을 위한 일보 후퇴 방식'이다. 이런 반복과정을 통해 고산병을 이기면서 목표 지점에 오를 수 있다는 것이다.

그의 말을 들어보니 고산병은 바로 과속의 후유증이 아닌가 생각이 들었다. 우리는 너무 급하다. 삶이든, 일이든, 사랑이든, 재테크든 모든 게 다 속도전을 치르는 것 같다. 한마디로 속전속결 식이다. 정보가 빠른 속도로 전달되는 포노사피엔스 시대라서 그런가. 그러나 성과를 거두기 위해 과속을 하게 되면 반드시 사고가 나게 되어 있다.

이번 MZ세대의 영끌 푸어나 재테크 수난도 바로 속도전의 상흔이 아닌가 싶다. 마치 '인생의 고산병'을 겪고 있다고나 할까? 단박에 기성세대를 뛰어넘으려는 조급증이 결국 수난을 자초한 게 아닐까 하는 생각이다.

물론 모아놓은 자금이 없는 상태에서 단기간 고수익을 올리려면 타인의 자본을 통한 레버리지 투자에 나설 수밖에 없을 것이다. 하지만 레버리지는 수익을 크게 늘릴 수 있지만 잘못되면 고통을 배가한다. 인생은 길다. 그만큼 돈 벌 기회도 많다.

'부동산 행복'은
빈도에서 나온다

월세형 임대사업자에게는 가격 손익과 임대 수입을 합쳐 계산하는 편향이 나타난다.
하지만 같은 임대사업자라도 전세형 임대사업자는 갭투자자와 큰 차이가 없다.
가격이 하락할 때 상당한 고통을 겪는다.

◆

"마치 악어를 키우듯 부동산 투자를 하는군요." 최근 미국 이코노
미스트와 한국 부동산시장에 대해 이런저런 대화를 나누던 중 그가
꺼낸 말이다. "한국 사람들은 부동산을 시세 차익을 얻는 대상으로
생각하는 경향이 강하다"라고 말했더니 그는 그런 투자 패턴을 악어
사육업자로 비유한 것이다.

미국에서 악어는 식용으로 대량 사육되고 있다. 악어를 키우는 주
인에게 악어는 강아지와 달리 사랑스러운 존재는 아닐 것이다. 키우
는 과정에서 정서적인 안정 같은 작은 행복은 없다. 주인은 오로지
돈을 벌기 위한 목적으로 악어를 키운다. 그래서 사육(보유) 기간에
주인은 행복하지 않다. 악어는 도살해서 가죽이나 고기를 팔 때만 행

복을 안겨준다.

미국에서는 시세 차익형 투자자인 토지 투자자를 악어 사육업자에 빗댄다. 사실상 자본 이득을 추구하는 투자자는 투자 과정에서 얻는 행복보다는 오로지 시세 차익이라는 결과에만 관심을 가진다. 그래서 악어 사육업자는 시세 차익이 없으면 불행을 느낀다. 하지만 젖소 사육업자는 그렇지 않을 것이다. 젖소는 나중에 고기로도 팔 수 있지만, 사육하는 동안 짜내는 우유라는 운용 수익을 더 큰 목적으로 생각한다.

부동산시장이 저성장체제로 접어든 만큼 부동산을 보는 눈이 달라져야 한다. 그것은 바로 악어 사육업자에서 젖소 사육업자의 마인드로 바꾸는 것이다.

현금 흐름이 왜 중요한가?

가격의 변화율에 초점을 맞춘 투자는 불안하다. 부동산 투자의 최종 목적은 행복한 삶이다. 시세 차익형 투자자는 악어 사육자처럼 부동산을 매도했을 때 단 한 번의 행복을 맛볼 수 있다. 가격이 오르지 않으면 행복은 저 멀리 달아난다.

지금의 부동산시장은 저성장체제로 접어들어 가격이 올라도 과거처럼 크게 오르기 힘든 구조다. 이런 상황에서는 부동산의 가치평가 패러다임도 변화해야 한다.

미국의 투자 이론가 윌리엄 번스타인은 "부(富)란 비유동성 재산의 집합이 아니라 소득의 흐름"이라고 말했다. 예컨대 당신이 과수원을 보유하고 있다면 그 가치는 단순히 땅과 나무의 시세가 아니라 과수원에서 나오는 소득으로 따져야 한다는 것이다.[137]

이렇듯 부동산도 현금 흐름 확보의 수단이라는 인식이 필요하다. 애덤 스미스는 『국부론』에서 "시장 이자율이 연 5%라면 가옥의 임대료는 연 7~7.5%가 되어야 한다"라고 했다. 즉 주택 임대 수익은 시장 이자율(가령 정기예금)의 1.4~1.5배가 되어야 한다.[138] 사는 집을 제외한 부동산을 보유할 것인지 말 것인지의 판단 기준은 현금 흐름이 수도꼭지에서 물 흐르듯 잘 발생하느냐의 여부다.

받을지 안 받을지 모르는 단 한 번의 행복(시세 차익)에 연연하지 말고 여러 번 쪼개서 행복(운용 수익)을 받는 지혜가 필요하다. 부동산에서 행복은 자주, 쪼개서 받을수록 좋다.

더욱이 현금 흐름 위주의 사업은 위기에도 강하다. 일본에서 부동산 버블이 붕괴되면서 땅을 사서 건물을 지은 뒤 분양하는 많은 부동산 개발업자는 망하고, 현금 흐름 중심의 임대사업자는 살아남았다. 부동산 개발업은 '가격의 우상향'을 전제로 진행되는 것이므로 만약 반대로 '가격의 우하향'이 뚜렷해지면 위기에 봉착한다. 부동산 개발업은 외줄 타기 곡예를 하듯 위태롭다. 예기치 않은 센 바람이 불면 생존을 장담할 수 없는 셈이다.

집값 하락에도 흔들리지 않는 사람들

월세를 받는 주택 임대사업자는 확실히 집값의 등락에 신경을 덜 쓴다. 아파트 자가 거주자나 전세를 끼고 집을 산 투자자들이 가격에 민감하게 반응하는 것과는 대조적인 모습이다. 월세형 임대사업자에 게 있어 투자의 초점은 가격이 아니라 매달 들어오는 임대 수익이기 때문이다.

예를 들어보자. 2억 원짜리 아파트를 산 A씨와 B씨가 있다. A씨 는 자가 거주자고, B씨는 매달 100만 원을 받는 임대사업자다. 2년이 흘러 아파트값이 1억 8,000만 원으로 떨어졌다. 이 상황에서 A씨는 2,000만 원의 평가손실을 봤다고 생각할 것이다. 하지만 B씨는 생각 이 다를 수 있다. 매달 100만 원의 월세를 24개월(2년) 동안 받았으니 2,400만 원의 임대소득을 올렸다. B씨는 A씨처럼 아파트값이 떨어져 2,000만 원의 평가손실을 봤지만, 결과적으로 400만 원의 수익을 올 렸다는 생각을 하게 된다. 임대사업자는 가격 평가손실(-2,000만 원) 과 임대소득(+2,400만 원)을 합산(+400만 원)해서 판단하기 때문이다.

결과적으로 같은 아파트를 보유하면서도 자가 거주자는 손해를 봤다고 생각하지만, 임대사업자는 돈을 벌었다고 생각한다. 어찌보 면 임대사업자의 생각은 착각이나 편향일 수 있다.

이런 생각을 하기에 월세형 임대사업자는 아파트값이 떨어져도 자가 거주자보다 스트레스를 덜 받기 마련이다. 잘 한번 생각해보자. 2억 원에 산 아파트에서 꼬박꼬박 100만 원의 월세가 나온다면 시세가 2억 2,000만 원이든, 1억 8,000만 원이든 무슨 상관이란 말인가.

월세형 임대사업자에게 가격 손익과 임대 수입을 합쳐 계산하는 편향이 나타난다는 점을 꼭 기억하라. 하지만 같은 임대사업자라도 전세형 임대사업자는 사실상 갭투자자와 큰 차이가 없다. 그 역시 가격이 하락할 때 상당한 고통을 겪을 것이다.

미국의 한 연구 결과를 보면 아파트 가격이 하락했을 때 직접 거주하는 소유자는 (월세형) 임대사업자보다 하락에 따른 고통을 2배 정도 더 느끼는 것으로 나타났다. 집값이 내려가더라도 자가 거주자는 거주 효용 이외에 얻는 것이 없지만 임대사업자는 월세로 보상을 받기 때문일 것이다. 자가 거주자는 당연히 임대사업자보다는 자기 집을 싸게 팔고 싶어 하지 않을 것이고, 그만큼 손실 회피가 더 심하게 나타날 것이다.[139]

고수에게 집이란 어떤 의미인가?

고수는 집을 보는 시각이 일반인과 차이가 난다. 한마디로 정리하면 이렇다. '진정한 고수일수록 비싼 집을 깔고 앉기보다 렌트를 통해 경제적 자유를 누린다.'

고수는 비싼 집에 직접 살아야 체면이 선다고 생각하지 않는다. 고수는 임대를 통해 월세라는 실리를 챙긴다. 그들은 집을 바라볼 때 어떻게 하면 안정적인 수입을 얻을까 고민하고 또 고민한다. 집은 주택 자산인 만큼 '현금 흐름(cash flow)' 확보를 위한 머니 파이프라인으로 바라본다.

그래서 싼 동네에 산다고 업신여기는 것을 두려워하지 않는다. 오히려 자신이 부자로 알려지는 것을 부담스러워한다. 부는 과시가 아니라 조용히 누리는 것이라는 점을 누구보다 잘 안다. 자존감이 높기에 다른 사람의 시선을 의식하지 않는다. 자신에게 당당하니 남의 눈치를 안 본다는 이야기다. 고정관념에 사로잡히지 않아 생각이 자유롭다.

집에 대해서도 고수는 신분재로 생각하기보다 활용가치에 초점을 둔다. 그래서 때로는 투자와 거주를 분리해 경제적 주거 소비를 한다. 사는 지역에 대해 사회적 위신을 따지고 괜한 콤플렉스를 느끼는 사람이 있는데, 이는 하수다. 하수는 비싼 집을 간신히 사서 깔고 앉아 대출상환에 평생을 허덕인다. 실속보다 허영에 사로잡혀 산다. 당신은 고수인가, 하수인가?

부자를 따라 하면 나도 부자가 될까?

시중 서점에 나와 있는 주식이나 부동산 재테크 서적은 '부자 따라 하기'를 권한다. '부자를 따라 하면 당신도 부자가 될 수 있다'고 희망을 불어넣는다. '부자들에게서 돈 굴리는 법을 배우면 부자가 될 수 있다'는 식이다. 말하자면 부자 따라 하기는 대체로 그들의 재테크 방법을 배우자는 것이다.

주위를 둘러보라. 위인전을 읽는다고 쉽게 위인이 되지 않듯 부자에게 재테크를 배운다고 쉽게 부자가 되지 않는다. 많은 부자가 재테크가 아니라 다른 방법으로 부자의 길로 들어섰기 때문이다. 부모를 잘 만나 재산을 상속받았거나 사업에서 성공한 것이다.

재테크는 큰 재주보다 잔재주를 가르치는 것이다. 잔재주로 어찌 부자가 된다는 말인가. 만약 당신이 부모에게 물려받는 유산이 없는 상황에서 부자가 되고 싶은데, 그 방법이 재테크라면 성공 확률이 높지 않다. 이리저리 투자하다 보면 수익률은 결국 시장 평균 수준에 이를 가능성이 크기 때문이다.

시중에 나도는 재산 불리기 기술은 허상에 가깝다. 가령 "재테크에 미쳐라"고 하는데, 20대가 손에 쥐고 있는 200만 원으로 재산을 불려 어느 세월에 부자가 될 것인가.

부자가 되기 위한 가장 빠른 길은 본업에서 성공하는 것이다. 실제로 유명 연예인이 강남에 빌딩을 살 수 있었던 것은 재테크 덕분이 아니라 남다른 노래나 연기 실력으로 부를 일구었기 때문이다. 부자에게 꼭 배워야 한다면 돈 불리는 기술보다 사람을 잘 다루는 법, 전문가가 되는 법, 공부를 잘하는 법, 사업을 일구는 법을 배워라. 부자 방식대로 돈을 굴린다고 재산이 갑자기 늘어나진 않는다. 부자의 재테크 방식은 당신보다 훨씬 보수적이기 때문이다.

부자를 가까이하면 내 속은 편할까? 사람마다 다를 수 있지만, 내가 이루기 힘든 꿈을 이룬 부자를 자주 접하면 행복은커녕 오히려 스트레스만 커질 수도 있다. 동년배 부자를 만날수록 더욱 그럴 가능성이 크다. "나는 그 세월 동안 뭘 한 거야?"라는 한숨이 나올 테니까. 인간이란 자신보다 못한 남들과의 비교를 통해 행복을 느끼는 유치한 동물이다. 잘못된 부자 따라 하기는 도리어 마음만 쓰리게 할 수 있다.

투자하더라도 맛있는 것 사 먹을 돈은 남겨두자

직장인 김혁기(가명·45) 씨에게 지난 월요일은 기분이 좋은 날이었다. 퇴직연금에 넣어둔 주식형 펀드가 드디어 플러스를 기록한 날이었기 때문이다. 거의 3년 만이다. 하지만 다시 이틀 연속 하락하면서 마이너스 행진을 계속하고 있다. 김 씨는 기다리면 해 뜰 날이 있겠지라고 생각해본다.

주가는 장기로 우상향을 할 테니 인내하면 언젠가 보답을 할 것이다. 김 씨는 한편으로 이런 생각도 해본다. 그럼 지금 나의 행복은? "인내는 쓰고 열매는 달다"라는 속담을 계속 믿고 가는 게 맞을까? 만약 인내는 쓰고 열매에 단맛이 나지 않는다면 어떻게 될까? 세상일은 알 수 없으니까 말이다. 미래의 꿈을 위해 현재의 내 삶을 너무 도외시하는 것은 아닐까? 문화심리학자 김정운 전 명지대학교 교수는 인간은 미래라는 단어를 알고 나서부터 불안에 시달리고 행복을 누리지 못하게 되었다고 지적했다. 우리의 걱정 대부분은 미래에 대한 것이다. 미래의 목표를 위해 지금의 삶을 소중히 여기지 않는 것은 현명하지 못한 일이다.

사실 김 씨는 그동안 숱한 투자를 했지만 큰 재미를 보지 못했다. 투자는 항상 모험이 뒤따른다. 시장이 출렁일 때마다 마음도 평정을 잃는다. 택시도 타지 않고 한 푼 두 푼 아껴서 투자한다고 나중에 큰 부자가 될 수 있을까?

요즘은 투자하지 않으면 나만 바보가 되는 세상이다. 한마디로 투자중독 사회다. 만나는 사람마다 투자 이야기, 돈 버는 이야기다. 혹시 우리는 어느새 투자의 노예가 된 것은 아닐까? 당신도 열심히 투자하면 워런 버핏처럼 크게 성공할 수 있다고 세뇌당하고 있는 것은 아닐까? 그래서 생각을 달리하기로 했다. 지금 행복도 중요하다는 것이다. "투자하더라도 맛있는 것 사 먹을 돈은 남겨두자." 무엇보다 나의 미래 가치가 큰 것은 사실이지만, 지금의 나도 소중하니까.

사실 인생은 예기치 못한 사태의 연속이다. 점쟁이도 자기 운명을 모른다. 만약 알았다면 로또라도 사서 팔자를 고쳤을 것이다. 무리한 재테크보다는 적정 수익을 지키는 안전 추구형 자산 관리자가 최종 승자가 된다. 대박을 찾기보다는 쪽박을 피하는 것이다.

누구에게나 부동산이나 금융상품은 언덕이 될 수도, 짐이 될 수도 있다. 계획대로 잘 운용되면 든든한 후원자가 될 것이고, 행복을 늘리는 데 큰 도움을 줄 것이다. 하지만 재산을 불리기 위해 모 아니면 도식의 도박형 재테크까진 나서지 마라. 성공할 가능성이 낮은 데다 스트레스가 이만저만이 아니다. 생명을 단축하는 스트레스까지 받으면서 재테크를 할 필요는 없다.

　우리 할아버지·아버지 세대는 재테크 없이도 행복하게 오래오래 잘 사셨다. 우리는 재테크를 위해 태어난 게 아니라 행복해지기 위해 태어났다. 그런데도 그동안 우리는 앞과 뒤를 바꿔 살았던 것 같다. 이제부터라도 어떤 일이든 행복과 안전, 편안함이 삶의 가장 중요한 잣대가 되어야 한다.

부동산 투자 실패의 아픔을 딛고 다시 일어설 수 있도록 지혜를 찾아가는 힐링 과정이 필요하다. 부동산 광풍 시대를 지난 지금, 나의 아픔을 넘어선 시대와 세대의 아픔으로 담담히 받아들여야 한다. 어처구니없게 집을 비싸게 산 자신의 과오를 용서해야 한다. 그렇지만 '자기 불행 코스프레'는 금물이다. '영끌 푸어'의 고통에서 벗어나는 마음훈련 3가지는 '과거의 잘못 곱씹지 않기' '타인의 시각으로 내 문제 바라보기' '망각하기'다. 가격의 노예가 되지 않는 방법은 집의 공간적 가치를 재발견하는 것이다. 집에서 행복을 얻으려면 집의 2가지 기능인 홈과 하우스의 균형을 맞춰라. 부동산 힐링은 부동산 세상을 바라보는 렌즈를 바꾸는 일에서부터 출발한다.

부동산도 힐링이
필요한 시대다

"홈과 하우스의 비중을
50% 대 50%로 맞춰라."

시대의 시각으로
나를 비추면 달리 보인다

인간은 상황의 힘에 무력할 수밖에 없다. 소수만 그 상황의 유혹을 이겨낼 뿐이다.
그러니 자신을 너무 자책하지 말라.
마음의 병까지 얻을 정도로 그 실수에 집착하지 말라.

◆

우리 사회에서 힐링(healing, 치유)이 유행이다. 힐링을 주제로 한 소규모 음악회부터 인문학 강연회, 숲길 걷기 행사, TV 프로그램에 이르기까지 힐링은 어디서나 각광을 받는다. 이제는 힐링이 단순한 유행을 넘어 시대적인 주류가 되어버린 느낌까지 들 정도다.

힐링이 우리 마음을 파고드는 것은 세상살이가 팍팍하다는 것, 상처받은 사람들이 그만큼 많다는 것을 방증하는 것이리라. 부동산시장으로 눈을 돌려보면 부동산 광풍 후유증으로 아직까지 멍든 가슴이 낫지 않은 사람들이 많다. 그런 측면에서 힐링이 절실하게 필요한 곳은 그 어떤 분야보다 부동산이 아닐까 하는데, 이는 나만의 생각일까?

말이 그렇지 부동산 힐링이 쉬운가. 인생의 최대 쇼핑인 집 투자에 실패해 수억 원의 잠재 손실을 본 데다 이자 부담에 고통을 겪고 있는 사람에게 힐링은 어려운 일이다. 요즘 '영끌 푸어'일수록 상처가 너무 커서 어떤 말로도 위로가 되지 않을 것이다. 집값이 다시 급등하면 모든 게 해결되겠지만 당장 그런 기대를 하기에는 시장 환경이 녹록지 않다.

그렇다고 계속해서 절망과 좌절의 늪에 빠져 있을 수는 없다. 단박에 해결하기는 쉬운 일이 아니지만 이제는 아픔을 극복하고 다시 일어서야 한다. 어떻게 하면 나의 슬픔을 딛고 힐링할 수 있을까?

마법의 해결사는 없다

힐링, 즉 치유는 수술이나 치료와는 본질에서 다른 개념이다. 수술은 피부나 조직을 자르거나 째서 낫게 하는 물리적인 치료 행위다. 치유는 병을 낫게 한다는 측면에서 치료와 비슷하다. 그러나 치유는 심리적인 안정을 유도하는 측면이 있으나 치료에는 이런 개념이 없다. 치유는 정서적인 치료 행위가 포함된 개념인 셈이다.

가령 젊은 여성이 실연을 당해 슬픔에 빠져 있다고 하자. 더 멋진 남자를 만나 다시 사랑에 빠지면 슬픔은 금세 사라진다. 이는 모든 문제를 한 번에 해결한다는 점에서 수술에 가깝다. 하지만 하루아침에 더 멋진 애인을 구할 수는 없지 않은가. 시간이 걸릴 것이다. 지금

할 수 있는 일은 산이나 들, 음악회를 찾아다니며 실연의 상처가 잘 아물고 새살이 돋도록 하는 것이다. 힐링은 다친 마음을 치료하고 삶에 새로운 생기를 불어넣는 과정이다.

부동산 힐링 역시 외과 수술처럼 짧은 기간에 단일 조치로 해결할 수 있는 것이 아니다. 만약 당신이 큰 수익을 노리고 부동산에 투자했다가 5억 원을 손해 봤다고 가정하자. 어디에서 어떤 방법을 통해 갑자기 5억 원을 벌어 손실을 메울 것인가? 실패를 만회하기 위해 또 다른 대박 부동산을 찾는다고 힐링이 될까? 그런 무모한 방법은 힐링은커녕 돌이킬 수 없는 더 큰 화를 부를 것이다.

문제를 단박에 풀어줄 마법의 해결사, 백마를 탄 왕자님은 오지 않는다. 부동산 힐링은 부동산 투자 실패의 고통스러운 현실을 담담하게 받아들이고 새로운 출발을 할 수 있도록 지혜를 찾아가는 과정이다. 미래에 유사한 상황이 다시 벌어졌을 때 똑같은 실수를 반복하지 않도록 과거의 잘못에서 삶의 교훈을 얻는 것이다.

'내 탓이오'만으로 힐링이 될까?

"어떻게 자책만 하고 살아. 남 탓하며 사는 게 편해."

영화 〈굿바이 싱글〉(2016)에서 주연(김혜수 분)의 명대사 중 명대사다. 주연은 골프 국가대표인 남자친구와의 속도위반으로 아이를 가진 여중생 단지(김현수 분)에게 위로의 말을 건넨다. 그 여중생에게 "좀 풀고 살자, 담아두지 말고"라면서 자책에서 벗어날 것을 주문한다.

　중학생 나이에 임신은 일반적이지 않다. 하지만 임신을 한 여중생에게 몸가짐을 조심하지 못했다고 비난하는 것은 가혹한 처사다. 여중생 자신도 암담하긴 하겠지만, 자신을 너무 책망할 필요는 없다. 그 골프 국가대표인 남자의 책임도 있으니까 말이다. 이 대목에서 필자가 하고 싶은 말은 이런 것이다. 즉 인생에서 너무 큰일이 생겼고, 그 일이 감당하지 못할 정도라면 자책만으로 해결되지 않는다는 점이다.

　고급 라이터나 스마트폰을 잃어버렸다면 자책을 해도 된다. 짧으면 하루, 길어야 사나흘이면 잊힌다. 분실에 따른 마음의 생채기는 크지 않다. '그냥 내 실수다. 잘 갖고 다녀야지' 하면서 되풀이하지 않겠다고 다짐하면 그만이다.

　하지만 중학생 때 임신 같은 감당할 수 없는 큰일로 자신을 자꾸 나무라기만 하면 오히려 상처가 덧난다. 주연의 말처럼 이럴 때는 '내 탓이오'가 아니라 '남 탓이오'라고 생각하는 게 더 마음이 편할지 모른다. 물론 개인의 잘못으로 사회적 물의를 일으키고 남에게 피해를 줬다면 상황이 다르다. 순전히 자기 자신만 힘든 개인적 잘못에 대해서는 '내 탓이오'가 항상 좋은 답은 아니라는 이야기다.

　종교계에서 전개한 '내 탓이오'의 순기능을 무시하는 것은 아니다. 잘못이 있었을 때 반성은 해야 한다. 하지만 무조건 '내 탓이오' 하고 자신에게 잘못을 돌리는 것만이 힐링의 해답은 아닐 것이다. 우리는 성자가 아닌 평범한 인간이다. 제대로 못 먹고 못 입고 평생 알뜰하게 모은 재산의 상당 부분을 잃었다면 '내 탓이오'라는 자책은 오히려 자신을 고통 속으로 내모는 것이다. 치유는커녕 도리어 절망과 분노, 그리고 자기 학대와 우울증만 부를 수 있다. 힐링은커녕 스스로 '자기 지옥'에서 빠져나오지 못할 수 있는 것이다.

내가 똑똑해서 꼭지에서 집을 안 샀다고?

한 번 더 영화 이야기를 해보자. 영화 〈불한당: 나쁜 놈들의 세상〉(2017)에서 한재호(설경구 분)는 매우 현실적인 사람이다. 그는 교도소에서 만난 조현수(임시완 분)에게 자신의 나쁜 과거 기억을 떠올리면서 이같이 충고한다. "사람을 믿지 마라. 상황을 믿어야지, 상황을…." 이 말은 조현수가 한재호를 친형처럼 믿고 따르게 되는 결정적인 한마디가 된다.

한재호의 말은 사람은 언제든지 변할 수 있으니 믿을 게 못 된다는 의미다. 사람의 행동을 이해하기 위해서는 '상황의 힘(power in the environment)'을 먼저 이해해야 한다는 것이다. 개인은 결코 상황에서 벗어날 수 없으니 맥락적으로 살펴봐야 한다는 논리다.

사실 사람은 기본적으로 환경에서 크게 벗어나지 못하는 불완전한 유기체다. 개인을 중시하는 서양사람과는 달리 동양사람은 관계를 중요시한다. 특히 한국인은 '나의 집'이 아니라 '우리 집'이라고 표현할 정도로 우리라는 표현을 자주 쓰는데, 그만큼 집단주의 성향이 강하다. 대단한 용기가 없이는 소속 집단이나 또래 집단의 압력을 견디기 힘들다.

2021년 집값 고점 당시 무려 103만 명의 무주택자가 상투를 잡았다. 무주택자들은 이번 기회에 집을 안 사면 영원히 내 집을 마련하지 못할 것 같은 초조감과 불안감에 시달렸다. 주변에서 갭투자를 해서 돈을 벌었다는 성공담도 결단을 재촉한다. 이곳저곳에서 집을 사라는 무언의 압박이 밀려오는데 이런 '상황'에서 과연 자유로울 수 있는 사람이 얼마나 있을까?

그 상황의 압박에 못 이겨 많은 사람이 집을 비싸게 샀다. 지나고 보면 '그때 내가 왜 바보짓을 했을까'라는 후회가 밀려온다. 하지만 당시 그런 분위기에서 벗어난 사람은 많지 않을 것이다.

만약 당신도 당시 집을 살 형편이 되었다면 집 사기 대열에 동참했을 가능성이 크다. 집을 사지 않았다면 여건이 되지 않아서일 것이다. 아예 돈이 없거나 혹은 금융상품에 돈이 묶여 있어 행동에 나서지 못했을 것이다. 아니면 전세 만기가 도래하지 않아 목돈을 쥘 수 없어 집을 사지 못했을 수도 있다.

당신이 의지력만으로 '욕망의 그물'에서 벗어나기란 말이 그렇지 그리 쉬운 일이 아니다. 나보다 더 똑똑하고 좋은 대학에 좋은 직장을 다니는 사람도 '영끌' '빚투'에 뛰어들었다. 심지어 대형 로펌에 다니고 있는 한 변호사는 담보대출에 신용대출까지 9억 5,000만 원을 빌려 11억 원짜리 아파트를 구매했다.[140]

반복하건대 인간은 상황의 힘에 무력할 수밖에 없다. 소수만 그 상황의 유혹을 이겨낼 뿐이다. 그러니 자신을 너무 자책하지 말라. 자책하는 태도는 겸손하거나 책임감이 강한 것처럼 보일 수 있지만 따지고 보면 자의식의 과정이다.[141] 설사 자책을 하더라도 한두 번 만에 그쳐라. 마음의 병까지 얻을 정도로 그 실수에 집착하지 말라.

나의 아픔을 넘어 시대와 세대의 아픔

이제 '부동산 광풍 시대'라는 지난 세월을 특수한 상황으로 담담하게 받아들이는 지혜가 필요할 것 같다. 사실 많은 사람이 부동산 광풍 소용돌이에 휩싸였다. 아니, 부동산에 미쳐 있었다. 부동산은 곧 돈이요, 성공의 표상이자 욕망의 불나방이었다.

거듭 말하지만, 모든 사람이 투기 잔치에 골몰해 있는 상황에서 나홀로 그 잔칫상을 걷어차고 나오는 것은 쉬운 일이 아니다. 미래를 내다보는 예지력은 물론 큰 용기와 결단력이 있어야 가능한 일이다.

철학자 이마누엘 칸트는 "인간성은 줄기가 비틀린 나무와 같다"라고 했다.[142] 인간은 아무리 똑똑해도 시대가 안고 있는 사회적 편향이나 이데올로기에서 벗어나기 힘들다는 말이다. 부동산 열풍은 시대 상황의 문제였고, 나는 그중 한 명일 뿐이다. 집값이 자고 나면 다락같이 오르는 상황에서 냉정함을 유지하기란 신이 아닌 이상 쉽지 않은 일이었다. 지금 와서 결과론적 시각으로 보면 그런 행위는 무리한 투자, 즉 '투기'였을 뿐이다.

그러니 지금 당신이 영끌 푸어로 전락했더라도 자신의 잘못을 너무 크게 질책하며 자신을 괴롭히지 마라. 영끌 푸어라는 현실을 당신의 아픔을 넘어서 시대와 세대의 아픔으로 담담히 받아들이는 게 필요하지 않을까 싶다.

자기 용서는 치유를 위한 자기 화해

이제는 나 자신을 용서하라. 물론 다른 사람을 용서하기보다 자신을 용서하기가 어렵다는 것을 안다. 말로는 과거에 잘못을 저지른 나를 용서한다고 하지만 분노의 감정이 쉽게 사라지지 않는다. 그렇지만 자신이 밉다고 자신을 공격해선 안 된다. 나를 향한 공격에는 이를 막을 이렇다 할 보호막이 없기 때문이다.[143]

이번 투자 실패로 제1의 화살을 맞아 큰 상처를 입었다. 그런 자신을 공격하는 것은 제2의 화살로 자신을 쏘는 것이나 다름이 없다. 1차 화살보다는 2차 화살에 더 깊은 생채기가 생긴다. 그만큼 아픔을 딛고 일어서기도 어려워진다. 자신을 분노의 감옥에 가두면 자칫 우울증이 생기거나 자기 처벌, 자기 파괴로 이어질 수 있다.

자기 용서는 말 그대로 자신의 과오를 용서하는 것이다. 즉 과거에는 받아들이지 못했던 자신의 잘못을 이제 수용하는 것이다.[144] 하지만 자신을 용서하려고 해도 자꾸 후회와 자책이 밀려온다. "왜 나는 상투에 집을 사는 어처구니없는 행동을 했을까?" 후회와 자책은 어쩔 수 없는 감정이다. 억누른다고 해서 감춰지지 않는다. 그렇지만 이미 지난 일, 잘못을 저지른 자신을 너그럽게 감싸 안는 게 필요할 것 같다. 자신과의 화해가 필요하다.

『채근담』에 '남을 대할 때는 봄바람과 같이 부드럽게 하고, 자신을 대할 때는 가을 서리처럼 엄격해야 한다'라는 말이 있다. 하지만 상처를 받은 사람은 자신에게도 봄바람처럼 부드럽게 대해야 한다. 자신에게 자비를 베풀어야 상처를 딛고 회복해서 새 출발을 할 수 있다.

내가 지금 힘들다면 혹시 자신에게 너무 엄격한 잣대를 들이댄 것은 아닐까? 나는 완벽한 신이 아니라 실수투성이의 평범한 인간일 뿐인데도 말이다. 그리고 나뿐만 아니라 주변 사람도 실수했다. 자기 용서를 위해선 완벽주의의 굴레에서 벗어나야 한다. 자신이 설정한 완벽한 기준에 이르지 못하면 자신에게 실망해서 자신을 괴롭히는 것은 좋지 않은 습관이다. 완벽주의 성향에 가까울수록 조금만 흠결이 있으면 자신을 탓한다.

스스로에게도 숨 쉴 공간을 좀 주자. 물론 자기 용서를 통해 자기 잘못을 변명하거나 정당화해선 안 된다. 자기 합리화의 도구가 되어선 안 된다는 이야기다. 자기 용서는 자신이 저지른 잘못을 인정하고 개선을 향한 의지를 포함하는 개념이기 때문이다.[145] 용서는 부서졌던 내 삶과 감정을 동여매고 다시 일어서는 과정이자,[146] 상처 치유를 위한 필수적인 과정이다.

다만 이번 투자 실패의 잘못은 용서하되 다시는 반복하지 않겠다는 자기 반성이 동반되면 좋을 것이다. 잘못은 책임져야 하지만 이미 가격 급락으로 그 책임을 지고 있으니 자신을 학대하지 말라. 다만 나중에 후술하겠지만 아직 세입자에게 전세보증금(부채) 상환이라는 책임을 다하지 않은 갭투자자는 예외다.

'자기 불행 코스프레'는 금물

"다른 사람은 잘나가고 돈도 많던데, 나만 왜 이렇게 못났을까?"

주위에 의외로 '자기 연민(self-pity)'에 빠진 사람이 많다는 것에 사뭇 놀란다.

아직 자리를 못 잡은 2030세대는 물론 어느 정도 살 만한 중산층까지도 자기 연민의 굴레에서 벗어나지 못한다. 자기 연민은 자신의 처지를 한탄하면서 자신의 불행을 지나치게 과장하는 심리다. 가령 원래 3인 고통을 10이나 된다고 부풀린다. 자기 불행의 세계에만 갇혀 객관적인 시각에서 자신을 바라보지 못한다.[147] 즉 자신에게 도움이 되는 실제적 행동은 하나도 하지 않고 문제에만 과도하게 빠져드는 것이다.[148]

이는 자신을 너그럽게 대하는 '자기 자비'나 자기에 대한 사랑을 의미하는 '자기애'와는 다르다. 자기 연민은 한마디로 자신의 못난 점만 부각해 스스로 처지를 비관하는 것이다. 자신의 밝은 점보다 어두운 점만 보고, 긍정보다 부정에 초점을 맞춘다. 인생극장에서 스스로 비극의 주인공이 되면서 남만 부러워하고 자기 발전을 도모하지 않는다.

자기 연민에 빠지면 무엇보다 감사할 줄 모른다는 것이다. 자기만 다른 사람에 비해 볼품없다고 볼멘소리를 한다. 자신이 가지고 있고 누리고 있는 것은 보지 않고, 자신만 불행하고 보잘것없다고 한탄한다. '자기 불행 코스프레'라도 걸린 걸까?

직장인 박명길(가명·42) 씨는 아파트와 주식에 투자해서 손해를 본 뒤 심한 트라우마에 빠졌다. 매사가 귀찮고 우울하다. 하지만 투자하다 보면 누구나 손실은 맛본다. 고수들은 이 경우 실패의 원인을 찾아 반복하지 않도록 공부를 열심히 한다. 실패가 성공의 밑거름이 될 수 있도록 노력한다는 이야기다. 하지만 자기 연민에 빠지는 사람은 노력은 하지 않고 자신의 어리석음만 탓할 뿐이다. 그래서 쉽게 슬럼프에서 빠져나오지 못한다. '회복 탄력성'이 떨어질 수밖에 없다. 심각한 삶의 국면에서 좌절하지 않고 기존보다 더 나은 방식으로 재기할 힘이 부족하다는 것이다.

다시 일어서기 위해선 나만 불쌍하고, 가엽고, 볼품없다는 자기 연민에서 벗어나야 한다. 인기 드라마 〈대행사〉(2023)에서 재벌 회장 강근철(전국환 분)이 손주들에게 건넨 쓴소리가 생각난다. "불편하다고 피하지 말라. 좀 힘들다고 도망치는 거 버릇되면 평생 패배자로 사는 거야." 자기 연민에 쉽게 빠지는 사람들이 가슴에 새길 만한 명언이다. 나만 힘들고 아픈 게 아니니 너무 징징대지 말라.

'영끌 푸어'의 고통에서
벗어나는 마음훈련

삶은 예기치 못한 일의 연속이다. 모두 잘 대처하기 어렵다.
어떤 때는 큰 실수를 하기도, 어떤 때는 성공하기도 한다.
한 사건에 실패한 자신을 너무 다그치지 말라. 좀 멀리서 나를 바라보는 것도 좋다.

◆

철학자 버트런드 러셀은 자신의 저서 『행복의 정복』에서 행복을 위해선 자기 집착에서 벗어날 것을 주문한다. 자신의 잘못이나 단점에 지나치게 몰입하는 게 불행의 실마리가 된다는 것이다. 러셀은 자신이 저지른 어리석음과 실수를 너무 곱씹어 생각하다 보니 스스로를 '불행한 괴짜'로 여기게 되었다. 하지만 생각의 틀을 바꾸면서 달라졌다. 자신의 결점을 대수롭지 않게 여기는 법을 배워나가면서 삶을 즐기게 된 것이다.[149] 자신의 과오라는 우물에 너무 갇혀 있어선 안 된다. 슬픔에 빠져 있으면 친구들과 여행이나 다녀오라고 당부하는 것도 이 때문이다. 좋은 일을 두고 자기 세계에 빠져 있다면 모를까, 안 좋은 일에 집착하면 자신을 파괴할 수 있다.

곱씹기 안 하기, 거리 두기, 그리고 망각

'영끌 푸어'로 어려움을 겪고 있는 사람에게는 이를 이겨낼 마음훈련이 필요하다. 그 3가지 방법을 제시하면 다음과 같다.

첫째, 과거의 잘못을 자꾸 '반추(rumination)'하지 말라. 고통을 더 가중할 수 있기 때문이다. 반추는 소나 염소 같은 동물로 따지면 되새김이다. 우리말 표현으로 '곱씹기'다. '내가 왜 그런 어리석은 일을 했을까'라고 되풀이해서 생각하는 것이다. 곱씹기를 하면 그 상처의 굴레에서 벗어나지 못한다. 과거에 잘한 일이나 영광스러운 일을 곱씹는 일은 정서상 나쁠 게 없다. 오히려 기분 좋은 일이다.

문제는 과거에 잘못한 일, 슬픈 일, 안타까운 일, 기분 나쁜 일이다. 인간은 좋은 일보다 안 좋은 일을 더 자주 곱씹는다. 자신의 정신건강에 좋을 게 없다. 이제 겨우 아물어가는 옛 상처를 다시 꺼내 도지게 하는 꼴이다. 자신을 괴롭히고 또 괴롭힌다. 자기 반성을 넘어 자기 파괴로 이어진다. 지난 일은 돌이킬 수 없다. 이른바 '비가역성(irreversibility)'이다.

이미 영끌 푸어가 되어버린 일을 어쩌겠는가. 영화처럼 타임머신을 타고 2~3년 전으로 되돌아갈 수 있다면 얼마나 좋을까? 하지만 현실은 냉엄하다. 그래서 부정적인 생각이 스멀스멀 올라오면 주의를 다른 곳으로 돌리는 게 좋다.

과거의 굴레에서 빠져나오려면 생각의 곱씹기에서 벗어나야 한다. 과거를 되새김질하기보다 미래의 희망을 꿈꾸는 게 내게 이롭다. "지나간 슬픔에 새로운 눈물을 낭비하지 마라." 그리스 3대 비극 시인 중 한 사람인 에우리피데스의 말이다. 지나간 슬픈 일은 가슴에 묻고 앞으로 나아가야 한다는 것이다. 언제까지나 슬픔에 빠져 살 수는 없으니까.

둘째, 타인의 시각으로 내 문제를 바라보라는 것이다. 때로는 미치도록 힘든 나. 만약 벽에 붙어 그런 나를 바라보고 있는 파리는 어떤 생각을 할까? 세상사 별거 아닌데 왜 그렇게 심각하냐는 식으로 내려다볼 것이다. 무표정한 얼굴로 아무렇지도 않다는 듯 쳐다볼 것이다. 사안을 좀 더 냉정하게, 제삼자 관점에서 바라보는 것이다.

이를 '벽에 붙은 파리 효과(fly-on-the-wall effect)'라고 한다. 나에게는 힘겹고 서러운 아픔이지만 제삼자의 객관적이고 초연한 입장에서 바라보면 달리 보인다는 것이다. 일종의 거리조절을 통한 '정신승리법'이다. 직접 부딪치며 감정을 소비하기보다 좀 멀리서 바라보는 것도 괜찮다. 요컨대 자신의 아픔과 고통을 타인의 처지에서 보면 과도한 감정몰입에서 벗어날 수 있을 것이다.

셋째, 이제는 망각하라. 지금 와서 '내가 왜 그런 어처구니없는 짓을 했을까'라고 자책한다고 해도 소용없는 일이다. 영끌 푸어가 된 당신이 과거를 한탄한다고 달라질 게 없다. 한탄도 한두 번이지 계속하면 주위 사람들도 좋은 시선을 보내지 않는다. 잊지 않으면 부동산 힐링은 있을 수 없다. 망각의 강 '레테(lethe, 그리스 신화에 나오는 사후 세계의 강)'를 건너면 인간의 아픈 기억도 강물에 희석되어 점점 희미해진다.

망각은 때로는 축복이다. 드라마 〈도깨비〉(2016~2017)에는 이런 대사가 나온다. "망각도 신의 배려다." 철학자 니체도 "새로운 음식을 먹으려면 위를 비워야 한다. 과거의 기억들이 머리에 가득 차 있다면 새로운 것을 받아들일 수 없다"라고 했다.

인간은 망각이 있기에 과거의 슬픔에서 벗어나 다시 평온과 행복을 찾을 수 있다. 망각은 아픈 상처를 치유하는 심리적 면역기제다. 다만 나중에 투기 광풍이 불 때 반복하지 않도록 지적 훈련을 충실히 하는 것도 필요할 것이다.

사건과 인생을 구분하라

"착하게 살아온 나에게 신은 왜 이렇게 가혹한 형벌을 주실까?"

직장인 한명훈(가명·38) 씨는 거듭된 투자 실패에 실망한 나머지 이제 신세 한탄을 한다. 그는 코인, 해외주식에 아파트까지 투자한 것 모두 참패를 당했다. 여태껏 착실하게 살아온 만큼 보상은 받지 못하더라도 벌은 안 받아야 하는 것 아닌가 생각하니 억울하기만 하다. '혹시 전생에 내가 수많은 사람을 죽인 악인이 아니었을까?'라는 생각도 든다.

지금의 실패를 단일 사건으로 보지 않고 전혀 무관한 자신의 인생과 연결해 사고하려는 것이다. 하지만 이들은 서로 별개다. 전혀 인과관계가 없다. 그런데도 많은 사람은 '착한 사람들은 좋은 일만 생기며, 나쁜 사람들은 나쁜 일만 생길 것'이라고 믿는다. 인과응보 사상이 바로 심리학에서 말하는 '공정한 세상(just-world) 가설'이다.

아무리 완전무결하고 도덕적인 사람이라도 재앙을 당할 수 있다. 하지만 '공정한 세상 가설'에선 이를 인정하지 않으려고 한다. 우연성을 인정하지 않는다. 각자 그럴 만한 이유가 있으니 그렇게 살고 있다는 생각을 한다. 세상이 다 필연이라는 식이다. 하지만 직장인 한 씨의 3건의 투자 실패는 모두 단일 사건이다. 그가 남에게 악행을 저질렀든, 선행을 했든 투자 수익률과는 별개의 문제다.

자신의 성실한 삶과 투자 성적은 일치하지 않는다. 이런 '공정한 세상 가설'은 무슨 일이 생기면 개인에게 책임을 자꾸 돌리는 문제가 생긴다. 당시 상황을 고려하지 않고 오로지 개인 탓으로 돌린다는 것이다.

한 번 투자에 실패했다고 인생의 낙오자는 아니다. '영끌 푸어'라면 집 투자라는 단일 사건에서 실패한 것이지 인생까지 실패한 것은 아니다. 그 사건에만 후회하고 반성하고 그쳐라. 내 인생까지 공격하지 말라. 그 사건과 내 인생을 분리해라. 자기 비하로 이어지지 않도록 하자.

난 대인관계가 좋고 업무능력이 뛰어나다는 이야기도 자주 듣는다. 다양한 능력의 소유자로, 아파트 투자에서만 '영끌 푸어'일 뿐 다른 일에서도 '푸어'인 것은 아니다. 나는 최근에 업무평가에서 우수한 성적을 거둬 사장 표창까지 받았다. 내가 만능인일 수 없지 않은가. 한 가지 일의 결과를 보고 다른 일도 그런 것처럼 과잉 일반화를 하지 마라. 그래야 상처가 재발하지 않고 새 살이 돋는다.

우연히 이왈종 원로화가의 〈제주 생활의 중도〉라는 그림을 본 적이 있다. 그림 속에서 한 노인이 지팡이를 짚고 움직이면서 이런 말을 툭 내뱉는다. "그럴 수 있다. 그것이 인생이다." 살다 보면 누구나 실수는 한다. 그것이 세상 살아가는 과정이다.

인간은 시행착오를 통해 성장하는 동물이다. 인생은 평지만 걷는 게 아니다. 때로는 비탈길, 강과 사막을 건너야 한다. 삶은 예기치 못한 일의 연속이다. 모두 잘 대처하기 어렵다. 어떨 때는 큰 실수를, 어떨 때는 성공하기도 한다. 그러니 한 사건에 실패한 자신을 다그치지 말라. 그런 점에서 이 화백 그림 속 노인의 경구를 한 번 더 되새기는 것도 좋을 것 같다. "그럴 수 있다. 그것이 인생이다."

한 번 실패하면 인생이 망한 것이라는 극단적인 생각은 금물이다. 인생은 단기 레이스가 아니라 장거리 마라톤이다. 앞으로 살 날도, 돈 벌 기회도 많다.

불행에 맞서는 마음 근육

직장인 곽진형(가명·42) 씨는 주말에 조기 축구를 하다가 다리를 삐었다. 다리를 쩔룩거린 채 집으로 돌아왔다. 아내는 왜 몸조심하지 않았느냐고 인상을 찌푸렸다. 그러곤 한마디 건넸다. "그만하기 다행이네." 그 한마디가 곽 씨에게 위로가 되었다. 맞아, 월요일 출근도 해야 하는데, 깁스를 안 하기 천만다행이지….

우리가 흔히 듣는 '그만하기 다행이다'라는 말은 힘든 불행을 다스리는 마음의 치유제다. 불행하지만 그보다 더 불행할 것에 비하면 오히려 다행이라는 것이다. 신동화 전북대학교 명예교수는 한 칼럼에서 "다행은 행복과 불행, 만족과 불만족의 중간 어디쯤엔가 있을 것"이라고 말했다.[150] '상처가 그만하니 정말 다행이다' '차 사고가 이만하기 다행이다' '그나마 몇 푼이라도 건졌으니 다행이다'라는 말을 법륜스님은 '긍정 까르마'라고 했다. 그런 측면에서 최악의 상황에서도 희망을 품을 필요가 있다.

2년 전 꼭지에 집을 영끌한 백진수(가명·36) 씨. 집값이 일부 낙폭을 만회했지만, 여전히 고점에서 20%나 낮다. 그는 투자를 잘못한 그 집만 생각하면 짜증이 나고 우울해진다. 다달이 내는 이자 내기도 벅차다. 하지만 백 씨는 그나마 다행인지 모른다는 생각을 해봤다. 혹시 그 돈으로 주식이나 코인을 했다면 더 떨어졌을 수 있을 테니까. 어차피 집값은 기다리면 언젠가 오르게 되어 있으니까. 집은 태풍이 불어도 어디로 사라지지 않으니까. 그렇다면 지금 힘들더라도 최악으로 가지 않은 것은 그나마 다행인지 모른다.

어떤 불행한 일이 닥치더라도 어떻게 받아들이느냐에 따라 불행할 수도, 안도의 한숨이 될 수도 있다. 사건 그 자체보다 수용자의 해석이 중요하다는 것이다. 큰 상처라도, 큰 불행이라도 달리 생각하면 충격파를 줄이는 '마음의 범퍼'가 될 수 있다. 세상사 다 생각하기 나름이다. 긍정의 심리학은 그래서 불행에서 더 빛을 발한다.

삶은 '2+2=4'보다 '-1+5=4'

입춘이 되자 아파트 발코니에서 작은 변화가 일어났다. 화분에서 산나물의 대표 명사인 명이나물이 생명의 싹을 틔운 것이다. 지난해 봄 종로 꽃시장에서 모종을 사다 심었다. 한두 달 잘 자라더니 여름이 지나자 힘을 쓰지 못했다. 잎도 시들었다. 나는 명이나물이 죽은 줄 알았다. 할 수 없이 가을이 지나 줄기를 잘라냈다. 겨울이 다가오자 혹시 몰라 투명 비닐로 덮어줬다. 마침 옷장 속 양복을 보니 비닐로 씌워져 있어 이를 벗겨내 요긴하게 쓸 수 있었다. 화분 속의 작은 비닐하우스였던 셈이다.

경칩을 지나 봄기운을 느끼고 싹을 틔울 줄은 몰랐다. 기대조차 하지 않았는데 싹 틔운 명이나물이 여섯 포기나 되었다. 며칠 사이에 많이 자랐다. 명이나물은 죽지 않았다. 이제 날씨가 영상으로 올라온다고 하니 아예 발코니 밖으로 내보낼 생각이다. 명이나물은 생각보다 생명력이 강했다. 다른 식물도 그럴 것이다. 식물은 뿌리만 썩지 않으면 언제든지 다시 살아난다.

뿌리는 근본이다. 잎과 줄기는 외피, 즉 겉에 불과하다. 식물은 잎과 줄기가 흔들리고 설사 마르더라도 좌절하지 않는다. 삶을 포기하지 않는다. 명이나물은 뿌리를 지키며 봄날을 기다렸다. 봄이 되자 보란 듯 싹을 틔웠다. 뿌리가 살아 있다면 식물은 언제든지 부활할 수 있다는 것을 명이나물이 보여준다.

누군가에게는 지금이 힘든 시간일 수 있다. 하지만 겉만 보고 너무 일희일비하지 말자. 사람에게 뿌리는 몸과 마음(의지)이다. 내가 몸이 성하고 의지가 있다면 충분히 다시 일어설 수 있다. 그러니 지금 내 삶이 혹한기라도 너무 좌절하지 말라. 지금의 실패는 성장을 위한 자산이다.

축구 선수 리오넬 메시는 "실패는 종종 과정과 배움의 일부이며 실패 없이 성공하는 건 불가능하다"라고 말했다.[151] 이제는 자신에게 상처를 주는 말은 하지 말자. 스스로 자존감을 무너뜨리지 말아야 한다. 누구나 큰일을 당하면 처음에는 앞이 캄캄할 정도로 힘들 것이다. 이럴 때 '내 실패가 뭐 어때서'라고 스스로 위로하면서 다독거리는 게 필요하다. 무엇보다 용기를 잃지 말아야 한다. 이 고비만 견디면 새봄이 오고 나 자신도 다시 일어설 것이다. 강인한 생명력으로 다시 잎을 틔운 명이나물처럼 말이다.

유럽의 전설적인 투자자인 앙드레 코스톨라니는 자신의 저서 『투자의 비밀』에서 "투자는 2+2=4가 아니라 5-1=4"라고 말했다. 그에 따르면 결과는 항상 자신이 기대했던 것과 다르게 나타나고, 나중에야 비로소 예상했던 대로 간다. 가격은 우상향하지만 울퉁불퉁한 시세 흐름을 보이니 너무 단기에 일희일비하지 말라는 이야기인 것 같다. 그는 결국은 승리를 거두기 마련이기에 마이너스 1의 결과를 기다릴 수 있는 인내가 있어야 한다고 했다. 변동성을 이겨낼 수 있는 능력이 승패를 가른다는 이야기다.

'투자는 2+2=4가 아니라 5-1=4'라는 말은 주식이나 부동산 투자의 논리를 넘어 인생의 법칙이 될 수 있다. 세상에 무슨 일이든 힘겨

움 없이 얻는 열매가 있으랴. 그래서 스스로 희망을 품고 미래를 기다릴 수 있도록 자기암시가 필요한 것 같다. 지금은 힘들지만, 곧 좋은 날이 올 것이라고 말이다. 고생 끝에 낙이 온다는 고진감래(苦盡甘來)를 믿는 것이다. 그런 측면에서 '삶이든 투자든 2+2=4가 아니라 −1+5=4'로 바꿔도 좋을 것이다.

트라우마를 넘어
한 차원 더 성장하라

너무 조급해할 필요 없다. 성공 스토리는 단박에 만들기 어렵다.
세상은 돌고 돈다. 또 기회가 올 것이다.
외상 후 성장은 좀 더 넓은 시각에서 지식의 근육을 단련할 때 서서히 이뤄질 것이다.

◆

인생 3대 불행 중 하나가 젊을 때의 큰 성공(초년 출세)이라는 속설이 있다. 젊을 때 출세하면 세상을 너무 우습게 보기 때문이 아닐까? 초년에 성공하면 그 자체에 취해 스스로 교만해질 수 있다. 한 번의 큰 성공에 갇혀 있으니 변화무쌍한 세상에서 이를 지켜내기도 어렵다. 무엇보다 아직 경험이 많지 않기에 위기 상황에서는 대처능력이 떨어진다. 젊은 시절 성공이 불행을 자초하는 꼴이다. 오히려 젊을 때 시련은 사람을 더 강건하게 만든다.

인생살이는 책만 읽는다고 되는 게 아니다. 이것저것 경험을 해야 삶의 지평이 넓어지고 지혜도 쌓인다. 젊은 날의 실패는 나중의 더 큰 실패를 막는 방어기제가 될 수 있는 것이다.

미리 맞은 따끔한 인생 예방 주사

"인생의 수업료를 냈다고 생각해라."

홍경수(가명·62) 씨는 투자에서 연달아 참패를 당한 30대 아들에게 위로를 건넸다. 아들은 2년 전 빚을 내 코인에 투자하더니 원금의 60%를 날렸다. 최근 들어 집에서 먼 지방 10평형대 아파트에 투자했다가 손절매했다. 고금리 태풍에 아파트값이 고점에서 20% 떨어져 기다려볼까 고민을 했지만, 역전세난에 세입자를 찾지 못해 끝내 매각했다.

아들은 목돈이 많이 투입되지 않아 다행이라고 생각하지만 그래도 속이 쓰리다고 했다. 한마디로 돈을 조금 불려보려다가 참패를 맛본 것이다. 하지만 홍 씨가 그런 아들을 크게 나무라지 않은 이유는 있었다. 금액이 많지 않은 것도 있지만 아직 나이가 젊기 때문이다.

아들은 이제 투자에 조심하는 것 같다. 금리가 높으니 당분간 저축 비중을 높이고 주식 투자는 장기적립식으로 매달 조금씩 불입하겠다고 했다. 아들은 무리한 투자는 언제든지 손실로 이어질 수 있고, 자칫 원금 탕진까지 이어질 수 있다는 값진 교훈을 얻은 것이다. 아버지는 세상 이치를 깨달아가는 아들에게 한마디 건넸다.

"아들은 투자한 게 아니라 도박을 한 게 아닐까? 잘 모르는 곳에 하는 투자, 그리고 몰빵 투자는 투기성 오락에 불과해."

아들은 이제 나이가 들면 돈도 더 벌 것이다. 통장에 쌓이는 것도 많아질 것이다. 하지만 크게 불어난 금액을 쌈짓돈 투자하듯 베팅하면 다시 일어나지 못할 정도의 수렁에 빠질 수 있다. 거칠게 말해 도박성 투자를 반복하면 평생을 밑바닥에서 허우적거리면서 살게 된다.

가령 200만 원을 투자해서 다 날려도 다음 달 월급을 받으면 지갑에 돈을 채워 넣을 수 있다. 하지만 2,000만 원을 날리면 1년, 2억을 날리면 최장 10년이 걸려야 급여소득으로 원상복구가 된다. 투자금을 늘리면 늘릴수록 실패하면 이에 비례해서 충격의 강도가 커진다. 아들이 젊을 때 쌈짓돈으로 돈을 날려버리는 쓰라린 경험을 했기에 나이 들어 함부로 도박성 투자를 하지 않으리라고 홍 씨는 믿는다. 아들은 미리 따끔한 예방 주사를 맞은 셈이다.

그는 아들에게 마지막으로 당부했다. "도박과 투자를 구분하지 못하면 인생이 거덜 난다. 제발 내가 하는 게 투자인지 도박인지 생각하고 움직여라."

PTG로 더 강건한 사람이 되어라

PTG(post traumatic growth, 외상 후 성장). 이 단어를 처음 접했을 때 난 군대 시절 PT 체조를 떠올렸다. PT는 Physical Training의 약자다. 체육이라는 뜻이다. 전방부대 신병 시절 PT 체조는 시련이었다. 제대로 군기가 잡히지 않았다는 이유로 조교는 운동장, 심지어 연못에서도 PT 체조를 시켰다. 체력 단련이 아니라 기합이었다. 내게는 나쁜 기억이다. 선입견은 무섭다. 하지만 알고 보니 PTG는 희망과 긍정의 메시지다. 시련을 겪더라도 그 상처를 딛고 더 강건한 사람이 된다는 뜻이다.

우리는 흔히 '외상 후 스트레스 장애(PTSD)'라는 말은 자주 접해 친숙하지만, PTG는 낯설다. 큰 상처를 받으면 좌절하고 그곳에서 빠져나오지 못하는 우울한 이야기만 많이 봐서 그럴 것이다. 누구나 처음에는 트라우마를 겪으면 전두엽이 마비되면서 멘붕이 온다. 무기력과 울분, 우울증세가 찾아온다. 하지만 그 트라우마의 늪에서 빠져나오는 사람들도 있다. 즉 어떤 큰 상처를 받아도 좌절하지 않고 잘 이겨내 회복하는 사람 말이다.

'외상 후 성장'은 여기에 그치지 않는다. 다시 말해 원상태로 회복하는 데 머무르지 않고 자신을 더 변화시키는 것이다. 이른바 긍정적 자기변형이다.[152] 이를 통해 종전보다 더 성장하는 것이다. 자신이 겪은 아픔이 오히려 도약의 계기가 되는 삶의 분기점이 된다. 그 고난이 나를 성장시키는 전환점이 되는 셈이다.

실제로 실패를 성장의 자연스러운 과정으로 생각하는 사람은 실패를 대수롭지 않게 여긴다. 이보다는 앞으로 더 노력하면 된다는 긍정적인 생각을 한다. 미국의 경영학자 피터 드러커는 이런 명언을 남겼다.

"누군가에게는 걸려 넘어지는 돌부리에 불과하지만 어떤 사람에게는 그 돌부리가 세상을 향해 딛고 일어서는 계단이 된다."

한마디로 전화위복의 힘이다. 화가 바뀌어 오히려 복이 되도록 하는 것이다. 지금 뒤늦게 빚을 끌어들여 집을 산 영끌 푸어는 한동안 실패의 트라우마에서 벗어나지 못할 것이다. 하지만 회복 가능한 실패이지, 영원한 나락의 실패는 아니다.

영화 〈자백〉(2022)에서 '고통 없는 구원은 없다'라는 인상적인 대사가 기억난다. '고통 없는 성장도 없다'라는 다른 버전도 충분히 성립된다. 그 트라우마에서 계속 갇혀 있을 필요는 없다. 외상 후 성장의 계기로 삼아야 한다. 물론 쉽지 않은 일인지 안다. 마음의 생채기가 아프더라도 이제는 담담하게 받아들여라. 그래야 외상 후 성장을 통해 더 강건한 사람이 될 수 있다.

생업에 종사하면서 부동산도 공부를 더 해서 '지식의 근육'을 키워라. 그래야 다시는 비슷한 일이 일어났을 때 잘못을 반복하지 않을 수 있다. 지식을 늘리면 오히려 위기가 왔을 때 큰 기회 포착이 가능해진다.

너무 서두를 필요가 없다. 단박에 성공 스토리를 만들기는 어렵다. 준비하는 자에게 기회는 또 온다. 외상 후 성장은 좀 더 넓은 시각에서 지식의 근육을 단련할 때 서서히 이뤄질 것이다.

갭투자자는 자기 용서보다 자기 책임이 먼저다

"난 너한테 한 짓 다 회개하고 구원을 받았어."

학교폭력 피해자의 응징 이야기를 다룬 〈더 글로리〉(2022~2023)에서 이사라(김히어라 분)의 말은 지금도 귓전에서 맴돈다. 그녀는 패거리 서열 3위로 주인공 문동은(송혜교 분)을 학대한 가해자다. 이사라는 17년 만에 교회에서 만난 문동은에게 돈다발을 전달한다. 그리고 자신은 이제 문동은이 입은 피해에 대해 보상할 것은 다 했다고 생각한다. 문동은이 "넌 천국에 못 간다"라고 말하자 자신은 갈 수 있다고 되받아친다. 그러면서 돈 지불을 통해 '회개와 구원'을 다 끝냈다고 강변한다.

구원이라는 뜻은 기독교에선 고통과 죄악에서 건져 내는 일이겠지만 이 영화에선 하느님이 자신을 용서했다는 의미가 아닐까? 절대자인 하느님의 용서는 곧 '자기 용서'를 뜻할 것이다. 하지만 피해자는 아직 그 학교폭력의 트라우마에서 벗어나지 못하고 있다. 그렇다면 그 상처가 치유되도록 책임을 다하고 나서 용서를 구하는 게 옳지 않을까? 타인에게 용서를 받기 전에 자기를 먼저 용서하는 것은 순서가 뒤바뀐 것이다. 피해자가 용서할 때까지 잘못을 반성하고 응당 책임을 져야하는 게 도리다.

뒤늦게 상승대열에 뛰어든 투자자들이 집값 폭락으로 힘들어하고 있다. 필자는 앞서 트라우마로 이어지지 않도록 그 행위에 대해 자기 용서가 필요하다고 조언했다. 누구나 상황으로부터 자유롭지 않으니까 자신을 너무 괴롭히지 말라는 이야기다. 다만 거주를 위해 집을 무리하게 산 영끌 푸어와 세입자 보증금을 지렛대로 매입한 갭투자자는 구분해야 한다는 생각이 든다.

거주 목적의 집을 살 때 대출을 무리하게 받아 이자가 부담스럽고 집값 역시 내려갔다고 해도 그 고통은 나 외에는 아무에게도 전가되지 않는다. 배우자와 자녀는 가족공동체이니 굳이 타인으로 엮지 말자. 하지만 세입자의 돈을 차입해 집을 샀다면, 그것도 한두 채가 아니라면, 자기 용서보다 먼저 생각해야 할 것이 자기 책임이다. 돈을 빌려준 세입자에게 빚(보증금)을 안전하게 돌려준 뒤 투자 실패에 대한 자기 용서를 해도 늦지 않다는 것이다.

자기 책임 없는 자기 용서는 기만이다. 이처럼 '영끌 자가(自家)'인 사람과 갭투자를 한 사람은 자기 용서의 순서가 다르다는 점을 잊지 말아야 한다.

부동산 힐링,
집을 바라보는 렌즈부터 바꿔라

가격의 노예가 되지 않고 집의 공간적 가치를 추구하며
그 속에서 행복을 느낀다면 힐링이라는 파랑새는 찾아올 것이다.
이것이 바로 인생을 담는 그릇으로, 집의 재발견이자 홈의 재탄생이다.

◆

자영업자 김진명(가명·54) 씨. 그는 그동안 사업으로 큰돈을 벌었다가 망하면서 두 차례나 인생의 바닥을 경험했다. 큰 좌절을 겪어본 그는 이제 스스로 힐링하는 법을 익혔다. 그는 어려울 때마다 사람들로 북적이는 재래시장을 찾는다. 그에게 재래시장이 큰 힘이 된 것은 나름대로 이유가 있다.

눈발 날리는 추운 어느 날, 우연히 재래시장을 찾았다가 문득 깨달은 게 있었다. 그 추운 날씨에도 꿋꿋하게 살아가는 노점상 할머니를 보았기 때문이다. 할머니는 몇만 원을 벌기 위해 온종일 좌판을 벌여 놓고 장사하고 있었다. 그 모습을 본 순간, 그는 이런 생각이 들었다. '내가 겪고 있는 좌절과 고통은 감정의 사치구나.' 치열하게 살아가는 삶의 현장 앞에서 자신의 모습이 너무 부끄러웠다. 김 씨는 "아무리 힘들어도 눈비가 오는 날 활기찬 재래시장을 걸어서 세 바퀴만 돌고 나면 나도 모르게 카타르시스를 느낀다"라고 말했다.

여러 방법으로도 마음이 치유되지 않는다면 김 씨의 방법도 괜찮을 것 같다. 바로 욕망의 눈높이를 낮추는 것이다. 현재 이 정도 삶도 과분하다고 받아들이는 것, 좀 더 겸허하게 자신의 삶을 되돌아보는 것이다.

힘들 때 나보다 더 힘들게 사는 사람들을 만나보라. 인간의 감정이란 때로는 유치하고 졸렬하다. 때로는 남의 슬픔과 불행이 나에게는 위로와 다행으로 다가오는 것을 어찌 숨길 수 있으랴. 그래서 프랑스 작가 쥘 르나르가 "행복한 것만으론 충분치 않다. 다른 사람들이 행복하지 않은 것도 필요하다"라는 말을 했는지도 모른다.

은메달 선수보다 동메달 선수의 마인드

법륜 스님의 강연장에서 한 여성이 힘들다고 하소연을 했다. 집을 샀는데 대출이자를 내느라 너무 힘겹다는 내용이었다. 이에 법륜 스님은 그 여성에게 한마디 했다. "그 말은 집이 있다는 이야기 아닌가요. 집 없는 사람이 들으면 그걸 괴로움이라고 생각할까요. 자기 자랑한다고 오해할 수 있는 일입니다." 그 문답을 듣고 질문자 본인은 힘든 일이지만 무주택자 입장에서 보면 너무 징징대는 것일 수 있겠다는 생각이 들었다.

누구나 자기의 관점에서 벗어나기 힘들다. 그래도 힐링을 위해 없는 사람 시각에서 나를 한번 바라보자. 영끌 푸어가 된 나 자신을 괴롭히기 전에 영끌할 여력이 없는 사람들이 주변에 많다는 것도 기억하자. 나보다 못한 주변을 되돌아보면 내가 가진 슬픔의 무게는 좀 가벼워진다. 부처는 불행한 사람은 자신이 잃은 것에 슬퍼하고 행복한 사람은 자신이 가진 것에 감사한다고 설파했다.

그러니 영끌 푸어가 되었다고 해서 자신을 너무 다그치지 말고 다독거려라. '완전히 다 잃을 뻔했는데, 이만하니 다행이야'라고 생각하면서 말이다. 이것이 바로 금메달을 따지 못해 아쉬워하는 은메달 선수보다 "메달을 못 딸 뻔했는데 다행이네"라고 생각하는 동메달 선수의 마인드다. 이미 발생한 사건보다 더 나쁜 상황을 생각하면(하향식 사후 가정적 사고) 이미 발생한 기분 나쁜 상황에 대한 괴로움이 줄어들 것이다.

부동산은 필수일까, 선택일까?

"아무것도 아니지, 모든 것이기도 하고….."

십자군 전쟁에 참전한 프랑스 대장장이 출신의 장수 발리앙(올랜도 블룸 분)이 예루살렘의 의미에 대한 질문을 던지자 이슬람 지도자 살라딘(가산 마수드 분)은 이같이 답한다. 명장 리들리 스콧 감독의 역작 〈킹덤 오브 헤븐〉(2005)에서다.

발리앙이 이끄는 군대는 처음에는 살라딘 군단의 공세를 잘 버텼으나 중과부적이었다. 하나둘씩 예루살렘 성벽이 무너지고 이대로라면 전멸할 수밖에 없다. 발리앙은 결국 성 밖으로 나가 단독협상에 나선다. 우리가 성을 비워줄 테니 유럽으로 무사히 되돌아갈 수 있도록 안전을 보장해달라는 조건을 내건다. 살라딘은 발리앙의 제안을 전격 수용한다. 그리고 나중에도 귀환하는 십자군을 보복하지 않고 그 약속을 지킨다. 살라딘은 이슬람의 영웅이지만 지혜와 관용을 겸비한 군주로 현대 서양인에게도 칭송을 받고 있다.

협상은 끝났다. 발리앙은 저 멀리 걸어가는 살라딘에게 묻는다.

"당신에게 예루살렘은 무엇인가?"

그러자 살라딘은 "아무것도 아니지"라고 툭 내뱉는다.

몇 걸음 걷다 되돌아보더니 또 한마디 한다.

"모든 것이기도 하고."

살라딘은 철학적 수사 같은 말을 왜 했을까? 이에 대한 개인적인 해석은 이렇다. 십자군 전쟁은 종교라는 신념이 일으킨 전쟁이다. 종교는 신에 대한 절대적 믿음에 기초한다. 따라서 종교전쟁은 신념을 지키기 위해 전부를 건다는 점에서 '모든 것'이다. 하지만 이 영화의 또 다른 대사에서 나오듯 "신은 핑계였을 뿐, 이 전쟁의 목적은 영토와 재물이었다"라는 점에서 '아무것도 아닌 것'이다. 신을 위한 성전이 아니라 인간 자신을 위한 탐욕 전쟁이었으니까.

영화를 보면서 난 우리 삶에서 부동산은 무엇일까 생각해봤다. '모든 것'도 아니고, '아무것도 아닌 것'도 아닐 것이다. 사고파는 부동산은 선택 재화일 뿐이다. 삶의 안식처인 집은 필수재이지만 부동산은 그냥 하나의 자산 항목에 들어갈 뿐이다. 주식이나 채권처럼 포트폴리오의 일환일 뿐, 그 이상도 그 이하도 아니다. 아파트 구입도 재테크 차원이라면 부동산 취득행위로 봐야 한다.

집은 우리에게 행복의 공간이지만 부동산은 결과에 따라 행복일 수도 있고, 불행일 수도 있다. 부동산을 산 사람들은 시세에 따라 희비가 교차한다. 집과 부동산은 이처럼 비슷하면서도 다른 존재다.

급속한 고령화와 저출산으로 미래 부동산은 지금보다 가치가 덜할 것이다. 분명 장밋빛 세계는 아닐 것이다. 앞으로 인구와 가구가 동시에 줄어드는 시대가 오면 부동산은 자칫 위험자산이 될 수 있다. 하지만 여전히 부동산 불패 신화가 이어지고, 아파트를 사놓고 우상향 기우제를 지내는 게 우리의 삶이다. 마치 십자군 전쟁에 참여한 사람들의 종교적 소망처럼 말이다. 부동산에 대한 맹신은 금물이다. 부동산은 언제든지 우리를 배신할 수 있다.

홈과 하우스의 균형을 맞춰라

집은 '홈(home)'과 '하우스(house)'라는 2가지 기능을 한다. 홈이 삶의 안식처라면, 하우스는 투자 자산이다. 공간적 개념으로 홈이 고향 같은 장소의 개념이라면, 하우스는 건물의 개념이다. 우리가 살면서 홈과 하우스, 어느 하나 무시할 수 없다. 집에서 행복을 얻으려면 어떻게 해야 할까?

개인적인 생각으로는 하우스와 홈의 비중을 적절하게 조절하는 것이 좋을 것 같다. 그동안 집값 상승기에 많은 사람이 하우스에 초점을 맞췄다. 자본 이득을 노리는 갭투자가 시대적 유행을 한 것에서 이를 엿볼 수 있다. 갭투자는 하우스 비중이 100%다. 이제는 홈의 비중을 좀 더 높이는 것이 필요하다. 다만 자본주의 사회에서, 그것도 대도시에서 홈 100%를 추구하긴 어렵다. 홈으로의 완전 귀환은 비현실적이다. 결국 균형이다. 홈과 하우스의 비중을 50% 대 50%로 맞추는 게 적합하지 않을까 싶다.

아마도 이 글을 읽는 여러분들은 대부분 지금보다 홈의 비중을 좀 더 높여야 할 것이다. 홈의 비중을 높인다면 아파트 가격이 출렁거려도 덜 불안하다. 적정 대출을 통한 공간의 알뜰 소비도 필요하다. 이렇게 한다면 하루하루를 평온하게 보낼 수 있고, 집 때문에 삶이 나락으로 떨어지는 것도 막을 수 있다. 2030세대가 겪은 아파트 재테크 수난사 역시 반복되지 않는다. '하우스 푸어'는 있어도 '홈 푸어'는 없는 법이다. 집을 사고파는 대상인 하우스로 보게 되면 하우스 푸어는 언제든지 재발한다.

이제 우리가 행복하기 위해서는 주택의 가격보다 환경과 가치를 소비하는 삶에 초점을 맞춰야 한다. 아파트를 살까, 단독주택을 살까 혹은 재건축 아파트를 살까, 일반 아파트를 살까 그 선택의 기준은 '행복'이어야 한다. 내 가족 모두 집에서 행복을 얻는 것, 그것이 집에서 얻는 최상의 가치가 아닌가 싶다. 그런 점에서 이제는 진정한 가치 추구자가 되어야 한다. 집은 그 자체가 목적이 아니라 우리에게 행복을 주는 수단이다.

가격의 노예가 되지 않고 행복해지는 방법은 집의 공간적 가치를 재발견하는 것이다. 주위에서 집의 진정한 의미를 깨닫는 사람들이 서서히 늘어나고 있다. 『대중의 미망과 광기』를 쓴 찰스 맥케이는 "사람들은 집단적 사고에 사로잡혀 미치기도 하지만 시간이 지나면 한 사람씩 천천히 제정신으로 돌아온다"라고 했다.

'트랜스 호머(trans-homer)'라는 신조어가 생겨난 것은 최근의 이런 흐름을 말해준다. 트랜스 호머는 변화를 뜻하는 트랜스(trans)와 홈(home)에 사람을 나타내는 접미사 '어(-er)'를 붙인 '호머(homer)'를 합성한 단어다. 집을 단지 투자의 대상으로만 보지 않고 자신의 개성에 맞춰 공간을 재구성하면서 집 본연의 가치를 찾는 사람들을 말한다.[153] 트랜스 호머는 집을 단순히 잠시 머무르는 콘크리트 구조물로 생각하지 않고 하루하루의 행복을 위한 집의 공간적 의미에 더 초점을 둔다.

소규모 가구 대리점을 운영하는 백진구(가명·41) 씨. 그는 요즘 홈의 소중한 가치를 새삼 느낀다고 말했다. 집을 바라보는 눈이 달라지고 난 이후 일어난 일이다. 불과 2~3년 전만 해도 백 씨에게 집은 재산을 불리기 위한 재테크 대상에 불과했다. 하지만 최근 미국발 고금리 쇼크를 거치면서 집값이 크게 떨어지자, 언제가 될지 모르는 시세 차익으로 인한 수익 창출에 올인하고 사는 게 맞는지 자신을 되돌아

보게 되었다.

요즘 그는 집에서 재테크보다 훨씬 중요한 거주환경과 삶의 질의 소중함을 깨닫고 있다. 아침에 일어나면 창가에서 새소리가 들리는 집, 퇴근 후 아내와 산책할 수 있는 집, 지하철역까지 걸어서 출퇴근할 수 있는 집, 햇볕이 잘 들어와 화초를 키우기 좋은 집, 딸이 건널목을 건너지 않고 유치원을 다닐 수 있는 집…. 백 씨는 "집을 돈을 버는 공간보다 행복을 얻는 공간으로 생각하니 가격 스트레스를 덜 받고 마음도 편하다"라고 말했다.

의류 디자이너 황근우(가명·47) 씨에게 집은 남다른 의미를 지닌다. 즉 집은 쉼과 일상의 공간을 넘어서 자신의 영감을 일깨우는 또 하나의 작업실이다. 그의 집은 온통 오래된 로코코 스타일의 황금빛 가구와 소품들로 가득 차 있다. 냉장고도 로코코 스타일의 장식이 붙어 있다. 그는 "집 안을 갤러리나 카페처럼 꾸미는 것을 좋아한다"라고 말했다.[154] 말하자면 그의 집은 자신의 취향에 맞게 꾸민 복합 주거공간이자 삶의 향기가 가득한 힐링 공간이다. 그는 진정한 '집 사랑꾼'이 아닌가 싶다.

드라마 〈월간 집〉(2021)에는 집의 의미를 재발견하는 인상 깊은 대사가 나온다. '집은 마음 편히 쉴 수 있고 내 취향대로 자유롭게 꾸밀 수 있는 곳, 오롯이 나를 위해서만 존재하는 공간이고 힘든 하루를 위로받는 안식처'다. 주인공 나영원(정소민 분)이 집을 "인생을 담는 그릇"이라고 의미를 부여하는 것도 이런 관점에서다.

김윤영 장편소설 『내 집 마련의 여왕』 마지막 부분에서 주인공은 이렇게 말한다. "우리에게 집이란, 삶과 연동된 작은 일부일 뿐, 우리 삶이 변하면 집의 가치도 변할 것이다." 어찌 보면 부동산 힐링은 부동산 세상을 바라보는 렌즈를 바꾸는 일에서부터 출발하는 것일지 모른다. 가격의 노예가 되지 않고 집의 공간적 가치를 추구하며 그 속에서 행복을 느낀다면 힐링이라는 파랑새는 우리 곁으로 찾아올 것이다. 이게 바로 집의 재발견이다.

부동산시장의 변동성은
불안 심리에 비례한다

부동산시장은 여러 변수의 합주곡이다. 최근 들어 부동산시장은 공급이나 실물경기 같은 변수만으로 흐름을 진단하기가 어려워졌다. 난도가 높아졌다고나 할까. 부동산이 노골적인 투자상품이 되면서 이제는 심리가 매우 중요한 비중을 차지한다. 그래서인가. "부동산시장은 팔할이 심리"라는 이야기까지 나온다. 요즘 부동산시장을 둘러보면 상식적으로 도저히 이해되지 않는 비이성적 모습이 너무 자주 나타난다.

부동산시장의 변동성은 불안 심리에 비례한다. 시장 참여자들의 불안 심리를 건드리면 시장은 전혀 엉뚱한 방향으로 움직인다. 정부가 대책을 내놓아도 먹혀들지 않는다. 심리를 무시한 채 일반적인 분석 방법으로 접근하면 예측이 번번이 어긋나기 십상이다. 부동산시장을 제대로 읽기 위해서는 심리 분석이 매우 중요해진 것이다. 필자가 부동산시장에 참여하는 사람들의 심리를 주목해온 것도 이 같은 이유에서다.

이 책은 2014년 펴낸『한국인의 부동산 심리』에 기반을 두고 있다. 국내 출판계에서 부동산과 심리를 접목한 사실상의 첫 교양서로 많은 사람의 호평을 받았다. 그사이 세상이 많이 변했다. 시장의 주력 세대도 베이비붐세대에서 MZ세대로 바뀌었고, 사람들의 생각도 많이 달라졌다. SNS가 소통 수단으로 뿌리내리면서 정보 전달 속도도 빨라졌다. 그래서 단순한 확대 개정판이 아니라 부동산 심리 책을 다시 낸다는 생각으로 심혈을 기울였다.

누구나 그렇듯 책 쓰기는 힘겨운 과정이다. 그동안 블로그나 페이스북에 틈틈이 써둔 글이 이 책을 내는 데 큰 도움이 되었다. 책을 낼 때마다 나도 모르게 지식 지평이 넓어지는 기분이다. 이 책을 쓰면서 관련 문헌을 더 찾아보고 연구하다 보니 논리도 좀 더 정연해지는 것 같다. 책 쓰기는 자기 성장에 좋은 지적 뜀틀이다.

하지만 요즘은 사람들이 책을 읽지 않는다. 드라마도 요약본으로 보는 시대에 두꺼운 책을 읽기란 녹록지 않다. 어떻게 하면 독자들이 부담 없이 읽을 수 있도록 할까 고민이 많았다. 그래서 에피소드를 최대한 많이 넣고, 문장도 최대한 짧게 써서 가독성을 높였다. 중요한 문장은 강조 표시를 했으니, 일상이 바쁜 사람들이라면 강조 표시된 문장만 읽어도 핵심을 이해할 수 있을 것이다.

이번 심리 책은 『박원갑 박사의 부동산 트렌드 수업』 이후 두 번째 부동산 수업 시리즈다. 세 번째 시리즈로 부동산 은퇴 수업을 쓸 예정이다. 많은 관심을 부탁드린다.

미주

1 한국은행(2022), 『MZ세대의 현황과 특징』; 조선일보 인터넷, "MZ세대, 20년 전 청년과 비교하니… 소득 1.4배, 빚 4.3배 늘었다", 2022년 3월 16일자.

2 미카엘 망고, 하태환 역(2010), 『이기는 투자의 심리법칙』, 궁리, 15쪽.

3 강신주(2012), 『철학, 삶을 만나다』, 이학사, 22~28쪽.

4 에두아르도 포터, 손민중·김홍래 역(2011), 『모든 것의 가격』, 김영사, 32쪽.

5 연합뉴스, "'집값 떨어진다' 주민 항의에 숨진 경비원 추모 현수막 철거", 2023년 3월 17일자.

6 더글러스 러시코프, 오준호 역(2011), 『보이지 않는 주인』, 웅진지식하우스, 18~23쪽.

7 EBS(2012), 다큐프라임 〈자본주의 2부-소비는 감정이다〉

8 이규태(2009), 『한국인의 의식구조 2』, 신원문화사, 76~79쪽.

9 이규태(2009), 『한국인의 의식구조 2』, 신원문화사, 78쪽.

10 이규태(2008), 『한국인의 의식구조 4』, 신원문화사, 98쪽.

11 알랭 드 보통, 정영목 역(2012), 『불안』, 은행나무, 58쪽.

12 도모노 노리오, 이명희 역(2008), 『행동경제학』, 지형, 29쪽.

13 찰스 P. 킨들버거·로버트 Z. 알리버, 김홍식 역(2009), 『광기, 패닉, 붕괴 금융위기의 역사』, 굿모닝북스, 87쪽.

14 강신주(2012), 『철학 VS 철학』, 그린비, 376~379쪽.

15 에릭 바인하커, 정성철·안현실 역(2007), 『부의 기원』, 랜덤하우스코리아, 113쪽.

16 존 메이너드 케인스, 조순 역(2009), 『고용, 이자 및 화폐의 일반이론』, 비봉출판사, 183쪽.

17 하노 벡, 안성철 역(2009), 『충동의 경제학』, 비즈니스맵, 26~27쪽.

18 마이클 모부신, 정명수 역(2007), 『미래의 투자』, 위즈덤하우스, 277쪽 역자 주 참조.

19 이언 에어즈, 이종호·김인수 역(2011), 『당근과 채찍』, 리더스북, 159~162쪽.

20 앙드레 코스톨라니, 정진상 역(2008), 『투자는 심리게임이다』, 미래의창, 95쪽.

21 마이클 모부신, 김정주 역(2010), 『왜 똑똑한 사람이 어리석은 결정을 내릴까』, 청림출판, 113쪽.

22 야마모토 미토시, 이서연 역(2008), 『심리학이 경제학을 만나다』, 토네이도, 202쪽.

23 로버트 쉴러, 정준희 역(2009), 『버블 경제학』, 랜덤하우스코리아, 86~87쪽.

24 이민수(2013), 네이버 캐스트, '명화 속 그리스 신화-피그말리온' 참조.

25 토머스 셸링, 이한중 역(2009), 『미시동기와 거시행동』, 21세기북스, 140~141쪽.

26 대검찰청 기록연구사로 근무하는 이현정 연구사가 인터넷에 쓴 글의 도움을 받음.

27 네이버 지식백과 참조.

28 대니얼 카너먼, 이진원 역(2012), 『생각에 관한 생각』, 김영사, 364쪽.

29 크리스토퍼 시, 양성희 역(2011), 『결정적 순간에 써먹는 선택의 기술』, 북돋움, 140쪽.

30 대니얼 카너먼, 이진원 역(2012), 앞의 책, 384쪽.

31 Genesove D, Mayer C(2001), Loss Aversion And Seller Behavior: Evidence From The Housing Market, NBER Working Paper Series No.8143; 마테오 모테를리니, 이현경 역(2012), 『심리상식사전』, 웅진지식하우스, 126~128쪽.

32 존 R. 노프싱어, 이주형 역(2005), 『투자의 심리학』, 스마트비즈니스, 68~69쪽.

33 중앙일보 인터넷, "'급매물 잡았어야 했나' 쩐반론 떴지만… 하반기 '전세런' 경고", 2023년 5월 20일자.

34 미카엘 망고, 하태환 역(2010), 앞의 책, 102~103쪽.

35 대니얼 길버트, 서은국·최인철·김미정 역(2006), 『행복에 걸려 비틀거리다』, 김영사, 153~154쪽.

36 성민선·서은국·전우영(2007), 「타인의 행복 예측에서 나타나는 오류: 서울과 춘천의 삶의 만족도 비교」, 『사회 및 성격』, 제21권 제2호, 통권 50호, 한국심리학회, 35~45쪽.

37 크리스토퍼 시, 양성희 역(2011), 앞의 책, 167~175쪽.

38 윌리엄 파운드스톤, 하승아·최정규 역(2011), 『가격은 없다』, 동녘사이언스, 200~223쪽.

39 대니얼 길버트, 서은국·최인철·김미정 역(2006), 앞의 책, 205~212쪽.

40 조선일보 인터넷, "나의 明堂은 신도림이지요 내 맘이 편하니까", 2013년 12월 21일자.

41 전상인(2009), 『아파트에 미치다』, 이숲, 24쪽.

42 정아은(2015), 『잠실동 사람들』, 한겨레출판, 140쪽.

43 김혜령(2013), "60대 은퇴자의 주거 특징과 시사점", 미래에셋 은퇴리포트, 제8호, 미래에셋은퇴연구소, 3쪽.

44 동아일보 인터넷, "'홍반장 아줌마'가 뜬다", 2009년 9월 24일자.

45 머니위크 인터넷, "땅콩하우스의 장점, 마당·계단·다락방", 2011년 6월 9일자.

46 연합뉴스TV, "'폼생폼사' 카푸어… '빚내서 빛나는 인생?'", 스페셜 224회, 2022년 4월 17일.

47 피트 런, 전소영 역(2009), 『경제학이 숨겨온 6가지 거짓말』, 흐름출판, 104~105쪽.

48 마테오 모테를리니, 이현경 역(2012), 앞의 책, 20쪽.

49 대니얼 길버트, 서은국·최인철·김미정(2006), 앞의 책, 256~257쪽.

50 박원갑(2009), 『부동산 성공법칙』, 크레듀, 99쪽.

51 롤프 도벨리, 두행숙 역(2012), 『스마트한 생각들』, 걷는나무, 110~114쪽.

52 앙드레 코스톨라니, 김재경 역(2005), 『돈, 뜨겁게 사랑하고 차갑게 다루어라』, 미래의창, 235쪽.

53 이정전(2012), 『시장은 정의로운가』, 김영사, 92쪽.

54 파멜라 마이어, 허수진 역(2011), 『속임수의 심리학』, 초록물고기, 출판사 서평 참조.

55 롤프 도벨리, 두행숙 역(2012), 앞의 책, 261~265쪽.

56 한국경제 인터넷, "부동산 경매, 온 국민의 리그", 2013년 10월 19일자.

57 마테오 모테를리니, 이현경 역(2008), 『이코노믹 마인드』, 웅진지식하우스, 44쪽.

58 스튜어트 서덜랜드, 이세진 역(2008), 『비합리성의 심리학』, 교양인, 296쪽.

59 하노 벡, 안성철 역(2009), 앞의 책, 150~168쪽.

60 댄 애리얼리, 김원호 역(2011), 『댄 애리얼리 경제 심리학』, 청림출판, 120~124쪽.

61 Novemsky, N. & D. Kahneman(2005), "The Boundaries of Loss Aversion", Journal of Marketing, vol.42, pp.119~128; 도모노 노리오, 이명희 역(2008), 앞의 책, 142~143쪽.

62 서하진(2000), 「모델하우스」, 『라벤더 향기』, 문학동네, 48~49쪽.

63 정윤수(2010), "정윤수의 종횡무진 공간 읽기 ⑨ 아파트 모델하우스", 신동아 통권 606호, 480~487쪽.

64 장박원(2009), "견본주택을 처음 도입한 중산층 아파트 한강맨션 아파트", 네이버 캐스트.

65 정윤수(2010), "정윤수의 종횡무진 공간 읽기 ⑨ 아파트 모델하우스", 신동아 통권 606호, 480~487쪽.

66 동아일보 인터넷, "'모델하우스'… 그 모든 것을 알고 싶다", 2005년 3월 27일자.

67 전상인, "부일시론 – 모델하우스의 변신", 부산일보, 2008년 11월 10일자.

68 전상인, 앞의 글.

69 토머스 키다, 박윤정 역(2007), 『생각의 오류』, 열음사, 20~21쪽.

70 로버트 쉴러, 이강국 역(2003), 『이상과열』, 매일경제신문사, 230~240쪽; 존 캐서디, 이경남 역(2011), 『시장의 배반』, 민음사, 42~43쪽.

71 대니얼 카너먼 외, 이영애 역(2001), 『불확실한 상황에서의 판단』, 아카넷, 50쪽.

72 마이클 모부신, 김정주 역(2010), 앞의 책, 66쪽.

73 제이슨 츠바이크, 오성환·이상근 역(2007), 『머니 앤드 브레인』, 까치, 89쪽.

74 나심 니콜라스 탈레브, 차익종·김현구 역(2008), 『블랙 스완』, 동녘사이언스, 307쪽.

75 리처드 카벤디쉬 외, 김희진 역(2009), 『죽기 전에 꼭 봐야 할 세계 역사 유적 1001』, 마로니에북스; 네이버 지식백과 참조.

76 KBS뉴스, "은퇴자 울리는 '분양형호텔' 피해 속출…관리 사각지대", 2023년 5월 8일자.

77 댄 애리얼리, 김원호 역(2011), 앞의 책, 89~95쪽.

78 부산일보 인터넷, "아파트 중도금 무이자 대출 시공사 부도 땐 이자 계약자 몫", 2008년 12월 17일자.

79 강준만(2014), 『감정 독재』, 인물과사상사; 네이버 지식백과 참고.

80 한규석(2012), 『사회심리학의 이해』, 학지사, 139쪽.

81 한규석(2012), 앞의 책, 135~140쪽.

82 로렌 슬레이터, 조증열 역(2005), 『스키너의 심리상자 열기』, 에코의서재, 54~157쪽.

83 한규석(2012), 앞의 책, 125쪽.

84 박원갑(2010), 『부동산 미래쇼크』, 리더스북, 19쪽.

85 우윤석·이은정(2011), 「언론보도와 시계열 주택가격 간의 관계에 관한 연구」, 『주택 연구』, 제19권 제4호, 한국주택학회, 113쪽.

86 키이스 스타노비치, 신현정 역(2003), 『심리학의 오해』, 혜안, 132쪽.

87 우윤석·이은정(2011), 앞의 글, 114쪽.

88 토드 부크홀츠, 류현 역(2009), 『죽은 경제학자의 살아있는 아이디어』, 김영사, 312~315쪽.

89 아써 오설리반, 이번송 외 역(2010), 『오설리반의 도시경제학』, 박영사, 159쪽.

90 앙드레 코스톨라니, 최병연 역(2009), 『실전 투자강의』, 미래의창, 261쪽.

91 말콤 글래드웰, 이무열 역(2010), 『첫 2초의 힘, 블링크』, 21세기북스, 8~10쪽.

92 댄 애리얼리, 김원호 역(2011), 앞의 책, 386쪽.

93 윌리엄 A. 서든, 최은정 역(2010), 『미래를 알고 싶은 욕망을 파는 사람들』, 스마트비즈니스, 90쪽.

94 나심 니콜라스 탈레브, 차익종 역(2008), 앞의 책, 253쪽.

95 스튜어트 서덜랜드, 이세진 역(2008), 『비합리성의 심리학』, 교양인, 171쪽.

96 대니얼 사이먼스·크리스토퍼 차브리스, 김명철 역(2011), 『보이지 않는 고릴라』, 김영사, 14~23쪽.

97 제이슨 츠바이크, 이상근·오성환 역(2007), 앞의 책, 275쪽.

98 한규석(2012), 앞의 책, 42~43쪽.

99 롤프 도벨리, 두행숙 역(2012), 앞의 책, 259쪽.

100 대니얼 카너먼 외, 이영애 역(2001), 앞의 책, 270~271쪽.

101 이강연(2010), 『포카라의 행동심리 투자전략』, 국일증권경제연구소, 30쪽.

102 헤럴드경제 인터넷, "리보금리조작 16개 은행 공모… 천문학적 '부당 이익'의 혹", 2012년 12월 7일자.

103 댄 애리얼리, 장석훈 역(2008), 『상식 밖의 경제학』, 청림출판, 64쪽.

104 Uri Simonsohn, George Loewenstein(2006), "Mistake #37: The Effect of Previously Encountered Prices on Current Housing Demand", Economic Journal, Vol. 116, No. 508, pp. 175~199.

105 G. Northcraft & M. Neale(1987), "Experts, Amateurs and Real Estate: An Anchoringand Adjustment Perspective on Property Pricing Decisions", Organizational Behaviorand Human Decision Processes, Vol. 39, pp. 84~97; 미카엘 망고, 하태환 역(2010), 앞의 책, 186~187쪽.

106 미카엘 망고, 하태환 역(2010), 앞의 책, 187쪽.

107 나심 니콜라스 탈레브, 차익종 역(2008), 앞의 책, 271쪽.

108 댄 애리얼리, 장석훈 역(2008), 앞의 책, 57~65쪽.

109 김준형, 루이스 알렉산더(2013), 「주택보유자의 손실회피 성향과 매도가격의 설정 : 손실은 어떻게 정의되는가?」, 『부동산학연구』, 제19집 제1호, 한국부동산분석학회, 25~44쪽.

110 하노 벡, 안성철 역(2009), 앞의 책, 315~316쪽.

111 댄 애리얼리, 장석훈 역(2008), 앞의 책, 65쪽.

112 피터 L. 번스타인, 안진환 역(2008), 『리스크』, 한국경제신문, 236~239쪽.

113 피터 L. 번스타인, 안진환 역(2008), 앞의 책, 259~265쪽; 대니얼 카너먼 외, 이영애 역(2001), 앞의 책, 12~14쪽.

114 채범석(1998), 『영양학사전』, 아카데미서적; 네이버 지식백과 참조.

115 애덤 스미스, 정해동 외 역(1992), 『국부론 – 상』, 범우사, 72~92쪽.

116 피터 L. 번스타인, 안진환 역(2008), 앞의 책, 266~269쪽.

117 피터 L. 번스타인, 안진환 역(2008), 앞의 책, 269쪽.

118 대니얼 카너먼 외, 이영애 역(2001), 앞의 책, 14쪽.

119 미카엘 망고, 하태환 역(2010), 앞의 책, 22쪽.

120 한규석(2012), 앞의 책, 73쪽.

121 Morgan Kelly(2007), "On the Likely Extent of Falls in Irish House Prices", UCD CENTRE FOR ECONOMIC RESEARCH WORKING PAPER SERIES, University College Dublin, February, p.5.

122 IMF, 『Housing Market Stability and Affordability in AsiaPacific』, 2022년 12월, 4쪽.

123 KB금융지주 경영연구소, 〈주택시장 연착륙 가능성 점검〉, 2023년 2월 21일, 24쪽.

124 이정전(2011), 『경제학을 리콜하라』, 김영사, 366~367쪽; 조지 애커로프, 로버트 쉴러, 김태훈 역(2009), 『야성적 충동』, 랜덤하우스코리아, 234~240쪽.

125 globalpropertyguide.com 참조.

126 윌리엄 A. 서든, 최은정 역(2010), 『미래를 알고 싶은 욕망을 파는 사람들』, 스마트비즈니스, 33쪽.

127 하노 벡, 안성철 역(2009), 앞의 책, 266쪽.

128 김두식(2013), 『욕망해도 괜찮아』, 창비; 내일신문 2012년 8일 10일자 서평("원하는 대로 해! 그래야 건강해진다") 참조.

129 도모노 노리오, 이명희 역(2008), 앞의 책, 282~283쪽.

130 페르 에스벤 스톡네스, 이주만 역(2010), 『경제학이 알려주지 않는 화폐의 심리학』, 209쪽.

131 페르 에스벤 스톡네스, 이주만 역(2010), 앞의 책, 18~19쪽.

132 니얼 퍼거슨(2009), KBS 걸작 다큐멘터리 〈돈의 힘 – 5부 안전자산, 집〉 참조.

133 로버트 기요사키, 윤영삼 역(2010), 『부자들의 음모』, 흐름출판, 105쪽.

134 로버트 기요사키, 윤영삼 역(2010), 앞의 책, 310~311쪽.

135 김지열(2005), 「민스키의 금융불안정성 가설에 의한 한국 경제 분석」, 『사회연구』, 제6권 제1호, 대구대학교사회조사연구소, 125~145쪽.

136 앙드레 코스톨라니, 박환일·서순승 역(2005), 『돈, 사랑한다면 투자하라』, 더난출판, 29쪽.

137 윌리엄 번스타인, 박정태 역(2009), 『투자의 네 기둥』, 굿모닝북스, 78쪽.

138 애덤 스미스, 정해동 외 역(1992), 『국부론-하』, 범우사, 433쪽.

139 Genesove D, Mayer C(2001), Loss Aversion And Seller Behavior: Evidence From The Housing Market, NBER Working Paper Series No. 8143; 미카엘 망고, 하태환 역(2010), 앞의 책, 96~99쪽.

140 헤럴드경제 인터넷, "7% 대출금리에 대형로펌 변호사도 운다…'영끌거지'를 아시나요", 2022년 12월 25일자.

141 박진영(2018), 『나, 지금 이대로 괜찮은 사람』, 호우, 77쪽.

142 오오누키 에미코, 이향철 역(2004), 『사쿠라가 지다 젊음도 지다』, 모멘토, 49쪽.

143 행복을 향한 마음 다듬기 유튜브, 〈에코 행복학교〉, 용서 여정 이해하기, 13편.

144 Halling, S.(1994), Shame and forgiveness, Humanistic Psychologist, 22, 74~87쪽 ; 김병직 외(2013), 「자기용서 척도의 개발 및 타당화」, 『상담학 연구』, 제14권, 974쪽 재인용.

145 김병직 외(2013), 앞의 글, 977쪽.

146 박진영(2018), 앞의 글, 236쪽.

147 박진영(2017), 『내 마음을 부탁해』, 시공사, 106쪽.

148 러스 해리스, 우미정 역(2022), 『인생에 거친 파도가 몰아칠 때』, 티라미수 더북, 49쪽.

149 버트런드 러셀, 이순희 역(2022), 『행복의 정복』, 사회평론, 17~18쪽.

150 신동화, "화담산책-'다행'이 있어 다행이다", 식품저널, 2021년 8월 11일자.

151 마이 데일리, "메시, SNS에 감사 인사…故 마라도나를 위한 우승", 2022년 12월 21일자.

152 위키 백과사전, '외상 후 성장' 참조

153 희림·알투코리아·갤럽, 『2023 부동산 트렌드』, 118~119쪽 ; 대한경제 인터넷, "올해 부동산시장 '트랜스호머'가 뜬다", 2023년 1월 22일 자.

154 MBN, 〈사업 실패 후 생긴 빚 3억 신용불량자였던 황재근의 근황〉, 특종세상, 2023년 3월 23일.

■ 독자 여러분의 소중한 원고를 기다립니다

메이트북스는 독자 여러분의 소중한 원고를 기다리고 있습니다. 집필을 끝냈거나 집필중인 원고가 있으신 분은 khg0109@hanmail.net으로 원고의 간단한 기획의도와 개요, 연락처 등과 함께 보내주시면 최대한 빨리 검토한 후에 연락드리겠습니다. 머뭇거리지 마시고 언제라도 메이트북스의 문을 두드리시면 반갑게 맞이하겠습니다.

■ 메이트북스 SNS는 보물창고입니다

메이트북스 홈페이지 matebooks.co.kr

홈페이지에 회원가입을 하시면 신속한 도서정보 및 출간도서에는 없는 미공개 원고를 보실 수 있습니다.

메이트북스 유튜브 bit.ly/2qXrcUb

활발하게 업로드되는 저자의 인터뷰, 책 소개 동영상을 통해 책에서는 접할 수 없었던 입체적인 정보들을 경험하실 수 있습니다.

메이트북스 블로그 blog.naver.com/1n1media

1분 전문가 칼럼, 화제의 책, 화제의 동영상 등 독자 여러분을 위해 다양한 콘텐츠를 매일 올리고 있습니다.

메이트북스 네이버 포스트 post.naver.com/1n1media

도서 내용을 재구성해 만든 블로그형, 카드뉴스형 포스트를 통해 유익하고 통찰력 있는 정보들을 경험하실 수 있습니다.

STEP 1. 네이버 검색창 옆의 카메라 모양 아이콘을 누르세요.   STEP 2. 스마트렌즈를 통해 각 QR코드를 스캔하시면 됩니다.
STEP 3. 팝업창을 누르시면 메이트북스의 SNS가 나옵니다.